B 贵州蓝皮书

U0828637

贵州册亨经济社会发展报告（2018）

ANNUAL REPORT ON ECONOMIC AND SOCIAL DEVELOPMENT OF CEHENG COUNTY OF GUIZHOU (2018)

主 编 / 黄德林　王义飞

中国社会出版社
国家一级出版社·全国百佳图书出版单位

图书在版编目（CIP）数据

贵州册亨经济社会发展报告.2018／黄德林，王义飞主编.—北京：中国社会出版社，2018

ISBN 978－7－5087－6076－6

Ⅰ.①贵…　Ⅱ.①黄…②王…　Ⅲ.①区域经济发展—研究报告—册亨县—2018②社会发展—研究报告—册亨县—2018　Ⅳ.①F127.734

中国版本图书馆CIP数据核字（2018）第273740号

书　　名： 贵州册亨经济社会发展报告（2018）
主　　编： 黄德林　王义飞

出 版 人： 浦善新
终 审 人： 王　浩
责任编辑： 秦　健

出版发行： 中国社会出版社　**邮政编码：** 100032
通联方式： 北京市西城区二龙路甲33号
电　　话： 编辑室：（010）58124839
销售部：（010）58124841
（010）58124842
网　　址： www.shcbs.com.cn
shcbs.mca.gov.cn
经　　销： 各地新华书店

中国社会出版社天猫旗舰店

印刷装订： 北京九州迅驰传媒文化有限公司
开　　本： 170mm×240mm　1/16
印　　张： 15.75
字　　数： 240千字
版　　次： 2018年12月第1版
印　　次： 2018年12月第1次印刷
定　　价： 36.00元

中国社会出版社微信公众号

贵州册亨经济社会发展报告（2018）
编纂领导小组

组　长：吴大华　贵州省社会科学院院长、研究员
邓启鹏　中共册亨县委书记
张　茂　中共册亨县委副书记、县人民政府县长
王永忠　册亨县人大常委会主任
王　专　册亨县政协主席

成　员：王朝新　贵州省社会科学院副院长
唐显良　贵州省社会科学院机关党委书记
宋　明　贵州省社会科学院副院长、研究员
郑云跃　贵州省社会科学院副院长、研究员
刘　洁　中共册亨县委副书记、县委党校校长
罗佐文　中共册亨县委常委、县委办主任、县委统战部部长
李　涛　中共册亨县委常委、县人民政府常务副县长
谢　坤　中共册亨县委常委、县人民政府副县长
朱明琳　册亨县人民政府副县长
方　华　册亨县人民政府副县长
王国杰　册亨县人民政府副县长
郭媛媛　册亨县人民政府副县长

贵州册亨经济社会发展报告（2018）
编委会

主编： 黄德林　王义飞

编委： 李尚成　邵玉康　王　林　何　涛　高　刚　黄　昊
陈　讯　杜双燕　杨红英　陈玲玲　林　苑　李佳兴
黄明琥　岑玉光　刘　畅　姜仕刚　王　炎　石登高
甘录周　罗忠贵　胡玉坤　王永奎　王国权　余永燕
罗元斌　李　慧　陆文龙　孟子钦

作者（以文为序排列）：

黄德林　谢　松　黄　昊　杜双燕　游建民
陈玲玲　王义飞　丁　胜

主要编撰者简介

黄德林：贵州省社会科学院社会研究所所长、研究员，贵州省宣传文化系统“四个一批”人才，贵州社会治理与社会建设研究中心主任，贵州省社会科学院应用社会学重点学科负责人，贵州省社会科学院学科带头人。

主要社会兼职：中国社会学会理事；贵州省社会学会副会长；中共贵州省纪律检查委员会、贵州省监察厅特约研究员；中共贵州省委党校研究生导师；贵阳中医学院硕士生导师。

近五年的主要科研成果：主持并完成国家社会科学基金项目1项，主持并完成国家软科学计划项目1项，主持并完成贵州省软科学重点项目3项、一般项目3项，主持并完成贵州省省长资金课题1项，主持并完成贵州省政府委托项目《贵州省贯彻执行黔府发〔2013〕6号文件执行情况评估报告》、贵州省扶贫生态领导小组委托项目《贵州省扶贫生态移民配套政策研究》、《贵州省“十三五”民政事业发展规划》等重大委托项目。其中：《贵州省贯彻执行黔府发〔2013〕6号文件执行情况评估报告》于2015年1月27日获时任贵州省省长陈敏尔同志的肯定性批示；2013年主持完成的《贵州省扶贫生态移民配套政策研究》项目，已转化为贵州省22家省直厅局文件，2015—2016年主持完成《贵州省民政事业发展第十三个五年规划》已全文转化为政府文件、主持完成《贵州省养老服务体系建设“十三五”规划》已全文转化为政府文件；2018年2月主持完成的贵州省社科院院级重大课题《贵州新时代农民讲习所研究》成果获贵州省委书记孙志刚、省长谌贻琴、省委常委宣传部长慕德贵、副省长吴强等省领导同时肯定性批示。出版个人学术专著2部，分别荣获贵州省第十、第十一次哲学社会科学优秀成果评奖著作类三等奖；编著4部；在《中国社会科学报》《上海师范大学学报》《贵州社会科学》等刊物上发表学术论文30余篇。

王义飞：贵州省社会科学院副研究员。主要研究方向：民族社会学、社会政策。主持省级课题3项、地厅级课题5项，参与国家社科基金课题及其他省部级课题多项；在《广西民族研究》等学术期刊发表论文多篇；撰写的研究成果获省领导肯定性批示1次，参与撰写的研究成果获得省主要领导肯定性批示3次。

摘　要

本报告以党的十九大、习近平总书记系列讲话精神和贵州省委十二届历次会议为指导，系统地总结了2017年贵州省册亨县经济社会发展取得的八大新亮点，对2017年册亨县经济社会运行的热点问题进行了深入分析，对册亨县经济社会发展形势分析与预测、刺绣产业、林业发展、易地扶贫搬迁、生态文明建设与经济发展、山地旅游业、山地农业、老龄事业发展、教育医疗住房“三保障”问题，以及乡村治理等方面进行了专题研究。

报告指出，2017年是册亨县经济社会发展取得辉煌成就的一年，全县完成地区生产总值53.47亿元，增长13.8%。农业增加值20.01亿元，增长7%；工业增加值3.43亿元，增长12.2%；服务业增加值28.3亿元，增长20.1%。财政总收入5.69亿元，增长2.4%。一般公共预算收入3.39亿元，增长9.7%。一般公共预算支出23.78亿元，增长32.5%。固定资产投资（500万元及以上）39.95亿元，增长22.8%。社会消费品零售总额3.2亿元，增长12.8%。金融机构存贷款余额分别为78.76亿元、44.26亿元，增长46.7%和31.9%。城镇、农村居民人均可支配收入分别达26333元、7423元，增长9%和10.5%。报告指出，2018年册亨县经济社会发展将随着脱贫攻坚战的不断推进、供给侧改革的不断深化、三大产业的不断发展、民生保障的不断改善、小康基础的不断夯实，加上国家、省、州等多重战略及政策的延伸，必将产生政策叠加效应，为册亨县脱贫攻坚和乡村振兴提供强大支撑。

脱贫攻坚成效明显。册亨县委、县政府按照国家、省的脱贫战略部署和要求，组织开展春季攻势、夏季大比武、秋季攻势，全力打好“四场硬仗”，从多个方面扎实推进脱贫工作。大力发展刺绣产业，在产业脱贫方面，确定特色林产业为“一县一业”的特色产业，通过易地扶贫搬迁等方式助力脱贫攻坚。

经济发展稳步加速。坚持稳中求进工作总基调，深入推进供给侧结构性改革，产业发展提质增效，山地农业加速成型，山地工业稳步推进，山地旅游业健康发展，大数据产业起步良好。

加快生态文明建设。册亨县牢牢守住发展和生态两条底线，在生态文明建设的基础上发展经济，使生态文明建设与经济呈现协调发展的良好态势。县城环境空气质量综合指数排全省第二、全州第一。

社会建设取得新成效。民生事业全面进步，教育、医疗及住房保障取得新的成绩，扎实抓好食品安全、信访维稳、危机管控、应急处置、网络舆情监控，安全生产形势良好，治安、刑事发案率持续下降，社会保持和谐稳定，群众安全感保持全州第一，不断提升养老事业发展水平，健全自治、法治、德治相结合的乡村治理体系。

报告指出，2018 年是贯彻落实党的十九大和贵州省委十二届二次全会精神的重要一年。因此，册亨经济社会发展各个方面的工作力度都会得到新的增强，经济发展中的脱贫摘帽、与全国同步小康，在乡村振兴战略实施中的各种新老矛盾和问题都会得到进一步解决，经济社会发展领域有可能在新的起点上加快推进步伐。

本报告由 10 篇研究报告组成。共分为四个部分，分别是总报告篇、脱贫攻坚篇、经济发展篇和社会建设篇。

Abstract

In the guidance of the 19th National Congress of CPC, General secretary Xi Jinping's series speeches spirit and previous Plenary Session of the CPC Guizhou provincial party committee of the twelfth, this report has systematically summed up the eight new bright points of economic and social development of Ceheng County of Guizhou Province and scientifically studied the main economic and social development problems of Ceheng County in 2017. It also makes special studies on the analysis and forecast of the economic and social development situation of Ceheng County, embroidery industry, forestry development, relocation program for poverty alleviation, ecological civilization construction and economic development, mountain tourism, mountain agriculture, the development of the aged, rural governance, the securities of education, medical and housing in this report.

The report indicates that it was a year brilliant achievements has been made in the areas of economic and social development of Ceheng county in 2017. The county achieved a total GDP of 5. 347 billion yuan, an increase of 13. 8%. Agricultural added value was 2. 001 billion yuan, an increase of 7% ; industrial added value was 343 million yuan, up 12. 2% ; added value of service sector was 2. 83 billion yuan, up 20. 1%. The total fiscal revenue was 569 million yuan, an increase of 2. 4%.

The general public budget revenue was 339 million yuan, an increase of 9. 7%. The general public budget expenditure was 2. 378 billion yuan, an increase of 32. 5% . Fixed assets investment (5 million yuan and above) was

3.995 billion yuan, an increase of 22.8%. Retail sales of consumer goods totaled 320 million yuan, an increase of 12.8%. The balance of deposits and loans of financial institutions was 7.876 billion yuan and 4.426 billion yuan, up 46.7% and 31.9% respectively. The per capita disposable income of urban and rural residents reached 26333 yuan and 7423 yuan respectively, an increase of 9% and 10.5% respectively. The report holds that the economic and social development of Ceheng County in 2018 will inevitably lead to policy superposition and the extension of multiple strategies and policies by the whole country, province and autonomous prefecture along with the continuous advance of the battle against poverty, the deepening of the supply – side reform, the continuous development of the three major industries, the continuous improvement of people's livelihood security, the continuous consolidation of the well – off foundation. It also provides strong support for tackling poverty alleviation and revitalizing villages in Ceheng county.

The effectiveness of tackling poverty was obvious. In accordance with the national and provincial poverty alleviation strategy, it organized and carried out series activities to effectively promote poverty alleviation from various aspects such as the spring offensive, the summer contest, the autumn offensive, and made every effort to fight "four hard battles" by the County Party Committee and county government of Ceheng. In terms of poverty alleviation, it should vigorously develop the embroidery industry and identify the characteristic forest industry as the characteristic industry of "one county, one industry" and help to overcome poverty by relocation program for poverty alleviation.

Economic development has accelerated steadily. Adhere to the general keynote of work of steady progress, it in – depth pushed forward the supply – side structural reform, the industrial development to improve quality and efficiency, and it accelerated shaping of mountain agriculture, steady progress of mountain industry, healthy development of mountain tourism, and made a good start of big data industry.

Accelerating the construction of ecological civilization. It firmly adheres to the two bottom lines of development and ecology, and develops economy on the basis of ecological civilization construction in Ceheng County, so that it presents a good situation of coordinated development of ecological civilization construction and economy. The environmental air quality composite index in Ceheng ranked the second in Guizhou province, the first in the whole autonomous prefecture.

New achievements have been made in social construction. The people's livelihood has made all – round progress and new achievements have been made in education, medical care and housing security. Food safety, stability of petitioning, management and control of crisis, emergency handling, and monitoring of public opinion in network have been firmly grasped. The situation of the safety in production is good, the incidence of public security and criminal cases has been declining, the society has maintained harmony and stability, and the sense of security of the masses has remained the first in the whole autonomous prefecture. It should constantly upgrade the development level of the elderly undertakings and improve the rural governance system that combines autonomy, rule of law and rule of virtue in Ceheng.

The report points out that it is an important year to implement the spirit of the 19th National Congress of CPC and the Second Plenary Session of the 12th CPC Guizhou Provincial Party Committee in 2018. Therefore, the efforts of all aspects of economic and social development will be strengthened. Poverty alleviation in economic development and a well – off society in synchronization with the whole country will be lifted, all kinds of old and new contradictions and problems in the implementation of the Rural Revitalization Strategy will be further solved, and the economic and social development may be accelerated at a new starting point in Ceheng County.

Made up of 10 research reports, this report is divided into 4 parts that are general report, poverty alleviation, economic development and social construction respectively.

目　录

总报告篇

脱贫攻坚篇

经济发展篇

社会建设篇

CONTENTS

General Report

Poverty Alleviation

Economic Development

Social Construction

总报告篇

General Report

2017—2018年册亨县经济社会发展形势分析与预测

黄德林　谢　松[①]

摘要： 报告总结了2017年贵州省册亨县经济社会发展取得的八大新亮点，分析了册亨县经济社会发展存在的问题与挑战，预测了2018年册亨县经济社会发展将随着脱贫攻坚战的不断推进、供给侧改革的不断深化、三大产业的不断发展、民生保障的不断改善、小康基础的不断夯实，加上国家、省、州等多重战略及政策的延伸，必将产生政策叠加效应，为册亨县脱贫攻坚和乡村振兴提供强大支撑。

关键词： 册亨县　经济社会发展　分析预测

2017年是贵州省册亨县加快推进脱贫攻坚年、加快推进绿色发展年、加快推进项目实施年、加快推进城乡建设年、加快推进民生改善年、加快推进社会治理年，是加强政府自身建设之年，也是册亨县经济社会发展极不平凡和取得巨大成效的一年。在这一年，全县以脱贫攻坚统揽经济社会发展全局，坚持守好发展和生态两条底线，抢抓机遇，攻坚克难，奋力作为。坚持稳中求进工作总基调，深入推进供给侧结构性改革，牢牢守住发展和生态两条底线，迈出坚实步伐，经济运行呈现总体平稳、转型加快、质量提升的良好发展态势。脱贫攻坚连战告捷，山地农业加速成型，山地

---

① 黄德林，贵州省社会科学院社会研究所所长，研究员；谢松，贵州省社会科学院工业经济研究所副所长，副研究员。

工业稳步推进，山地旅游健康发展，大数据产业起步良好，基础设施明显改善，生态环境持续优化，民生事业全面进步，社会治理更加扎实，全县经济社会协调发展，呈现出八大新亮点。

综合实力不断增强。2017年，全县完成地区生产总值53.47亿元，增长13.8%。农业增加值20.01亿元，增长7%；工业增加值3.43亿元，增长12.2%；服务业增加值28.3亿元，增长20.1%。财政总收入5.69亿元，增长2.4%。一般公共预算收入3.39亿元，增长9.7%。一般公共预算支出23.78亿元，增长32.5%。固定资产投资（500万元及以上）39.95亿元，增长22.8%。社会消费品零售总额3.2亿元，增长12.8%。金融机构存贷款余额分别为78.76亿元、44.26亿元，增长46.7%和31.9%。城镇、农村居民人均可支配收入分别达26333元、7423元，增长9%和10.5%。节能减排降碳等指标控制在省下达计划范围内。

脱贫攻坚成效明显。2017年以来，全县全力攻坚“四场硬仗”①，实现2个乡镇“减贫摘帽”、11个村出列、6230人脱贫。在产业脱贫方面，确定特色林产业为“一县一业”，获批产业扶贫子基金7.39亿元，启动实施10万亩油茶低产林改造、香蕉全产业链发展等7个项目。建成锦绣坊12个，带动3100名绣娘就业。整合财政扶贫资金1911万元实施“321”产业扶贫，覆盖贫困户11060户；在易地扶贫搬迁方面，建成13675人安置房主体工程，并启动了2018年61446人安置房建设工程；在社会保障方面，资助贫困家庭学生63225人（次）5280万元。发放医疗救助720.57万元，临时生活救助428.79万元。兑现城乡居民、职工基本保险报销9027.2万元，大病保险报销283.5万元，实现贫困人口“六重医疗保障”②全覆盖。对1144户特困对象实施“五基本保障”③。投资3.28亿元，完成

① 四场硬仗：基础设施建设硬仗、产业扶贫硬仗、易地扶贫搬迁硬仗、教育医疗住房“三保障”硬仗。

② 六重医疗保障：医疗保障、大病医疗保险、医疗救助、医疗扶助、重大疾病保险、二次报销100%。

③ 五基本保障：确保特困群众有饭吃、有干净水喝、有安全住所，绝不能让一个贫困群众孩子失学，绝不能出现贫困群众看不起病的情况。

农村危房改造和“三改”[①] 5383户、小康房建设560户。

产业发展提质增效。山地农业加速成型。引进贵澳集团开发香蕉大数据产业园，加快推进羊博园二期、冗坪种羊养殖示范基地建设。山地工业稳步推进。建成板万90兆瓦光伏发电项目、好之味食品加工厂，改造提升德隆水泥等企业，扩大奇松木业、林鑫木业、南华糖厂、荣畅化工厂、灵芝酒厂等特色加工业生产规模。完成工业投资8.57亿元，增长41.67%。山地旅游健康发展。万重山、岩架布依文化风情园、陂鼐古寨获批国家3A级旅游景区，冗渡镇大寨村、威旁村入选“中国少数民族特色村寨”，大寨村被列为“全省乡村旅游扶贫示范点”。旅游综合收入11.7亿元，带动贫困群众3152人增收。大数据产业起步良好。利用“互联网+”开展电商扶贫，通过黔邮乡情、京东贵州扶贫馆、电商云到村里、网易考拉等平台，销售布依服饰、花糯米饭、岩架糯米蕉、八渡百香果等特色产品，实现网络销售额3700万元。用好林业产权大数据平台，提供销售、采购信息595条，成交量2.1万立方米，成交额2199.69万元。

基础设施明显改善。基本建成册亨至望谟二级公路，实现村村通目标。建成弼佑等4个乡镇客运站和一批便民码头、便民桥。三岔河、新花等6座水库建设和双江等5座水库前期工作有序推进。县城二期水厂竣工投用。建成一批水利水保工程，解决了4539人饮水安全问题。启动建设高洛新区，新区大道、易地扶贫搬迁安置点等建设扎实推进。建成县体育馆、县政务服务中心、县电商交易中心、中华布依博物馆、中华布依美食坊、健康养老服务中心和纳福新区易地扶贫搬迁配套一期（路网）、河道生态治理、污水主干管网等工程。实施城南片区棚户区改造2000户。抢抓易地扶贫搬迁历史机遇，抓好巧马、坡妹、冗渡、双江、秧坝等绿色小镇建设，城镇化率40.85%。

生态环境持续优化。整治南北盘江网箱养殖3323.8亩，县内7个集中式饮用水源地、7个州控河流断面水质优良率达100%。建成坡妹镇、

① 三改：改厨、改厕、改圈。

百口乡污水处理项目，加快丫他镇、巧马镇污水处理项目建设。县城环境空气质量综合指数排全省第二、全州第一。荒山造林8.84万亩，退耕还林7.13万亩，森林覆盖率达69%。治理水土流失4.94平方公里。完成丫他板万传统村落保护和坡妹镇茶园村、四合村环境综合整治。完成农村土地确权登记颁证48902户。清理整治环境违法违规项目381个。

民生事业全面进步。投入19.71亿元，用于民生支出，占一般公共预算支出比重82.88%，增长39.4%。教育更加均衡发展。建成11所幼儿园，学前三年毛入园率86.2%，九年义务教育巩固率87.69%，“三残”儿童少年入学率92.71%，高中阶段毛入学率86.78%，小学和初中辍学率分别控制在0.04%和0.9%以内。卫计事业稳步提升。县医院新院区竣工投用，贫困户家庭医生签约率100%，实现远程医疗“乡乡通”、家门口挂“专家号”。实现跨省异地就医即时结算。全面实施二孩政策，常住人口出生率15.67‰，人口自然增长率8.65‰，符合政策生育率90.03%。文体事业亮点纷呈。申报州级非物质文化遗产11项，组织布依戏、刺绣传承人培训13期580人（次），开展民族文化月、布依文化年等活动，编演《音画布依》《榕朵》布依歌舞剧。社会保障逐步增强。新增就业2819人，再就业535人，转移劳动力8775人。城镇登记失业率控制在2.4%以内。城乡居民养老保险、医疗保险参保率分别为96%、99.66%，基本社会保险覆盖率92%。

社会治理更加扎实。扎实推进公共法律服务体系建设和“法治惠民工程”，实现“一村（居）一法律顾问”全覆盖。推进公安系统“大部门大警种”警务运行机制改革。加快推进看守所、拘留所建设。扎实抓好食品安全、信访维稳、危机管控、应急处置、网络舆情监控，安全生产形势良好，治安、刑事发案率持续下降，社会保持和谐稳定，群众安全感保持全州第一，荣获2013—2016年度“全国平安建设先进县”、全省平安建设示范县，2016年度全省“无毒害”示范单位等称号，连续9年保持“无毒害创建先进县”。

党的建设不断加强。全面落实从严治党，认真履行主体责任，深入推进党风廉政建设，营造了风清气正、干事创业的良好政治生态环境。坚持以党建为统领，充分发挥基层党组织与广大党员的战斗堡垒和先锋模范作用，统筹推进经济建设、政治建设、文化建设、社会建设、生态文明建设。推进“两学一做”学习教育常态化制度化，认真履行党风廉政建设主体责任，严格执行中央八项规定和省、州相关规定。

一、2017 年册亨县经济社会发展形势分析

（一）2017 年以来册亨县经济运行情况

2017 年以来，全县上下深入贯彻党的十八大、十九大和习近平总书记系列重要讲话精神，坚持以习近平新时代中国特色社会主义思想为指导，以脱贫攻坚统揽经济社会发展全局，牢牢守好发展和生态两条底线，抢抓机遇，凝心聚力，克难攻坚，统筹推进各项经济工作，全县经济实现平稳健康发展。

1. 经济总体运行情况

2017 年以来，全县经济运行总体上较平稳，增长速度保持较快水平。2017 年，全县完成地区生产总值 51.89 亿元，按可比价格计算，同比增长 13.3%，增速同比下降 0.3 个百分点，与全州、全省相比，增速比全州平均增速高出 0.8 个百分点，比全省平均增速高出 3.1 个百分点。2018 年上半年，全县完成地区生产总值 25.64 亿元，按可比价格计算，同比增长 13.4%，增速比 2017 年同期提高 0.3 个百分点，比 2017 年提高 0.1 个百分点，与全州、全省相比，增速比全州同期平均增速高出 0.8 个百分点，比全省平均增速高出 3.35 个百分点。在全州 8 县（市）中，增速排名位居第二名。

2017 年，全县地区生产总值占全州地区生产总值的 4.860%，比上年提高 0.002 个百分点；占全省地区生产总值的 0.383%，比上年同期下降 0.0015 个百分点。2018 年上半年，全县地区生产总值占全州地区生产总值的 4.649%，比上年提高 0.040 个百分点；占全省地区生产总值的 0.387%，比上年同期提高 0.0054 个百分点。

从人均经济规模看，2017 年，全县人均地区生产总值达到 27817 元，同比增长 16.5%，增速比上年下降 7.7 个百分点，比全州、全省同期增速分别高出 4.7 个百分点和 7.1 个百分点。

从经济规模占比看，2017 年，全县地区生产总值占全州地区生产总值的比重达到 4.860%，比上年提高约 0.002 个百分点；占全省地区生产总值的 0.383%，比上年同期下降 0.0015 个百分点。2018 年上半年，全县地区生产总值占全州地区生产总值的 4.649%，比上年提高 0.040 个百分点；占全省地区生产总值的 0.387%，比上年同期提高 0.0054 个百分点。

从第一，第二，第三产业看，2017 年，第一产业完成增加值 19.28 亿元，同比增长 6.8%，增速同比提高 0.8 个百分点，比全州、全省同期分别高出 0.2 个百分点和 0.1 个百分点；第二产业完成增加值 5.26 亿元，同比增长 11.8%，增速同比下降 2.1 个百分点，比全州、全省同期分别高出 1.1 个百分点和 1.7 个百分点；第三产业完成增加值 27.35 亿元，同比增长 18.1%，增速同比下降 1.3 个百分点，比全州、全省同期分别高出 1.9 个百分点和 6.6 个百分点；第一产业、第二产业、第三产业增加值占地区生产总值的比重分别为 37.2%、10.1%、52.7%，与上年相比，第一产业增加值占地区生产总值的比重下降 1.7 个百分点，第二产业增加值占地区生产总值的比重上升 0.1 个百分点，第三产业增加值占地区生产总值的比重上升 1.6 个百分点。2018 年上半年，第一产业完成增加值 7.87 亿元，同比增长 6.6%，增速同比下降 0.4 个百分点，增速与全州持平，比全省同期高出 0.2 个百分点；第二产业完成增加值 3.46 亿元，同比增长 13.3%，增速同比提高 2.3 个百分点，比全州、全省同期分别高出 1.9 个百分点和 3.46 个百分点；第三产业完成增加值 14.32 亿元，同比增长 16.2%，增速同比下降 0.3 个百分点，比全州、全省同期分别高出 1.1 个百分点和 5.0 个百分点。

表1　2017年以来县、州、省地区生产总值与三次产业增加值及其增速比较

单位：亿元，元，%

区域	项目	2016年	2017年第一季度	2017年上半年	2017年前三季度	2017年	2018年第一季度	2018年上半年
册亨县	地区生产总值	45.14	9.10	21.85	36.05	51.89	10.90	25.64
	增长率	13.6	15	13.1	11.7	13.3	14.1	13.4
	第一产业增加值	17.5389	3.25	7.27	14.27	19.28	3.51	7.87
	增长率	6.0	5.9	7.0	7.0	6.8	5.0	6.6
	第二产业增加值	4.5287	1.51	2.9	3.82	5.26	1.73	3.46
	增长率	13.9	12.7	11	11.2	11.8	12.1	13.3
	第三产业增加值	23.0742	4.35	11.68	17.96	27.35	5.66	14.32
	增长率	19.4	19.5	16.5	15.3	18.1	18.0	16.2
	人均生产总值	23878	—	—	—	27817	—	—
	增长率	24.2	—	—	—	16.5	—	—
黔西南州	地区生产总值	929.14	181.99	474.1	727.52	1067.6	218.26	551.53
	增长率	13.3	13.3	13	11.8	12.5	12.8	12.6
	第一产业增加值	188.84	34.89	74.55	137.38	204.08	37.51	80.77
	增长率	6.2	5.7	6.3	6.4	6.6	5.60	6.60
	第二产业增加值	298.31	65.16	172.22	252.78	340.68	73.46	193.56
	增长率	12.3	11.1	10.9	10.2	10.7	10.70	11.40
	第三产业增加值	441.99	81.94	227.33	337.36	522.84	107.29	277.20
	增长率	17.2	17.7	16.7	15.7	16.2	16.80	15.10
	人均生产总值	32833	—	—	—	37471	—	—
	增长率	12.8	—	—	—	11.8	—	—

续表

区域	项目	2016年	2017年第一季度	2017年上半年	2017年前三季度	2017年	2018年第一季度	2018年上半年
贵州省	地区生产总值	11734.43	2504.83	5732.35	9499.53	13540.83	2904.79	6632.86
	增长率	10.5	10.2	10.4	10.1	10.2	10.10	10.05
	第一产业增加值	1846.54	339.91	780.85	1457.74	2020.78	364.87	847.78
	增长率	6	6.1	6.5	6.5	6.7	5.60	6.40
	第二产业增加值	4636.74	1182.47	2459.75	3759.19	5439.63	1285.93	2761.82
	增长率	11.1	10.2	10.4	9.7	10.1	10.00	9.84
	第三产业增加值	5251.15	982.45	2491.75	4282.6	6080.42	1253.99	3023.26
	增长率	11.5	11.4	11.5	11.6	11.5	11.20	11.20
	人均生产总值	33127	—	—	—	37956	—	—
	增长率	9.8	—	—	—	9.4	—	—

资料来源：省、州数据来源于2017年以来《贵州省统计月报》，县数据来源于2017年以来各月《册亨县经济运行情况统计表》及2016年、2017年册亨县国民经济和社会发展统计公报。

2. 农业经济运行情况

2017年以来，册亨县深入推进农业供给侧结构性改革，着力加快调整农业结构，建设发展现代农业园区和山地特色农业基地，大力培育发展高效农业和新型农业，蔬菜、生态畜牧、速生商品林、油茶、香蕉等特色产业加快发展，规模不断扩大，农业发展实现提质增效。

2017年，全县完成农林牧渔业增加值20.30亿元，同比增长6.72%，增速同比提高0.72个百分点。其中，农业增加值10.41亿元，同比增长7.18%，增速同比提高0.88个百分点；林业增加值2.60亿元，同比增长8.97%，增速同比提高2.37个百分点；畜牧业增加值5.37亿元，同比增长4.66%，增速同比下降0.24个百分点；渔业增加值0.90亿元，同比增长6.08%，增速同比提高0.08个百分点。农业增加值占农林牧渔业增加值的51.26%，比上年提高0.18个百分点；林业增加值占农林牧渔业增加值的12.82%，比上年提高0.76个百分点；畜牧业增加值占农林牧渔业增加值的26.45%，比上年下降0.62个百分点；渔业增加值占农林牧渔业增加值的4.44%，比上年下降0.09个百分点。申报无公害农产品产地认定达到29.23万亩，无公害农产品达到29个。

2018年上半年，全县完成农林牧渔业增加值8.50亿元，同比增长6.61%，增速在全州8县（市）中位列第四。其中农业增加值3.35亿元，同比增长7.83%；林业增加值1.59亿元，同比增长7.44%；畜牧业增加值2.62亿元，同比增长5.69%；渔业增加值0.31亿元，同比增长0.52个百分点。相对2017年，农业、畜牧业增加值实现提速增长，分别比2017年全年增速提高了1.53个百分点和1.03个百分点。林业、牧业增加值增速减慢，分别比2017年全年增速下降了1.53个百分点和8.07个百分点。

截至目前，全县建有规模养殖场达480个，存栏大牲畜5.9万头(匹)、生猪12.1万头、羊11.45万只。调减玉米种植面积10.54万亩，甘蔗种植面积达6万亩，早熟蔬菜种植面积达6万亩，香蕉种植面积达6.8万亩。杉木种植面积83万亩、桉树种植面积35万亩、油茶种植面积15.5万亩，林地面积达268万亩。建成省级现代高效农业示范园区5个，其中1个引领型、3个发展型、1个精品果业型，分别为册亨县南部生态经济产业示范园区（引领型）、册亨县山地畜牧业循环发展示范园区（发展型）、册亨县绿色蔬菜产业示范园区（发展型）、册亨县现代农业示范园区（发展型）和册亨县南盘江香蕉产业示范园区（精品果业）。册亨县南盘江香蕉产业示范园区（精品果业）为2017年新增认定。

表2　册亨县农林牧渔业产出及增速　单位：万元，%

项　目	2016年		2017年		2018年上半年	
	绝对额	增速	绝对额	增速	绝对额	增速
农林牧渔业总产值	284778	6.20	320978	7.10	130407	6.80
其中：农业	139851	6.60	159051	7.60	48697	8.00
林业	32873	6.70	38503	9.46	20547	7.60
畜牧业	90867	5.00	99867	5.00	48345	5.90
渔业	10622	7.20	11442	8.90	4016	0.70
农林牧渔服务业	10565	5.90	12115	6.50	8802	6.80

续表

项　目	2016 年		2017 年		2018 年上半年	
	绝对额	增速	绝对额	增速	绝对额	增速
农林牧渔业增加值	185095	6.00	203035	6.72	84926	6.61
其中：农业	94557	6.30	104081	7.18	33490	7.83
林业	22332	6.60	26039	8.97	15888	7.44
畜牧业	50107	4.90	53699	4.66	26215	5.69
渔业	8393	7.60	9023	8.59	3082	0.52
农林牧渔服务业	9706	6.00	10193	6.08	6251	6.56

资料来源：2017 年以来各月《册亨县经济运行情况统计表》《册亨县国民经济和社会发展统计公报》2016 年、2017 年。

3. 工业经济运行情况

2017 年以来，册亨县积极引进工业发展项目，实施“千企改造”工程，先后建成板万 90 兆瓦光伏发电项目、好之味食品加工厂等项目，扩大奇松木业、林鑫木业、南华糖厂、荣畅化工厂、灵芝酒厂等生产规模，工业经济保持较快增长。2017 年，全县规模以上工业企业完成总产值 24.49 亿元，完成增加值同比增长 11.2%，增速同比下降 1.1 个百分点。与全州、全省相比，增速比全州同期平均增速高出 0.6 个百分点，比全省平均增速高出 1.7 个百分点。2018 年上半年，全县完成规模以上工业总产值 10.04 亿元，同比增长 17.79%，完成规模以上工业增加值同比增长 12.4%，增速比上年同期提高 2.0 个百分点，比上年全年增速提高 1.2 个百分点。与全州、全省相比，增速比全州同期平均增速高出 1.4 个百分点，比全省平均增速高出 2.8 个百分点。在全州 8 县（市）中，增速排名位居第四名。主要产品中，商品混凝土、成品糖产量实现高速增长，2018 年上半年分别完成产量 28.73 万立方米和 1.57 万吨，比上年同期分别增长 58.76% 和 36.55%；纤维板、水泥产量分别为 2.71 万立方米和 39.16 万吨，比上年同期分别增长 4.79% 和 0.07%。

4. 服务业运行情况

2017 年以来，册亨县加快推进万重山山地农业休闲旅游度假核心区、羊博园山地公园、岩架布依文化风情园、纳福新区农贸市场、客运西站主体工程、乡村旅游扶贫等大批服务业项目建设，进一步提升了文化旅游服务、物流网络服务能力和水平。万重山、岩架布依文化风情园、陂鼐古寨获批国家3A级旅游景区，冗渡镇大寨村、威旁村入选“中国少数民族特色村寨”，大寨村被列为“全省乡村旅游扶贫示范点”，以民族文化旅游、农村电商为重点的现代服务业加快发展。

2017年，全县旅游总人数达152.38万人次，比上年增长47.27%，实现旅游总收入11.56亿元，比上年增长48.15%。邮电业务总量13246万元，比上年增长25.90%；其中，电信业务总量11824万元，增长27.76%；邮政业务总量1422万元，增长12.32%。依托黔邮乡情、京东贵州扶贫馆、电商云、网易考拉等电商平台，积极发展“互联网+”，销售布依服饰、花糯米饭、岩架糯米蕉、八渡百香果等特色产品，实现网络销售额3700万元。积极用好林业产权大数据平台，提供销售、采购信息595条，成交量达2.1万立方米，成交额达2199.69万元。

2018年上半年，全县旅游总人数达78.14万人次，实现旅游收入7.03亿元，比上年同期增长48.65%；邮政业务总量增长21.19%，增速在全州排名第六位；批发业增长14.6%，增速在全州排名第五位；零售业增长13.6%，增速在全州排名第七位；住宿业增长13.4%，增速在全州排名第五位；餐饮业增长15.5%，增速在全州排名第三位。建成5家大数据与产业融合示范企业，整改57家乡、村级电商服务站点，网络零售额同比增长14.23%。

5. 固定资产投资运行情况

2017年以来，全县固定资产投资保持平稳较快增长。按500万元统计口径，2017年全县完成固定资产投资39.97亿元，同比名义增长22.8%，增速同比下降0.9个百分点。2018年上半年全县固定资产投资同比名义增长21.2%，增速同比下降1.6个百分点。分季度看，固定资产投资增速波动较小，最大波动幅度为1.6个百分点，投资增长态势相对平稳。与全州、全省相比，册亨县2017年固定资产投资增速均高于全省、全州平均增速，比全州平均水平约高出0.1个百分点，比全省平均水平高出2.7个百分点，在全州各县（市）中增速位列第二位；2018 年上半年固定资产投资增速比全省平均增速高，高出全省平均增速 3.8 个百分点，比全州平均增速低，约低 0.1 个百分点。

固定资产主要投向道路交通、水利通信、扶贫攻坚、易地搬迁、产业发展等大批重点项目，2017 年建成“组组通”公路 98 条，合计 310.68 公里，2018 年度 70 条，合计 290.2 公里，进度完成 89.48%；册亨至贞丰二级公路、册亨至望谟二级公路，册亨县城至双江平华快捷通道、双江环湖产业路、大顶柱风电场 40 兆瓦项目、丫他 30 兆瓦光伏扶贫电站等项目建设有序推进，义册汇聚建材年产 4 万吨腻子粉项目建成投产，建成 53 个电信普遍服务试点项目、3 个乡镇邮政快递服务网点和 28 个村级邮件接收站，4G 网络实现乡镇全覆盖，含无线宽带通村率达 98%。固定资产投资稳定增长为全县经济实现快速发展提供了有力支撑。

表 3　2017 年以来县、州、省固定资产投资及增速　单位：亿元，%

区域	项目	2016 年	2017 年第一季度	2017 年上半年	2017 年前三季度	2017 年	2018 年第一季度	2018 年上半年
册亨县	投资额	32.54	5.81	13.05	23.06	39.97	—	—
	增长率	23.7	21.5	22.8	22.8	22.8	21.6	21.2
黔西南州	投资额	800.16	123.56	326.73	604.09	981.4	—	—
	增长率	22.3	21.9	21.7	22.1	22.7	21.5	21.3
贵州省	投资额	12929.17	2215.29	5714.9	9541.65	15288.01	—	—
	增长率	21.1	21	21	20.5	20.1	17.8	17.4

资料来源：省、州数据来源于 2017 年以来《贵州省统计月报》，县数据来源于 2017 年以来各月《册亨县经济运行情况统计表》《册亨县国民经济和社会发展统计公报》2016 年、2017 年。

6. 居民收入与消费情况

2017 年以来，全县城乡居民收入稳步增长，收入水平和消费能力进一步提高。

2017 年，全县城镇居民人均可支配收入为 26187 元，同比增长

8.4%，增速同比下降1.7个百分点；农村居民人均可支配收入为7478元，同比增长11.4%，增速同比提高0.4个百分点；农村居民人均可支配收入增速比城镇居民人均可支配收入增速高出3.0个百分点；城乡居民收入比为3.50，比上年缩减0.10，城乡收入差距进一步缩小。与全州、全省同期相比，城镇居民人均可支配收入增速比全州平均增速低0.8个百分点，比全省平均增速高0.9个百分点；农村居民人均可支配收入增速比全州平均增速约高0.9个百分点，比全省平均增速高2.5个百分点。

2018年上半年，全县城镇居民人均可支配收入为14154元，同比增长9.6%；农村居民人均可支配收入为3367元，同比增长10.4%；农村居民收入增速继续保持快于城镇居民收入增速，但增速差距在减小，仅为0.8个百分点，比2017年全年增速差距减少2.2个百分点。与全州、全省同期相比，城镇居民人均可支配收入增速比全州、全省平均增速分别高出0.1个百分点和0.8个百分点；农村居民人均可支配收入增速比全州、全省平均增速分别高出0.1个百分点和0.7个百分点。

收入增加有力地促进了居民消费能力和消费水平的提高，城乡消费规模持续扩大。2017年，全县完成社会消费品零售总额3.20亿元，同比名义增长12.80%，增速同比下降0.5个百分点。其中城镇实现社会消费品零售额2.57亿元，同比名义增长11.8%；乡村实现社会消费品零售额0.63亿元，同比名义增长17.2%；乡村消费明显快于城镇消费。与全州、全省相比，2017年册亨县社会消费品零售总额增速比全州、全省平均增速分别高出0.3个百分点和0.8个百分点。2018年上半年，全县完成社会消费品零售总额1.71亿元，同比名义增长12.31%。与全州、全省相比，增速比全州、全省同期平均增速分别高出0.81个百分点和1.11个百分点，增速在全州8县（市）中排名位居第二。

表4　2017 年以来县、州、省城乡居民收入及增速　　单位：元，%

区域	项目	2016 年	2017 年	2018 年第一季度	2018 年上半年
册亨县	城镇居民人均可支配收入	24158	26187	—	14154
	增长率	10.10	8.40	—	9.60
	农村居民人均可支配收入	6712	7478	—	3367
	增长率	11.00	11.40	—	10.40
	城乡收入比	3.60	3.50	—	4.20
黔西南州	城镇居民人均可支配收入	25419	27758	7166	15628
	增长率	8.90	9.20	9.50	9.50
	农村居民人均可支配收入	7779	8596	2542	4391
	增长率	10.20	10.50	10.40	10.30
	城乡收入比	3.27	3.23	2.82	3.56
贵州省	城镇居民人均可支配收入	26743	29080	8374	15876
	增长率	8.80	7.50	9.00	8.80
	农村居民人均可支配收入	8090	8869	2259	4147
	增长率	9.50	8.90	9.80	9.70
	城乡收入比	3.31	3.28	3.71	3.83

资料来源：省、州数据来源于 2017 年以来《贵州省统计月报》，县数据来源于 2017 年以来各月《册亨县经济运行情况统计表》《册亨县国民经济和社会发展统计公报》2016 年、2017 年。

表5 2017年以来县、州、省社会消费品零售总额及增速 单位：元，%

区域	项目	2016年	2017年第一季度	2017年上半年	2017年前三季度	2017年	2018年第一季度	2018年上半年
册亨县	社会消费品零售总额	2.83	0.83	1.57	2.32	3.20	0.93	1.71
	社会消费品零售总额增长率	13.30	13.10	12.90	12.10	12.80	13.20	12.31
黔西南州	社会消费品零售总额	216.82	56.89	115.72	180.28	243.92	51.45	107.26
	社会消费品零售总额增长率	12.80	13.20	13.30	12.40	12.50	12.90	11.50
贵州省	社会消费品零售总额	3708.99	958.96	1913.70	2933.54	4154.00	943.43	1848.71
	社会消费品零售总额增长率	13.00	13.00	13.10	12.30	12.00	12.40	11.20

资料来源：省、州数据来源于2017年以来《贵州省统计月报》，县数据来源于2017年以来各月《册亨县经济运行情况统计表》《册亨县国民经济和社会发展统计公报》2016年、2017年。

7. 财政金融运行情况

2017年以来，全县财政收支、金融信贷实现不同程度增长，财政、信贷规模进一步扩大。

在财政收支方面，全县2017年完成财政总收入5.69亿元，同比名义增长2.38%，增速同比下降3.82个百分点。其中完成一般预算收入3.39亿元，同比名义增长9.71%，增速同比下降2.59个百分点。地方税收收入占一般公共预算收入的72.52%，地税收入居主导。一般公共预算财政支出23.78亿元，同比名义增长32.54%，增速同比提高30.04个百分点；其中公共财政预算八项支出14.45亿元，同比名义增长15.4%。教育支出4.81亿元、社会保障和就业支出1.83亿元、医疗卫生与计划生育支出1.91亿元、农林水支出4.40亿元、交通运输支出1.60亿元，分别比上年名义增长0.8%、35.97%、76.35%、26.66%和475.04%；一般公共服务支出2.92亿元，同比名义下降1.05%。2018年上半年，全县完成财政总收入3.92亿元，同比名义增长26.06%，增速同比提高26.3个百分点，比2017年全年提高23.68个百分点。其中，一般公共财政预算收入完成2.19亿元，同比名义增长9.37%；税收收入完成3.7亿元，同比名义增长3.3%。一般公共财政预算支出16.01亿元，同比名义增长27.86%。其中，公共财政预算八项支出13.02亿元，同比名义增长29.0%。与全州、全省相比，2018年上半年册亨县财政总收入增速比全州同期平均增速高出14.06个百分点，一般公共预算支出增速比全州同期平均增速高出1.42个百分点，公共财政预算八项支出增速在全州8县（市）中排名位居第一。

在金融信贷方面，2017年末，全县全部金融机构各项存款余额达到78.76亿元，同比名义增长46.76%，增速同比提高25.4个百分点。其中，住户存款规模达到2.58亿元，同比增长14.21%，增速同比提高1.85个百分点；住户存款在全部金融机构各项存款余额中的比重为32.77%，比上年末下降9.34个百分点。非金融企业存款31.96亿元，在全部金融机构各项存款余额中的比重为40.58%，比上年末提高14.4个百分点。全县全部金融机构贷款各项余额达到44.26亿元，同比名义增长31.97%，增速同比提高6.28个百分点。其中，住户贷款余额21.72亿元，同比名义增长22.89%，增速同比下降0.75个百分点。住户贷款在全部金融机构人民币各项贷款余额中的比重为49.08%，比上年末下降3.62个百分点；非金融企业及机关团体贷款余额22.54亿元，在全部金融机构人民币各项贷款余额中的比重为50.92%，比上年末提高3.62个百分点。2018年上半年，全部金融机构存款余额为79.42亿元，同比增长18.77%，增速比全州同期平均增速高出11.56个百分点，在全州8县（市）中排名位居第二。全县全部金融机构贷款各项余额达到45.64亿元，同比名义增长8.34 %，增速比全州同期平均增速低5.08个百分点，在全州8县（市）中排名位居第六。

表6　2017 年以来县、州财政收支规模及增速　　单位：亿元，%

区域	项目	2016 年	2017 年	2018 年第一季度	2018 年上半年
册亨县	财政总收入	5. 56	5. 69	1. 998	3. 923
	财政总收入增长率	6. 20	2. 38	33. 78	26. 06
	一般公共预算收入	3. 03	3. 39	1. 12	2. 19
	一般公共预算收入增长率	12. 30	9. 71	15. 51	9. 37
	一般公共预算财政支出	17. 94	23. 78	7. 62	16. 01
	一般公共预算财政支出增长率	2. 50	32. 54	18. 37	27. 86
	公共财政预算八项支出	12. 52	14. 45	5. 53	13. 02
	公共财政预算八项支出增长率	9. 82	15. 40	16. 96	29. 00
黔西南州	财政总收入	168. 76	173. 29	53. 16	105. 39
	财政总收入增长率	3. 10	2. 90	17. 10	12. 00
	一般公共预算收入	113. 80	114. 38	32. 50	67. 12
	一般预算收入增长率	8. 00	3. 10	7. 40	7. 24
	一般公共预算支出	303. 84	331. 08	102. 62	221. 19
	一般公共预算支出增长率	11. 50	9. 00	20. 62	26. 44

资料来源：州数据来源于2017 年以来《贵州省统计月报》，县数据来源于2017 年以来各月《册亨县经济运行情况统计表》《册亨县国民经济和社会发展统计公报》2016 年、2017 年。

表7　2017 年以来县、州存贷款规模及增速　　单位：亿元，%

区域	项目	2016 年	2017 年	2018 年第一季度	2018 年上半年
册亨县	全部金融机构存款余额	53. 67	78. 76	76. 04	79. 42
	全部金融机构存款余额增长率	21. 36	46. 76	27. 43	18. 77
	存款中：住户存款	22. 60	25. 81	—	—
	住户存款增长率	12. 36	14. 21	—	—
	全部金融机构贷款余额	33. 54	44. 26	44. 55	45. 64
	全部金融机构贷款余额增长率	25. 69	31. 97	14. 76	8. 34
	贷款中：住户贷款	17. 68	21. 72	—	—
	住户贷款增长率	23. 64	22. 89	—	—

续表

区域	项目	2016 年	2017 年	2018 年第一季度	2018 年上半年
黔西南州	全部金融机构存款余额	1294.20	1499.65	1504.79	1538.51
	全部金融机构存款余额增长率	34.40	15.90	7.91	7.21
	存款中：住户存款	492.90	590.58	—	—
	住户存款增长率	18.89	19.82	—	—
	全部金融机构贷款余额	802.50	983.58	1030.75	1042.32
	全部金融机构贷款余额增长率	22.60	22.60	15.62	13.42
	贷款中：住户贷款	339.90	415.46	—	—
	住户贷款增长率	20.17	22.23	—	—

资料来源：州数据来源于2017年以来《贵州省统计月报》，县数据来源于2017年以来各月《册亨县经济运行情况统计表》《册亨县国民经济和社会发展统计公报》2016年、2017年。

（二）社会发展的基本态势

1. 抓住决战机遇，扎实推进脱贫工作

2017年全县通过组织开展春季攻势、夏季大比武、秋季攻势，全力攻坚“四场硬仗”，扎实推进脱贫工作，取得了卓有成效的成绩。

一是减少贫困人口。2017年全县为打赢脱贫攻坚战，兴建农村基础设施建设项目13个，整合财政涉农资金28580万元。农业生产发展项目14个，整合财政涉农资金17690万元。实现2个乡镇“减贫摘帽”、11个村出列、6230人脱贫。

二是聚力脱贫。2017年全县通过搬迁实现脱贫、发展产业实现脱贫，聚力推进脱贫工作。按照脱贫就要搬迁，搬迁也是有效的脱贫这一工作思路，2017年全县共规划搬迁3228户，13675人（建档立卡贫困人口2246户，9430人）。2017年确定特色林产业为“一县一业”，获批产业扶贫子基金7.39亿元，启动实施10万亩油茶低产林改造、香蕉全产业链发展等7个项目。建成锦绣坊12个，带动3100名绣娘就业，整合财政扶贫资金1911万元实施“321”产业扶贫，覆盖贫困户11060户。

三是脱贫攻坚更加强劲有力。截至2018年上半年，全县仍有建档立卡

贫困户9785户，37031人，贫困村53个、贫困乡镇2个，贫困发生率达15.86%。2018年，省州指导下达册亨县的减贫任务是减少贫困人口1.42万人，贫困村退出13个。在省下达数的基础上，册亨县结合实际鼓励条件较好的村9个出列，预计2018年底能够完成22个贫困村出列。

2. 就业形势稳步向好，社会保障覆盖面全方位扩大

一是就业领域。2017年在全国和全省就业形势总体上仍较紧张的大背景下，尽管册亨县就业、再就业工作的压力更大、困难更多，但由于认真贯彻实行扩大就业的发展战略，册亨县就业领域仍然呈现可喜成绩。截至2018年上半年，册亨县一方面利用“赶集天”在册亨县城及各乡镇举办“春风行动”招聘会，搭建就业平台，拓展农村劳动力就业渠道，有70余家省内外大中型企业进场招聘，提供就业岗位6000余个，3500余人参与应聘，有800余人达成就业意向，发放5000余份就业政策等宣传资料；上半年完成了城镇新增就业2009人，为州级任务数2600人的77.2%，县级任务数3000人的66.9%；失业人员实现再就业312人，为任务数的60%；就业困难人员实现再就业178人，为任务数的59.6%；农业劳动力转移就业3799人，为任务数的63.3%，农业劳动力期末在外就业56676人。另一方面，结合“大扶贫”战略要求，针对青壮年劳动力全员培训和市场用工需求，大力开展技能培训工作。上半年完成培训72期，共3932人，为目标数的88.1%，投入资金150万元。其中，共对精准扶贫户2815人、易地搬迁户120人进行培训，在培训期间有两个班达不到培训要求，经检查后取消，截至目前已经结班的有55个班，共2605人，其中贫困户2012人，易地扶贫搬迁户120人。小额贷款担保情况。截至2018年5月底共计担保11笔（以银行实际发放为准），发放金额238万元，直接带动就业48人，累计贴息1225笔，金额共计1586.30万元。

二是社会保障。截至2018年上半年，全县完成企业职工养老保险参保人数3157人，完成目标任务数的98%；城乡居民社会养老保险参保人数达153225人，完成目标任务数的99%；机关事业单位养老保险参保人数达5220人，完成目标任务数的100%；职工医保参保人数10483人，完成目标任务数的103%；城乡居民医疗保险参保缴费217335人，完成州下达目标任务数的103%，参保率达104.4%；工伤保险参保人数10204人，完成目标任务数的85%；生育保险参保人数为8125人，完成目标任务数的88%；失业保险参保总人数5150人，完成目标任务数的107.29%。

3. 社会事业全面推进，文教卫生取得新成绩

2017—2018年上半年，册亨县各项社会事业有了新进展，取得了新成绩。社会各领域在解决教育、文化、卫生、公共服务等重要民生问题上取得了重大成效。

一是教育发展。截至2018年上半年，全县共投入8.48亿元，加大学校建设。其中投入2.1亿元，启动新建13所幼儿园；投入0.64亿元，启动“全面改薄”27个单体项目建设；投入5.66亿元，启动新建册亨中学、第四中学、巧马中学等一批重点工程建设；投入0.08亿元，启动新建秧坝民族中心小学等4所学校教师周转房建设。目前，各项目均动工建设，部分项目已完成主体施工，正在进行内外装饰。小学辍学率为0.03%，初中辍学率为0.27%。册亨县幼儿园等4所学校被授予“黔西南州2018年民族团结进步创建活动示范单位”。

二是民族文化。2018年以来，全县集中宣传累计86场（次），发放民族团结宣传手册及相关宣传资料共计16000余册，制作发放印有民族团结的宣传实物围裙380张、口袋560个、水杯370个，各单位各部门以“两学一做”“一周一夜校一党课”等形式，组织干部职工集中学习党的民族理论政策共215次，受教育干部职工8000余人（次）；2018年已申报第三批传统手工艺传习所9家和全省第三批少数民族特色村寨25个。2018年上半年，支持民族博物馆馆藏文物的征集工作5万元，县共征集到文物100余件；加大民族古籍收集整理力度，已完成戏剧的收集、整理、翻译及编辑9个。

三是卫计工作。截至2018年上半年，全县完成建档立卡贫困人口78836人，已录入参保系统78733人，医保系统参保率达99.87%。实施“四重医疗保障”，截至2018年6月5日，全县贫困人口享受“四重医疗保障”政策2222人次，总费用1016.94万元，报销费用875.99万元，其中基本医疗保险（包含重大疾病保障）2222人次，报销851.32万元；册

亨县妇幼保健院建设项目、疾控中心改扩建项目、中医院建设项目“四制”等工作完成；实施“六重医疗保障制度”，成立了脱贫攻坚医疗健康扶贫作战执行组和卫生人才能力培养、医疗救助等11个工作专班；截至2018年6月，县医院引进医学高校毕业生9人，成熟型人才3人；稳妥实施全面两孩政策，全县出生率为11.21‰，同比上升2.31个千分点，人口自增率为6.86‰，同比上升1.90‰。

四是基本公共服务。截至2018年上半年，全县累计建立居民健康纸质档案168047份，建档率87.80%，慢性病患者规范管理率70.9%，严重精神障碍患者检出率4.8‰，免疫规划单苗接种95%以上，结核病患者治疗率100%；县、乡、村三级网络联防进一步健全。全县无甲类传染病报告，2018年6月，共报告乙、丙类传染病342例，与上年同期（459例）相比，下降了25.49%，发病率91.46/10。无甲类传染病报告，截至目前，无突发公共卫生事件发生。

4. 环境整治初见成效，社会治理成绩喜人

一是环境整治。截至2018年上半年，在水污染防治方面，成功申报设立了坡妹镇冗赖沟、者楼办巴尾六集中式饮用水源保护区，全面实施省、州、县、乡、村五级“河（库）长制”。完成对重点河库周边、上游及沿江沿河污染源排查工作。全面完成全县22个1000立方米以上集中式饮用水源保护区水源点网箱养殖情况的实地排查；在大气污染防治方面，推进大气污染联防联控，强化道路扬尘和建设施工工地扬尘的治理，餐馆油烟、烟花爆竹燃放、露天焚烧秸秆垃圾等行为得到有效遏制，黄标车和老旧车淘汰工作力度加大；在土壤污染防治方面，全面开展土壤污染状况详查工作，共划定土壤污染详查单元47个，核实农用地详查点位202个。

二是社会治理。以党的十九大和十九届二中、三中全会精神及习近平总书记系列讲话精神为指导，按照“防控风险、服务发展、破解难题、补齐短板”的要求，以深化巩固全国平安建设先进县成果，以不断提升人民群众获得感、幸福感、安全感为目标，努力把册亨建设成为全国最平安的县份之一，为新时代经济社会持续健康发展创造安全稳定的社会环境。不断创新矛盾纠纷多元化解工作机制，夯实基层基础，着力将各类矛盾纠纷和不稳定因素调处化解在萌芽。按照中央、省、州的要求和部署，切实开展扫黑除恶专项斗争。用“小网格”服务“大民生”，努力形成社区整体一张网，网中有格，按格定岗，人在格上，事在网中，集中管理，条块结合，延伸服务，一岗多责，一员多能。通过开展校园及周边环境综合治理工作，2018 年 1—6 月，全县无校园安全及针对师生安全的案（事）件发生。2018 年，围绕脱贫攻坚工作，努力营造深化巩固“全国平安建设先进县”成果和提升“平安册亨”创建成果的“人人知晓、主动参与”的浓厚氛围。全县 12 个乡（镇、街道）、73 个县直单位精心组织，协同配合，结合实际，广泛开展宣传活动。并出台了关于《为脱贫攻坚易地扶贫搬迁进攻战斗》提供“1＋4”服务保障的总体方案（册政法〔2016〕16 号）、《关于充分发挥政法机关职能作用为极贫乡镇脱贫攻坚提供服务和保障的工作方案的通知》（册政法〔2018〕13 号）、《册亨县新市民计划平安管理工作实施方案》（册综治办〔2018〕5 号）等文件，有力确保了脱贫攻坚工作的推进。

5. 社区建设工作全面推进，基层组织能力不断提升

2017 年，册亨县继续巩固农村社区建设全覆盖和和谐社区建设省级示范（达标）县成果，积极申报上级社区建设以奖代补资金 40 万元，投入改造丁马、荣丁、岜达和民族 4 个村的一房三室建设；新任村干部培训。抓好第十届村（居）换届新任村干部的培训，共举办 7 期村级干部培训班，受训人数 552 人；“村改居”工作。认真开展“村改居”工作，制订工作实施方案，召开村民会议征求意见，组织“两代表一委员”审查研究，目前已申报 2 个街道 3 个镇共 13 个村，待县政府研究审批。

6. 社会救助体系建设深入推进，城乡低保提标顺利完成

一是城乡低保标准逐年提高。2018 年，全县城镇低保标准由每月 532 元提高到每月 570 元，增幅 7%；农村低保标准由每年 3528 元提高到每年 3876 元，增幅 10%。通过核查，城镇低保拟保障对象 308 户，815 人，同比 2017 年末减少 13%；农村低保拟保障对象 12995 户，37201 人，同比增长 0.59%。截至目前，上半年累计发放城镇低保资金 94.67 万元、农村低保资金3326.84万元。

二是社会救助力度不断加大。截至2018年6月，为全县城乡低保对象、特困人员、20世纪60年代初精减退职老职工、肇事肇祸精神障碍患者、建档立卡贫困人口中的大病患者、家庭人均纯收入低于本地最低生活保障标准2倍的低收入家庭中的留守老人资助代缴医疗保险费120.8210万元；实施医疗救助1324人次，发放医疗救助资金77.91万元；实施临时救助166人次，发放救助资金23.96万元。

三是城乡医疗救助工作扎实开展。统筹和规范医疗救助工作，加强健全完善工作制度办法，落实好“一站式”结算医疗救助，形成基本医疗保险、大病保险报销、重大疾病保障、医疗救助、住院再次报销、医疗扶助“六重医疗保障”，进一步减轻困难群众就医费用负担，有效遏制因病致贫、因病返贫，切实解决群众的困难。截至2018年上半年，全县建档立卡贫困人口实行医疗救助“一站式”服务共792人次，救助金额45.0527万元。同时，提高特困供养人员救助金额，全县共有特困供养对象439人，2018年上半年发放救助资金272.7万元。

7. 社会福利和养老服务工作深入推进，专项社会事务管理工作有效推进

一是积极开展养老服务体系建设。进一步加强养老服务的基础设施建设，不断提升养老服务工作水平。年初以来，完成了丫他镇敬老院、坡妹镇敬老院和弼佑镇敬老院建设；完成幸福院建设19个；在建项目有健康养老服务基地1个，养老公寓1个，日间照料中心1个。目前册亨有县福利院1个，床位48张；农村养老院14个，内设床位660张；农村幸福院41个，内设床位120张。

二是认真抓好社会福利和慈善工作。认真落实孤儿基本生活保障制度，抓好孤儿基本生活费发放的监督管理。截至2018年上半年，按时发放各类补助资金。为1759名重度残疾人发放生活补贴46.28万元，护理补贴48万元；提高孤儿生活补助标准，为117名孤儿发放生活补助金71.76万元。2018年春节期间开展“慈善情暖万家”慰问活动，走访慰问贫困户65户，发放慰问金1.3万元。

三是进一步强化殡葬管理工作。制订《册亨县殡葬改革火化工作实施方案》《册亨县国家公职人员违反殡葬管理有关规定问责暂行》《册亨县惠民殡葬实施办法》等规定，稳步推进殡葬改革事业。完成对 6 个重点乡镇集中治丧和骨灰公益性公墓建设项目的申报，完成 1 个脱贫攻坚易地搬迁城市县级公益性公墓（高洛新区公益性公墓）项目的申报建设任务。

四是加强流浪乞讨人员救助工作。按照“自愿求助，无偿救助”和对未成年人、老年人、智障人员、贫困留守儿童实施主动救助，加强搞好流浪乞讨救助服务工作，开展流浪乞讨人员救助。2018 年上半年累计救助 58 人次，用于流浪乞讨人员返乡、接送、医疗、食品、衣物等经费共计 18 万元。

五是老龄工作成效显著。截至 2018 年 6 月，册亨县建成运营农村互助幸福院 42 个，床位 168 张。累计拨发福利彩票公益金 10 万元用于资助农村互助幸福院建设，当年安排农村互助幸福院 1 个。2017 年，册亨县 65 周岁以上老年人健康管理率达到 30%，基层老年协会建会率城镇社区达到 50%，农村社区（行政村）达到 35%。通过开展敬老爱老先进集体和先进个人评选表彰活动，树立了敬老养老典型，弘扬了尊老敬老养老的传统美德。

二、2017 年册亨县经济社会发展存在的矛盾和问题

2017 年，册亨县经济社会发展以习近平新时代中国特色社会主义思想正确指引，取得的可喜成绩是省、州关心帮助的结果，是县委坚强领导的结果，是县人大、县政协监督支持的结果，是全县上下团结奋斗的结果。但是经济社会发展中也存在一些矛盾和问题，我们理应高度重视，并有必要加以分析研究，使其最终得到有效破解，当然这些矛盾和问题有的是册亨经济社会发展中长期积累下来的，不可能在 2018 年得到彻底解决；同时，有的矛盾和问题是随着经济社会形势变动而有可能在 2018 年新出现或凸显出来的，其影响仍将继续下去。因此，为了客观分析 2017 年册亨县经济社会的发展进程，也为了在今后的发展中进一步解决这些矛盾和问题，必须对这些矛盾和问题有更加清醒而深刻的认识，并加以切实解决。

（一）经济实力较弱

经济总量小，人均水平低，自身财源不足，综合实力不强。政府债务偿还压力大，财政对脱贫攻坚、经济社会发展保障能力弱。产业转型不够快，农业产业化程度不高，工业转型升级慢，新兴产业规模小，旅游产业质量不高，服务业层次偏低。企业与贫困户利益联结机制不完善，带动力不强。

（二）社会事业发展相对滞后

社会事业发展相对滞后，民生发展不平衡，教育、文化、就业、社会保障等还不能很好地满足人民群众的需求，教育、医疗基础设施推进还不够快，教学质量偏低、大班额问题仍然突出，医疗质量还需加快提升，改善民生的任务依然十分艰巨。在教育方面，重大项目资金缺口大，对施工进度造成不利影响，初中“控辍保学”成效理想，城区学校大班额突出，校长、教师专业水平有待提高；在文化建设方面，基础设施薄弱，现有的基础设施仍远远满足不了群众的文化需求，乡村群众休闲娱乐、开展文艺活动无场地的问题比较突出。全县基层文化队伍普遍存在整体素质不高。同时，政府资金投入还不能满足事业发展需求，社会多元资金投入渠道还有待拓宽。

辖区企业用工需求与册亨县农民工技术能力不相适应，造成企业在用工方面“意向录用多，正式录用少”。经济下行压力大，社会保险扩面难度增大，缴纳社会保险困难，甚至有放弃缴费情况。工伤保险比例由三类变成八类，大部分单位缴费比例下滑，加之地方部分企业难以完成目标任务。劳动维权和信访任务艰巨，建设领域层层转包和违法分包问题比较突出，导致农民工工资拖欠问题凸显，增加社会稳定风险。

（三）脱贫攻坚任重道远

贫困面大、贫困程度深，“线上线下”问题明显，脱贫攻坚“五个专项治理”还不彻底，建档立卡贫困户漏评错评、错退，危房改造不到位，资金使用不规范，扶贫领域的腐败和不正之风等情况依然存在。易地扶贫搬迁还有欠账，需要尽快整改到位。农业科技投入不足、产品结构单一、附加值偏低，合作社运转效果不明显，群众利益联结不充分，扶贫产业子基金使用不均衡；新增工业企业少，营商环境有待进一步优化。乡村旅游基础设施不完善，产业扶贫效益不明显。易地扶贫搬迁基础设施配套项目融资问题较为突出，导致教育、医疗等重点项目建设资金缺口大，影响建设进度。乡村振兴推进力度不大，缺乏项目、资金支撑，成效不明显等。脱贫成果巩固难度大，群众发展内生动力不强，脱贫攻坚任务非常艰巨。

（四）基础设施建设仍然滞后

册亨县内地形破碎、切割深、河谷纵横，土地制约严重，基础设施滞后，一些地方缺乏基本的生存条件和发展条件，不能满足快速发展的需要。例如册亨水库建设项目，由于管材大幅度涨价，供应商已停止供应球墨铸铁管，导致工程滞后。同时，供水灌溉工程管道安装与其他多个项目存在施工交叉，相互影响，造成进度缓慢。交通重点项目建设推进还不够快，项目资金筹集困难。

（五）公共服务尚待完善

随着经济社会结构、各种利益格局的深度调整，经济社会发展中不平衡、不协调问题不断涌现。教育、医疗、卫生、文化等社会事业发展滞后，公共服务体系不健全，就业和社会保障压力加大，城乡居民收入增长缓慢且差距扩大等问题，都将暴露出来。册亨县如何在快速发展过程中增加社会物质财富，不断改善人民的生活水平，保障社会公平正义，维护最广大人民群众的根本利益，对册亨县经济社会建设提出了更高的要求。

三、2018 年册亨县经济社会发展走势预测与对策建议

2018 年无论对于贵州还是对于册亨来说，都将是极不寻常的一年。2018 年是贯彻落实党的十九大和省委十二届二次全会精神的重要一年。因此，册亨经济社会发展各个方面的工作力度都会得到新的增强，经济发展

中的脱贫摘帽、与全国同步小康，在乡村振兴战略实施中的各种新老矛盾和问题都会得到进一步解决，经济社会发展领域有可能在新的起点上加快推进步伐。

（一）五大基本发展走势

可以预期，2018 年册亨县经济社会发展在保持与全国、全省、全州大体一致的基本走势的同时，又具有自身的本地特征。

1. 精准脱贫攻坚年：打好三大攻坚战

2018 年，严把“识别”“定贫”两个环节，将动态识别贯穿全过程，精准到每一户、每一人、每一环节，精准确定真贫人口、贫困真因，做到不漏一户、不少一人。打好“四场硬仗”。打好基础设施建设硬仗，建成农村“组组通”硬化路 70 条 280.45 公里，实现“组组通”硬化路目标。新建 19 个安全饮水工程，解决 5000 人饮水安全问题。打好易地扶贫搬迁硬仗，完成 2017 年度 13675 人搬迁，建成 2018 年度 61446 人安置房主体工程。全面实施“新市民计划”，统筹抓好就学、就医、就业，确保群众搬得出、稳得住、快融入、能致富。打好产业扶贫硬仗，加快省“一县一业”全产业链项目示范县建设，争取产业扶贫子基金 13 亿元以上，实现每个乡（镇、街道）有 1 个特色扶贫产业，推动主导产业覆盖到村、产业链项目覆盖到户。打好教育医疗住房“三保障”硬仗，贫困学生应助尽助。开展全员培训，实现每人至少培训 2 次，确保每户至少 1 人熟练掌握一门实用技能。实施贫困人口“六重医疗保障”，贫困人口参保率达 100%。实施农村危房改造和“三改”1914 户。加快双江极贫乡镇项目建设。

2. 项目建设年：争取项目和实施项目并举

2018 年，精心安排第一批到位财政专项扶贫资金。2018 年到位的第一批财政扶贫资金 6761 万元，已按照“四到县”的原则进行了资金分配安排，共安排实施项目 121 个。其中，项目涉及产业扶贫 46 个、基础设施建设 60 个。第二批中央和省级财政专项扶贫资金 2649.2 万元已按照项目申报程序由各项目申报单位进行申报。目前，正在汇总项目清单。积极配合做好中央定点帮扶和东西部对口帮扶工作。目前，已按照县扶贫开发领导小组安排组织县级专家组对乡镇（街道）申报的中央定点帮扶项目进行项目评审，确定了2018年帮扶项目17个，资金9074万元，各项目实施单位正在有序实施；争取宁波市江北区帮扶项目6个，资金约2500万元，截至目前，还在申报、审核中。

3. 改革发展年：深化“放管服”改革

2018年册亨县全面深化“放管服”改革，实行市场准入负面清单管理。推进多证合一、简易注销、电子营业执照和企业登记全程电子化。深化财税改革，严格税收征管，加大综合治税力度。推进预决算公开，坚持国库集中支付和政府采购，健全公共财政体系。深化农村综合改革，全面落实土地承包期再延长30年政策，加快农村土地“三权分离改革”，开展集体资产股权、农村土地承包经营权和农民住房财产权抵押贷款改革试点。巩固集体林权制度改革成果，深化供给侧、投融资、生态文明、环境监测、旅游开发、科教文卫、监察、司法、社会治理等改革。大力发展开放型经济，努力构建全方位、多层次、宽领域的对外开放格局。加强与周边地区、经济组织、社会团体、高等院校、科研机构的交流合作，借力助推册亨发展。

4. 不确定性年：经济增速放缓、不和谐因素及灾害问题

我们不仅要看到2018年里确定的、积极的因素所决定的趋向走势，而且还应注意到不确定因素及其可能造成的负面影响。由此观之，就使人感到2018年册亨县将会面临的一些不确定性较大的因素，其中有的变数的影响甚至很难预料。

第一，经济增速放缓的不确定性。2018年上半年，第一产业完成增加值7.87亿元，同比增长6.6%，增速同比下降0.4个百分点，增速与全州持平，比全省同期高出0.2个百分点；第二产业完成增加值3.46亿元，同比增长13.3%，增速同比提高2.3个百分点，比全州、全省同期分别高出1.9个百分点和3.46个百分点；第三产业完成增加值14.32亿元，同比增长16.2%，增速同比下降0.3个百分点，比全州、全省同期分别高出1.1个百分点和5.0个百分点。2018年上半年，全县城镇居民人均可支配收入

为 14154 元，同比增长 9.6%；农村居民人均可支配收入为 3367 元，同比增长 10.4%；农村居民收入增速继续保持快于城镇居民收入增速，但增速差距在减小，仅为 0.8 个百分点，比 2017 年全年增速差距减少 2.2 个百分点。

第二，不和谐因素变动态势的不确定性较大。近年来，我国社会发展面临着或多或少的不和谐因素，社会问题高发、利益纠纷频繁、潜在风险逐渐显性化。这些不和谐因素是与人民内部外部、党内外、省内外甚至国内外各种矛盾及问题相关联的。其间，当一些矛盾问题由潜行变为凸显时，或若干矛盾由各自起作用变成集中产生影响时，往往具有较大的不确定性。册亨县诸如金融风险、债务风险、安全生产风险及一些社会不和谐风险依然存在，要在短短的 1 年得以全部消解，难度太大，所以不和谐因素仍将在一定范围和一定时期内影响着社会的和谐与稳定，为此我们应当高度重视。

（二）几点对策建议

基于对 2017 年册亨县经济社会发展成效的认识，以及对存在问题和 2018 年发展走势的分析，为了更好地促进 2018 年册亨县经济社会发展，我们认为有必要着重提出如下对策建议。

1. 深入推进精准扶贫，加快脱贫攻坚步伐

2018 年打好“四场硬仗”。夯实基础设施、抓好易地扶贫攻坚、深入实施“新市民计划”、加快省“一县一业”全产业链项目示范县建设，促进所有工作向脱贫攻坚聚焦，各种资源向脱贫攻坚聚集，各方力量向脱贫攻坚聚合，加快脱贫步伐。力争 2018 年实现 1 个乡镇“减贫摘帽”、22 个村出列、1 万人以上脱贫。

第一，认真学习贯彻国家、省州县扶贫开发会议、文件精神。严格执行《册亨县精准扶贫工作过程管理考评办法（试行）的通知》要求，严格扶贫工作考核。

第二，紧盯“减贫摘帽”核心指标，全力做好“减贫摘帽”工作，按时完成 2018 年省州下达的减贫任务。

第三，积极配合县财政局整合涉农资金投入脱贫攻坚，力争实现脱贫人口全覆盖，确保“真扶贫、扶真贫”，杜绝虚假脱贫和数字脱贫。

第四，坚持以供给侧结构性改革为主线，加快产业发展，推动县域经济提质增效。加快山地农业、山地工业、山地旅游业发展。

2. 狠抓县域产业发展，提升综合竞争实力

2018 年，册亨县必须努力解决自身发展的“短板”，始终守住发展这条底线，坚持以产业发展作为县域经济发展的龙头和核心，突出抓好特色产业发展，以此支撑和带动全县经济发展。

第一，深入推进现代农业发展进程。深化农业供给侧结构性改革，大规模调整农业结构，调减玉米种植 10.64 万亩，做大甘蔗，种好香蕉，因地制宜发展构树、花椒、蔬菜、牧草，稳定蔬菜种植 7 万亩、甘蔗 6 万亩，新种香蕉 2 万亩、构树和花椒 3 万亩，退牧还草 6 万亩。

第二，大力实施工业强县战略。深化工业供给侧结构性改革，投运板万 90 兆瓦光伏发电项目，建成丫他 30 兆瓦光伏电站、大顶柱 40 兆瓦风电站，争取建设 88.7 兆瓦村级光伏扶贫电站和 30 兆瓦生物质发电项目。加快园区交通路网、污水处理厂和供水工程建设，提升园区承载能力，实现园区总产值占工业总产值的 30% 以上。推动大数据与实体经济深度融合 10 个项目以上，实现企业上云 120 户以上。

第三，扎实抓好文化旅游创新发展。深化服务业供给侧结构性改革，完成县全域旅游发展规划、县旅游扶贫规划编制，加大布依民族民间文化资源的保护、开发与利用，加快推进万重山、岩架布依风情园、陂鼐古寨等景区项目建设，加快景区“吃、住、行、游、购、娱”要素一体化建设。

3. 狠抓基础设施建设，改善自身发展环境

2018 年按照县委、县政府提出以脱贫攻坚统揽经济社会发展，以供给侧结构性改革为主线，打好三大攻坚战，发展三大产业，提升三大动力，夯实三大基础，保障三大民生，守好发展和生态两条底线，促进经济社会持续健康发展，为实现同步小康进一步夯实基础的发展思路。

第一，织密交通网络。加快推进“一高二横三纵四连五通”公路网建设，完成册亨至贞丰、册亨至望谟二级公路和岩架至双江平华环湖路、达央至八望三级公路建设。基本建成高洛至平华二级公路，开工建设贞丰经册亨至田林高速公路、八渡大桥、田坪至东风桥东风隧道。实现县城区和国家3A级旅游景区电动汽车充电设施全覆盖。争取世行贷款提等改造农村公路，提升农村公路通行能力。

第二，完善水利设施。全面推进“1+16”骨干水源工程建设，完成册亨水库灌溉管网工程，三岔河水库、者术水库下闸蓄水，加快推进丫他、者岳、新花、洛艾水库建设，开工建设双江、文达、冗赖、纳桥、纳也水库。启动实施秧坝河10.5千米、者楼河9千米河道治理，建成一批水利水保设施。

第三，统筹城乡发展。坚持城镇化与实施乡村振兴战略相结合，按照区域联动、产业跨越、核心聚集、交通引领、生态支撑、文化提升的思路，用好布依人文风情和原生态山水风光资源，科学编制城镇规划和自然村寨规划，统筹布局区域内水、电、气、路、信等基础设施，引导群众不随便建房、不分散建房，确保村庄建成就是小镇、就是旅游景点。加快推进坡妹省级示范小城镇建设，优化升级巧马、冗渡、双江、秧坝特色小镇，积极推进丫他、岩架融入县城连片发展，城镇化率提高至45%以上。

4. 狠抓生态文明建设，增强持续发展能力

第一，抓好重点领域、重点行业、重点企业污染治理，抓好扬尘治理、黄标车淘汰、露天焚烧整治等工作。

第二，坚持生态产业化、产业生态化。继续实施绿色贵州行动计划，推进石漠化、水土流失综合治理。

第三，加强农村环境治理机制建设，整县推进农村生活垃圾污水治理，力争城乡垃圾无害化处理率达80%以上。

5. 狠抓民生保障工作，提升人民幸福指数

始终坚持以人为本、执政为民的理念不动摇，继续加快推进以改善民生为核心的社会主义事业建设，使改革发展成果更多地惠及人民群众。

第一，要提高教育发展水平。加快推进“全面改薄”和教育重点工程建设，着力解决城镇大班额、午托机构管理问题。深化教育综合改革，申报册亨民族中学省级三类示范性高中，加强师资队伍建设，优化教育资源配置，不断提升教育质量，促进城乡教育均衡发展，实现学前三年毛入园率 85% 以上，高中阶段教育毛入学率 87% 以上，小学、初中辍学率分别控制在 0.6% 和 1.8% 以内，确保通过国家督导评估。

第二，要加大就业创业力度。落实人才强县战略，持续抓好人才队伍建设和管理。落实就业和再就业政策，加强就业指导和服务，加大职业技能培训，解决好大中专毕业生、下岗职工、失地农民、退转军人等就业问题。全面落实“大众创业、万众创新”和小额贷款创业政策，鼓励“互联网 +”创业，新增就业 3000 人，再就业 520 人，转移农村劳动力 6500 人以上。建成 2 个以上电商示范项目，推进“智慧 +”融入各领域各行业。完成城镇新增就业 3000 人，城镇登记失业率控制在 4.2% 以内。实现城镇居民可支配收入 28544 元。完成贫困劳动力全员培训 4461 人，做好易地扶贫搬迁就业工作。实现社会保险参保人数达 40.2 万人次，社会保险基金征缴 16800 万元。完成机关事业人员公开招录（聘）、引进急需紧缺人才 150 人。积极抓好帮扶点结对帮扶工作。

第三，要提升社会保障水平。深入实施全民参保计划，完善城乡低保和社会救助制度。建成县儿童福利院和双江镇敬老院，启动建设救灾物资储备库、易地扶贫搬迁安置点老年养护院。深入推进殡葬改革，启动城市公益性公墓建设。加强未成年人、困境儿童和农村留守儿童、留守妇女、留守老人关爱保护。农村低保提标至每人每年 3876 元，城市低保提标至每人每月 570 元。

第四，要增强公共服务能力。全面实施国家基本公共卫生服务项目，促进公共卫生服务均等化，居民健康建档率达 85% 以上，传染病发病率控制在 0.5‰以内，国家免规接种率均达 95% 以上，慢性病患者规范管理率达 60% 以上。进一步健全县、乡、村三级疾病联防网络。继续做好非物质文化遗产保护及项目申报工作，着重面向基层做好非遗申报摸底工作，提升公共文化服务水平。深入实施文化信息资源共享、“数字图书进农家”“数字图书推广”“网络书香工程”。继续完善文体艺术人才数据库建设，完成贫困劳动力全员培训及“三区”人才培训任务。着力开展文化市场综合执法，努力促进文化市场健康发展。

6. 打好精准脱贫攻坚战，筑牢同步小康根基

2018 年是贯彻落实党的十九大精神的开局之年，是决战脱贫攻坚、决胜同步小康的关键一年。打好精准脱贫攻坚战，意义重大、任务艰巨。全县必须全面贯彻党的十九大精神，以习近平新时代中国特色社会主义思想为指导，以脱贫攻坚统揽经济社会发展，以供给侧结构性改革为主线，打好三大攻坚战，发展三大产业，提升三大动力，夯实三大基础，保障三大民生，守好发展和生态两条底线，促进经济社会持续健康发展，为实现同步小康进一步夯实基础。

坚持精准扶贫。严把“识别”“定贫”两个环节，将动态识别贯穿全过程，精准到每一户、每一人、每一环节，精准确定真贫人口、贫困真因，做到不漏一户、不少一人。全面审查核定，精准退出标准，严格退出程序，做到人人清楚、户户认可，做到应退全退、愿退尽退。

打好“四场硬仗”。打好基础设施建设硬仗，建成农村“组组通”硬化路 70 条 280. 45 公里，实现“组组通”硬化路目标。打好易地扶贫搬迁硬仗，完成 2017 年度 13675 人搬迁，建成 2018 年度 61446 人安置房主体工程。打好产业扶贫硬仗，加快省“一县一业”全产业链项目示范县建设，争取产业扶贫子基金 13 亿元以上，实现每个乡（镇、街道）有 1 个特色扶贫产业，推动主导产业覆盖到村、产业链项目覆盖到户。打好教育医疗住房“三保障”硬仗，贫困学生应助尽助。开展全员培训，实现每人至少培训两次，确保每户至少 1 人熟练掌握一门实用技能。实施贫困人口“六重医疗保障”，贫困人口参保率达 100%。实施农村危房改造和“三改”1914 户。深化专项扶贫、行业扶贫、社会扶贫“三位一体”大扶贫体系建设。

脱贫攻坚篇

Poverty Alleviation and Development

指尖脱贫：册亨刺绣产业发展报告

黄德林①

据2010年全国第六次人口普查数据显示，我国布依族人口总数为287万人②，其中贵州省布依族人口251.06万③，占全国布依族人口的87.47%。贵州布依族主要分布在黔南、黔西南两个布依族苗族自治州。但是，除贵州省以外的布依族人口总数仅占布依族人口总数的12.53%。1965年12月，册亨县成为全国唯一的布依族自治县。1982年4月，因成立黔西南布依族苗族自治州，于是撤销册亨布依族自治县，设立册亨县。2017年册亨县总人口23万人，其中布依族人口数18.6万人，占全县总人口数的76%。

在我国刺绣技艺最早始于何时，目前尚无确论。根据马王堆出土的刺绣品，说明秦汉时已有刺绣。中国传统刺绣主要包括“苏绣、湘绣和蜀绣”等。苏绣是中国传统民族工艺之一，苏绣因起源于苏州地区而得名，其最早的发源地在苏州吴县一带，今天已遍衍无锡、常州等地。到了清代将“苏绣、粤绣、湘绣、蜀绣”作为中国四大名绣，苏绣图案秀丽、绣工细致、构思巧妙、风格独特。2006年5月20日，苏绣经国务院批准列入第一批国家级非物质文化遗产名录。湘绣是以湖南长沙为中心带有湘楚文化特色的湖南刺绣产品，是中国四大名绣之一，曾有“绣花能生香，绣鸟能听声，绣虎能奔跑，绣人能传神”的美誉。2006年，湘绣入选第一批国

---

① 黄德林，贵州省社会科学院社会研究所所长、研究员。

② 国务院人口普查办公室、国家统计局人口和就业统计司编：《中国2010年人口普查资料》（上），北京：中国统计出版社，2012年版，第199页。

③ 贵州省统计局、国家统计局贵州调查总队编：《2012贵州统计年鉴》，北京：中国统计出版社，2012年版，第40页。

家级非物质文化遗产名录。粤绣是产于广东地区的刺绣品。始于少数民族，明代中后期形成特色。粤绣的构图繁而不乱、色彩富丽夺目、针步均匀、针法多变、纹理清晰，善流水路，立体感强，具有装饰趣味，一直以金碧辉煌、花繁色鲜著称。蜀绣产于四川成都、绵阳等地。在晋代被称为蜀中之宝，既有巨幅条屏，又有袖珍小件，是观赏性与实用性兼备的精美艺术品。在贵州少数民族刺绣中以苗族和布依族刺绣最为著称，贵州省台江县施洞一带的虎纹、雉纹、滑纹及雷山苗绣中龙纹等与商周青铜器上的饕餮纹、云雷纹、水涡纹、龙凤纹极为相似，这可说明苗绣在商夏时期已具雏形。而有关布依族刺绣的记载，始见于明代《贵州图经新志》有关“腹下系五彩挑绣方幅如绶”和“绣花衣裙”等的描写，到了清代布依族刺绣已经相当盛行。民国以后易裙为裤，衣袖和裙边的刺绣改为“镶栏式”。不管在什么年代，刺绣都是布依妇女的绝活儿。

一、册亨县布依族刺绣产业现状

册亨县布依族刺绣历史悠久，多姿多彩、独树一帜，是国家非物质文化遗产的重要组成部分之一。布依族刺绣图案具有极强的象征意义，如服饰中的花鸟虫鱼、草木藤蔓、河流、杆栏等都代表了布依族人的生活价值观。因此，布依族刺绣被称为布依人“穿在身上的家园”。如今，册亨县布依族刺绣不单是布依族妇女的手工艺术，更是少数民族地区的特色致富产业。“锦绣计划”是贵州省政府提出的以刺绣、蜡染和民族服装服饰为重点，因地制宜，突出特色，促进贵州传统民族手工业发展的行动，旨在弘扬少数民族厚重的历史文化，引导妇女创业就业，促进妇女特色手工向规模化、产业化、品牌化发展。

近年来，册亨县按照全省关于实施“锦绣计划”的部署和要求，从本县实际出发，结合布依族刺绣文化特色，把锦绣产业作为脱贫攻坚主导产业，推行“锦绣计划”，大力发展民族特色手工业，引导广大妇女通过民族民间手艺就业创业，走出了一条指尖脱贫的路子。“锦绣计划”培训内容包括基本常识、职业技能、实际操作三个方面具体内容：一是培训基本常识，学习相关法律法规、职业道德与行为修养，学习消防、常见疾病预防、女性健康、情绪管理与沟通技巧等。二是培训专业技能，学习民族刺绣图案与色彩、十种基础针法、基础图案组合应用、简单旅游产品制作等专业职业资格培训课程。三是学习实际操作，实际操作课由专业理论课老师根据理论课作出具体安排。册亨县妇联按照培训工作要求，通过培训教师系统教学，提升了农民的素质与技能，使农民具有了一定手工技能，为农民自己能就业或成为创业型人才打下了一定基础。为推进册亨县妇女特色手工产业加速发展，促进创业带动就业，加快脱贫步伐，2013 年，册亨县政府根据《黔西南州人民政府办公室关于实施妇女特色手工产业锦绣计划的意见》（州府办发〔2013〕137 号）精神，制定了《关于实施妇女特色手工产业锦绣计划的意见》。提出以市场为导向，以刺绣、蜡染和民族服装服饰为重点，遵循政府引导和市场主导相结合、传承保护和开发创新相结合、民族民间特色手工产业与文化旅游产业发展相结合的原则，因地制宜，发挥优势，突出特色，推动民族民间特色手工产业与妇女事业同步发展。通过“锦绣计划”的实施，全面提升了册亨县妇女手工技能，促进妇女创业就业，增加人民群众收入。进一步提高妇女特色手工产业的组织化程度，推动产业基地化、规模化、品牌化、市场化发展，形成“小商品、大产业”，“小企业、大集群”发展模式。

2015 年册亨县妇联认真履行职能，紧紧围绕县委、县政府提出的“锦绣计划”，切实引导妇女开展指尖脱贫行动。2015 年 8 月，在县职业中学举办了为期 1 周的锦绣计划培训班，培训绣娘 100 名。2015 年 12 月，举办“锦绣册亨布依风采”绣娘技能大赛暨妇女特色手工产品展示活动，共有来自全县 14 个乡（镇）的 111 名绣娘参赛。为广大妇女搭建了一个互动交流平台，展示册亨布依族妇女的风采，推动妇女手工产品生产的规模化、市场化、产业化，达到以大赛促培训、促创业、促就业、促产业发展的目标，让中华布依第一县民族刺绣文化在“锦绣计划”的推进和指引下，走出册亨、走出黔西南、走向世界。2016 年初，册亨县委、县政府多次与绣娘代表及全县 10 余家锦绣合作社负责人共商，结合易地搬迁扶贫“1 户 1 人”就业和纳福“手绣小镇”建设需要，投入资金 1360 余万元建设布依锦绣坊。旨在促进册亨传统民族手工业发展，弘扬布依民族厚重的历史文化，助推脱贫攻坚。到 2016 年底，全县共有妇女特色手工作坊 40 余个，绣娘 1 万余名。

截至 2017 年 12 月，册亨县共有各类“绣娘”2 万余人，她们会纺纱、织布、蓝淀染、刺绣和缝纫等。以布依妇女为主，且主要分布在双江、秧坝、弼佑、八渡、者楼街道办等地，汉、苗族妇女所占比例极少；布依手工作坊 143 家，其中有纳福大妈绣、云娇染织等 6 家作坊的商品外销，其余农户生产的产品均由农户投入本地市场，自产自穿，极少投入外地市场。2017 年，再次对全县技艺精湛的绣娘进行摸底，掌握了布依刺绣技艺娴熟底数 2857 人。刺绣产品远销北京、上海、深圳、香港、意大利和新西兰等地区和国家，销量供不应求，实现产值 1500 万元。

目前，册亨县共建设锦绣坊 12 个，真正形成了“镇镇有锦绣坊，家家都是小作坊”的模式，带动 3000 余名绣娘居家灵活就业，其中建档立卡贫困妇女 1853 人，易地搬迁扶贫户妇女 165 人，通过就业人均收入 5000 元，既传承了民族文化，又增加了“绣娘”收入。2016 年、2017 年，县委、县政府共投入近 1800 万元建设锦绣坊，投资 62 万元升级改造了冗渡镇大寨村秧弄锦绣坊；投资 879 万元建设了纳福锦绣坊，占地面积 2754 平方米，于 2016 年 11 月建成；2017 年投资 100 万元在丫他、巧马、秧坝等乡镇（街道）建设了 8 个锦绣坊，并成立合作社引导广大妇女就业。引进云娇公司入驻中华布依锦绣坊，并提供 200 万元的贴息贷款作为公司的前期启动资金，投资 60 万元购买织布机等 220 台供各锦绣坊使用，还投资 60 余万元帮助公司建设临时住所，解决公司集中就业食宿的难题。锦绣坊建成后，公司积极组织传统编织工艺和服饰等进行展示，组织 1000 名妇女集中进行生产，既解决了妇女的就业问题，又传承和保护了传统布依文化，还提供了参观的基地和场所。

为发扬工匠精神，整合部门资金，对搬迁贫困妇女加强刺绣技能培训力度，举办了全国刺绣艺术传承人培训班和本县绣娘技能培训班等，2015 年以来共开办 17 期，培训 1853 人。由县委宣传部门牵头，联系整合扶贫、人社、农业、民宗、科协、妇联等部门资金 98.5 万元开展培训。一是邀请有资质的职业技能培训学校对绣娘开展培训，每期培训 7 天。二是培训以刺绣为主，开设的理论课程含基本针法理论与实操、配色、选布料、市场前景、文明礼仪心理调适及思想政治等方面的内容，引导绣娘面向市场，开发新型的应用绣品，既要保护传统的文化，又要创新，使之成为广大农村妇女增收致富脱贫的主渠道。三是邀请北京依文集团的技术人员前来进行提升培训，通过实践操作进行培训，使广大妇女适应环境的变化而转变观念，逐步树立了市场意识、创新意识、品质意识。

2018 年 4 月，笔者到册亨县“中华锦绣坊”调研时，绣娘黄莲告诉我们，她出生在册亨县弼佑乡，从小在家中学习布依族刺绣，今年 38 岁。在 2011 年以前，她的刺绣品都是自用，只能自给自足。2011 年后，她开始将自己的刺绣产品拿到市场上卖，增加了家庭收入。黄莲创作的绣品还销往宁波、深圳、上海等地，也有一些不成批量的绣品销往国（境）外，主要是一些散客。黄莲认为，在“锦绣坊”做刺绣的过程中，绣娘之间可相互交流经验，大家在一起干活比较轻松。黄莲的家乡弼佑乡也有许多绣娘，当时镇领导想叫她回弼佑乡领头办锦绣坊，但为了照顾在县城读书的孩子，她还是愿意留在县城的锦绣坊。黄莲有时也去做一些免费培训，带有一些徒弟，并带动其他人通过刺绣脱贫。从事刺绣工作的都是妇女，她们在家白天主要从事家务，晚上才开始做刺绣。然而，刺绣很伤眼睛，就目前而言黄莲眼睛没什么问题，毕竟还年轻。2016 年前，黄莲自己每年的刺绣产品有 1 万—2 万元的收入，当她看到身边的群众还很贫穷时，自己决定将她们组织起来成立刺绣作坊，以增加村民的收入，加快脱贫步伐。

2016 年，黄莲代表册亨县参加州级、省级、国家级等手工艺技能大赛，并揽获各类大奖。“绣花如做人，一针一线地绣，不焦躁，也不要傲娇，我们人也是一样的，眼下的路要一步又一步地走，这样才能走得更远，也能走得更久。”这是黄莲母亲常常说的话。现在，黄莲平时除了管理生产之外，她还要到各乡镇的刺绣工作室进行授课，教授色彩搭配、针法绣艺技能。自己也感到很有成就感，同时加快了农村的脱贫步伐，也解决了留守老人和留守儿童问题，照顾了家庭。黄莲现在主要是在册亨县“中华锦绣坊”工作，在这里上班比较好，一方面可以照顾在县城读书的孩子；另一方面，黄莲主要是从事对作坊里的绣娘进行技术指导，也包括制图、设计、图片加工等其他工作，收入也比较高。根据黄莲介绍，在“中华锦绣坊”工作的妇女，大多可以一方面照顾家中老人和孩子，又能增加收入。她们到作坊领到任务后，既可以在作坊里面做，也可以带回家中做，月收入大多在1000—2000元。黄莲在刺绣过程中，有的时候也进行摄影。黄莲还介绍了刺绣的环节。黄莲完全凭自己的想象来绘制图案，非常漂亮。她的绣品在省、州均拿到二等奖，而且2016年11月还获得全国绣娘二等奖。

调研的当天，我们还采访了另外一位在读大学生，她叫依树枫，今年23岁。依树枫纺线、擀棉、织布、绣花，样样在行。依树枫老家在册亨县弼佑乡秧佑村，她是秧佑村至今唯一的女大学生，现就读于湖南女子学院服装设计专业。关于刺绣工艺，依树枫告诉我们，她母亲那一辈的人绝大多数都懂刺绣，而她们这一代学会刺绣的人就很少了。依树枫小时候在家常常看到母亲在做刺绣，自己也比较感兴趣，但是真正自己动手做，是从2014年开始的，这一年她正好考上湖南女子学院服装设计专业。依树枫很有刺绣天赋，她上大一时为了还读书贷款，就动手绣一些饰品，进入市场销售，效果很好，有的绣品被人买下当作送给外国朋友的珍贵礼品，依树枫绣品中的图案源于自己的生活体验和创作灵感。在我们与依树枫交谈的过程中，她拿出自己的刺绣作品给我们看，这些刺绣作品有鱼、人物、花草等图案，并绣在手提包、眼镜盒、项链上，栩栩如生、鲜活生动。依树枫每个假期都在册亨“中华锦绣坊”工作，第一个月收入1700元，现在每个月有3000元的收入。她说，到册亨“中华锦绣坊”工作一方面是实习；另一方面也将自己在学校中学到的知识用于刺绣，将传统的刺绣与现代服装设计有机结合起来。每个假期都到锦绣作坊做工，在她的作品中，有的在服装袖口、有的在领子上点缀一下，服装的价值就会大增，这就是艺术的魅力。从依树枫自信的谈吐中，让我们看到布依族刺绣未来发展的美好前景。

另外，从相关文献资料中还发现了许许多多绣娘的感人故事，从她们身上展现出一幅美丽动人的册亨县布依族刺绣画卷。例如，毛正元，女，口齿清晰，说得一口流利的普通话，很难想象她现在已84岁高龄了，是中华布依锦绣坊德高望重的指导老师。12 岁时就跟着母亲学习织布、染布、绣花，习得一身精湛的技艺。当老人得知村里很多妇女都去了县里的中华布依锦绣坊工作，在亲戚的引介下也来到锦绣坊。现在毛正元老人任中华布依锦绣坊指导顾问，将纺花抽线、织布、绣花等手艺，毫无保留地传授给前来请教的年轻绣娘。又如，李海记，女，现年 45 岁，现在在中华布依锦绣的织布区担任织娘。从前一直跟着村里的伐木队上山帮人砍树，孩子寄养在叔叔家里，每周下山看一次。这样的生活，二十年如一日，山上的生活居无定所，交通闭塞，蚊虫非常多，有时候遇上雨季连续两个月也没有活，但有的时候还得赶工，每天早出晚归，即使这样她的收入也只是勉强维持一家人的正常开销。这样常年劳累的她在 2015 年生了一场大病，不仅一家人的生活来源没有了，还欠了亲戚不少钱，一家人陷入了困顿之中。病愈后的她不再上山砍树，只好在家待业，但是生活也迎来了更大的难题，儿子和女儿的学费和生活费从哪里来？两个孩子前后都辍学出去打工。在家待业了一年的李海记于 2018 年 3 月，通过亲戚介绍得知中华布依锦绣坊大量招聘绣娘织娘，而且免费进行岗前培训。大病初愈的她怀着忐忑不安的心前来培训，经过一个月的培训李海记能熟练地操作本公司改良版的织布机，在 4 月初她拿到了上岗证。相比于之前上山伐木，工作轻松了不少，在绣坊的收入也比伐木时增加了一倍。在当地政府的关注下，外出打工的女儿也决定在 2018 年 8 月回学校读书，因为她家的特殊情况，她的学费可以减免，并且在生活上给予一定的补贴。这个忧心忡忡的母亲心中的石头终于落下了。当然还有许多动人的故事，她们在县政府的扶持下，在中华布依锦绣坊，通过指尖走上了一条脱贫致富之路。

二、册亨县布依族刺绣产业发展的制约因素

（一）刺绣工艺传承的民俗基础正在被消解

刺绣工艺传承实质上是布依族刺绣文化的传承与体现，而一个民族文化的创意与其所处的环境密切相关，一种文化样态的变迁也真切反映出民俗产生的变化。传统的布依族社会衡量判断一个女子是否心灵手巧，其中

刺绣活是一个重要的标准，因为在传统的布依族社会人们交往、节日庆典、婚丧嫁娶、谈情说爱等民俗活动都离不开刺绣饰品的展示。然而，由于受到现代文明的冲击，人们的审美观发生了一些变化，年轻人到外打工，受到现时代文明的冲击，对传统刺绣饰品已经不是十分感兴趣。同时，年青一代还会认为刺绣工艺因为生产缓慢、制作繁杂，没有机器织布织出的图案简单大方。正如，绣娘依树枫所说，她的母亲那一代人绝大多数妇女都会刺绣，而她们年青一代大多数人都已经不会刺绣了。由于民俗传统文化的变迁，许多年轻人认为传统的工艺需要大量的时间学习，不能在短时间内获得经济效益，不如在外打工赚钱。另外，传统刺绣工艺要求较高，需要心细眼明，人们一旦年龄大了就无法再胜任刺绣这样的手工细活，就要自动退出这个行业。由于从事刺绣的人力资源不足，一些刺绣作坊也会临时招收一些妇女来从事刺绣工作，但是师傅大多只传授一些机器织绣的操作技术，而手工绣由于学的时间比较长，加之生产一件绣品的时间相对要长些，这样，锦绣作坊的刺绣师傅对临时招收来的徒弟，只能教授简单的手工技术，因此传承人越来越匮乏，刺绣手工艺就越来越难以继续发展。

（二）经营不善导致布依族刺绣品发展受限

长期以来，布依族地区由于人们的市场经济观念淡薄，包括册亨县刺绣在内的最初的手工技艺并不是为了发展经济而从事刺绣。过去布依族妇女刺绣用品，大多是自用和赠送亲朋好友。这说明，在传统的布依族社会生活中，刺绣更多体现的是一种文化传承，刺绣用品大多是自给自足，或者用来当作赠品。2013 年以来全省实施锦绣计划，册亨县将布依族刺绣作为地方民族产业来抓，高度重视刺绣业的发展。伴随册亨县锦绣计划的实施，全县境内出现了许多刺绣坊，但大都是一些小作坊式，加之刺绣的质量良莠不齐，有的绣品档次上不去，所以价格不高，收益不大。另外，大多是作坊分散制作，各自经营，绣户之间很少相互学习了解，往往容易出现闭门造车、单打独斗的情况，且制作的绣品图案单一，没有创新等这些因素导致布依族刺绣发展受限。还有就是经营管理人才缺乏，要带领乡村合作社进入市场难。特别是在刺绣人才培养上缺少必要的培训经费，整合部门资金手续程序繁杂，实现创新产品难，推进刺绣产业化发展进程缓慢。

（三）机制保障力度不够，导致布依族刺绣发展缓慢

要顺利实施指尖脱贫，实施“锦绣计划，”刺绣业的发展离不开机制保障。若要推进“锦绣计划”的有效实施，绝不能单靠妇联一家单位来进行推动。册亨县锦绣计划，其实质是布依族刺绣文化的产业化，通过刺绣文化产业化发挥刺绣业在脱贫攻坚中的作用。目前，缺乏妇联、人社、文化旅游、民宗、移民、金融、职教、扶贫等部门之间的联动机制。同时，在政策供给方面的不足，也是导致册亨县刺绣业发展缓慢的又一因素。目前虽然县政府开始加强对民族民间工艺文化的挽救，但还没有形成系统完整的保护体系。在实际运作中，对涉及刺绣业发展的相关部门缺乏统一的组织领导机构，相关部门齐抓共管的效果还不够明显。

三、册亨县布依族刺绣产业发展的对策建议

册亨县布依族刺绣产业经过近五年的努力，目前产业已经初具规模。但是，册亨县布依族刺绣产业的分散性、品牌效应、宣传包装、营销策划、人才培养、资金保障、政策支撑等方面仍然存在不少问题，我们经过实地调研，对册亨县布依族刺绣产业发展提出如下建议。

（一）组织保障，促进产业发展

建立册亨县锦绣坊工作小组，办公室设在县发展改革局。领导小组组长由县长担任，副组长由县发展改革局局长、县财政局局长、县人社局局长、县扶贫办主任、县妇联主席、县民宗局局长、县移民局局长、县教育局局长、县工科局局长、县商务局局长担任。具体工作安排，由县发展改革局整合相关部门实施。同时，在上述相关部门之间建立联动机制，主要抓好锦绣作坊的生产、营销、培训、宣传等工作。

（二）传承保障，促进产业发展

布依族刺绣缘于布依族纺织文化，而文化传承，需要挖掘保护好传承人。例如，我们在调研过程中采访的黄莲、依树枫是布依族刺绣文化传承人代表。我们可以通过开展传承人普查活动，摸清册亨县布依族刺绣传承人的分布情况、年龄结构、职业状况等。通过县人社局、县妇联、县民宗局将她们组织起来，对她们进行培训、组织到外地学习考察等方式，在此基础上让她们到各级锦绣坊传授自己的技艺，帮助更多的人学习脱贫致富技能。建立传承人数据库，掌握她们的工作动态。通过传承人微信群交流，使她们取长补短，相互借鉴学习，更进一步提高技艺，促进刺绣产业发展。

（三）营造良好的教育环境，促进产业发展

树立正确的价值观对于刺绣工艺的保护、传承和发展具有重要作用。通过锦绣坊、农民讲习所等载体，向群众宣讲发展刺绣产业，对于脱贫致富的重要性，还可以通过教育宣传活动提高村民对刺绣工艺重要性的认识，一方面刺绣本身就是本民族文化传承的载体，另一方面发展刺绣业也是当地群众脱贫致富的重要手段。县教育部门可以借助中小学和职业学校开展各种活动，如传统文化进校园的活动，让刺绣老艺人到学校指导女学生刺绣，弘扬当地的刺绣和民间文化艺术。充分利用各种途径和方式尽可能统一布依族刺绣工艺制作者及经营者的思想认识，由小范围的家庭手工式作坊到大范围的产业化轨道靠拢，增强刺绣工艺产业的竞争力。

（四）加大宣传力度，促进产业发展

政府应该在民间刺绣工艺方面进一步提高重视度，把振兴传统刺绣工艺当作树立地方形象、发展地方经济的重要举措来抓。整合各方资源，进一步加大对发展刺绣工艺的投入，使其成为当地不可或缺的一个重要产业。政府应引导刺绣工匠密切走产学结合发展的道路，加强不同少数民族刺绣工艺间的交流和合作研究，并进行经验交流、产品对比观摩等。政府

辅助的同时应引导相关产业者及时跟进市场，以利于了解需求，提高质量，改进设计，开拓市场。同时，可以通过电视、网络、报刊等加大宣传力度，还可以与相关学术机构和文化运营商合作，进一步宣传挖掘刺绣文化的价值，开发出具有较高审美价值的手工艺品。

（五）依托民族文化旅游业，促进产业发展

册亨县旅游资源十分丰富，主要有布依戏、民族舞蹈、民歌对唱，丰富优美的民族民居和风情民俗，独具特色的溶洞景观和文物古迹等，这些都为开发册亨县民族旅游业创造了良好的条件。册亨县的旅游业有很大发展空间，可以带动布依族刺绣工艺的传承与发展。除在产品中做好传统日用绣品之外，还可以开发现代服饰、手机袋、眼镜盒、电脑包、包装袋等适用的现代生活绣品。茶籽油、糯米蕉等是册亨当地特有的土产，如果把布依族的刺绣用于包装这些土特产，则既能享受册亨美食，又能欣赏到美丽的布依族刺绣，一举两得，具有很好的宣传推介作用。旅游观光者每到一个景区景点，除了一饱眼福，寻觅当地特色外，又有自己满意的旅游产品作为纪念，才觉得不虚此行。册亨县还可以树立刺绣工艺特色文化村，如选择弼佑乡的一些布依族村寨将其树立为刺绣品牌村，把品牌打出去，加强刺绣手工艺特色文化村及品牌特色的宣传，在文化村开展布依族妇女的刺绣展示活动，不但丰富了旅游内容，民间艺人也有了展示才艺的天地，同时让游客进行参与式互动，给游客留下深刻印象，以此带动民族手工艺产业化的发展，促进经济发展。对于布依族刺绣工艺，我们应当从苗族绣中吸收优秀的东西，在传承布依族刺绣工艺精髓的同时，结合苏绣、粤绣等绣品的特点，融入一些现代流行元素，把布依族刺绣发扬光大，拓展刺绣工艺的传承和创新之路，展现布依族刺绣工艺价值的同时，努力促进布依族刺绣产业化，为册亨县脱贫攻坚贡献自己的力量。

（六）实施锦绣计划，促进产业发展

2013 年以来，全省实施“锦绣计划”，册亨在实施“锦绣计划”中有独特的作用，是当地村民脱贫致富的重要渠道之一。这些年以来，册亨县

布依族刺绣作品登上了国际舞台，展示了自己的风采。2017 年 3 月，册亨布依手绣产品首次走进北京国际时装周，成功举办时装表演及布依旅游文化推介会，获中央电视台连续报道，深受国内外媒体欢迎，布依文化闪耀京城。并与北京依文集团、广东三千文化有限公司等成功签订战略合作协议。2017 年 9 月，册亨绣娘参加了“中国传统手工艺文化英国行——庆祝中英建交 45 周年”主题活动，绣娘的作品成功走进伦敦，登上世界舞台。但是作为产业发展，在规模化和组织化程度方面还有待拓展与改进。从微观层面上说，相关部门要继续抓好全县范围内的锦绣坊建设与管理工作，使之真正成为妇女增收致富的有效途径；从刺绣人才培养上说，县人社局、县妇联和民宗局要继续抓好绣娘的提升培训工作，提高绣娘的审美和创新能力，在做好传统品牌的同时融入时尚元素，更好地开发出具有民族文化内涵的产品。从产业运作模式上说，要抓好刺绣合作社工作，形成“公司 + 合作社 + 农户”的模式。探索行之有效的模式，并加强部门合作，共同宣传和推进锦绣计划，为妇女特色手工产业和民族文化的传承搭建更广阔的平台，真正地走出家门走上国际舞台。

（七）培育龙头企业，促进产业发展

仅 2016 年，册亨县投资 1800 万元，在纳福新区布依文化广场建设占地 2754 平方米的中华布依锦绣坊，并由云娇公司承接经营和管理，经过两年的努力，云娇公司已经把中华布依锦绣坊打造成集民族服装、床上用品、旅游商品等生产和布依特色文化展示为一体的综合性生产基地和文化交流平台。目前，云娇公司日均订单量 500 余套（件），产品远销北京、上海、深圳、香港和意大利、新西兰等地区和国家，实现产值 2000 余万元，解决直接就业 573 人，人均收入 3000 元以上，有力助推册亨县脱贫攻坚。云娇公司对促进册亨县刺绣业发展的有益探索，诸如“公司 + 绣娘”“公司 + 协会 + 绣娘”“能人 + 基地 + 绣娘”等合作模式的探索，以云娇公司为龙头，建立完善公司、锦绣坊、合作社与贫困户利益连接机制，突出说明培育龙头企业对促进产业发展的重要性。当然，册亨县应当在此基础之上，引进外资企业，实现产业联盟，将册亨县刺绣产业国际化。同时，

还应当发挥农民讲习所的讲习功能，通过绣娘走上讲台、走进作坊将自己的技艺传授给更多的人，不断扩大刺绣队伍，为锦绣作坊提供源源不断的人力资源，这样才有利于企业规模化，同时通过企业发展带动更多的人脱贫致富。

（八）树立品牌理念，促进产业发展

册亨布依族刺绣作为一个品牌的创建过程，其被市场和消费者认可是一个艰辛的过程，也是一个企业、一个产业由小变大、由弱变强的提升过程。要进一步促进册亨刺绣产业发展，提升其在脱贫攻坚中的重要作用，必须创建自己的品牌，否则在市场竞争浪潮中难以立足。要打造、创建册亨刺绣品牌，首先，要树立企业法律意识，也就是刺绣经营者要注册、申报自己的商标，并加强从业者法律知识培训，提升自身的维权意识，例如刺绣作品的创作者，要申报知识产权，避免受到不法行为的侵害。要扩大对外宣传，提升刺绣产品的知名度、信誉度，就产品工艺、式样、包装等申请相应专利营造一个良好的品牌环境，确保刺绣业健康、持续发展，使册亨县刺绣产业走向规模化、品牌化。其次，要加强宣传推广品牌。通过册亨县兴办的民族文化节庆推广、通过册亨县民族博物馆陈列展品推广、通过当地电视广播推广、通过现代传媒推广、通过省内外甚至国内外刺绣展览活动进行推广，广泛推广传播册亨县刺绣品牌。最后，将刺绣品牌与布依族民族文化元素紧密结合，突出独特性和创新性。文化产业发展中的文化创意十分重要，面临严峻的市场竞争环境，往往会促使刺绣从业者盲目跟风，从刺图案纹样、产品种类、样式等方面创新自己的产品，希望能够拥有独到的竞争力击败对手，抢市场先机。结果是将民族文化元素进行混杂，给人一种“四不像”的感觉。就布依族民族文化而言，特别是册亨县有独特的山水文化、布依族饮食文化、民族民间文化、民俗文化、节庆文化等，刺绣作品应当从自身民族文化独有的特色中去进行创作，这样才能立于不败之地，使刺绣作品源于生产劳动的品质不变，使刺绣作品的创意永葆活力。这些客观上要求我们刺绣产业的相关管理部门，认真履行职责，充分挖掘和保护布依族传统文化的特质，通过采取集辑成册的方式，

整理传统的，具有浓厚文化积淀和民族特色的刺绣图案纹样，通过专家组鉴别评选出优秀文本，以便成为刺绣作品的资料。

（九）打造产业链，促进产业发展

为避免无序竞争状态，削减市场竞争矛盾，形成各司其职、各有所长、相辅相成的局面，有必要构建良性互动的产业轮动模式，使各产业之间相互依存、相互促进，使册亨县刺绣产业真正成为促进脱贫攻坚的重要产业。截至目前，册亨县从事刺绣产业主要以妇女为主角，为降低产品成本，其实应当突破刺绣业只能是妇女从业的局面。因为，刺绣产业链一旦形成，它将不仅仅是指尖上的工作，涉及样本采集、数据库建设、营销策划、业务联系等产业链不同的环节，这样我们可以充分利用农村、城镇剩余劳动力，产生新的价值增长点，将与刺绣相关的产业发展好，能够从一定程度上降低生产成本，使经济收益最大化，从而促进册亨县脱贫的步伐。

林业脱贫：册亨县林业发展报告

黄　昊[①]

摘要：从理论上介绍林业产业发展与林业脱贫的最新成果。全面客观阐释册亨县近些年林业发展、林业脱贫的现状，全面分析取得的成就，深刻剖析存在的问题，参考国内外林业发展、林业脱贫的成功经验与做法，对册亨县的林业发展、林业脱贫提出一些建设性的思考。

关键词：林业　脱贫　产业发展

减少贫困、消除贫困一直是人类追求的伟大理想之一，是衡量社会公平、社会公正和社会平等的最重要指标之一。作为国家扶贫工作重点县的册亨，为了更好地完成脱贫攻坚的任务，按照党中央、国务院和贵州省委、省政府脱贫攻坚的决策部署，坚持精准扶贫、精准脱贫的基本方略，以推进产业扶贫为主线、以“一县一业”为主攻方向，按照省委、省政府关于“上规模、强龙头、创品牌、带农户”的总体要求，支持深度贫困县立足于实际选择一批比较优势突出、增收潜力大、贫困农户参与度高和带动脱贫攻坚效果好的特色产业，通过完善“产业链、价值链、利益链”，做大做强“一县一业”，培育壮大一批市场潜力大、区域特色明显、附加值高的主导产业，建立龙头企业、合作社和农民利益链接机制，不断发展

① 黄昊，贵州省社会科学院社会研究所副研究员、哲学博士。研究方向：科学哲学、科学思想史、科技史、科技与社会、科技发展战略和科学文化。

壮大农村集体经济，辐射带动建档立卡贫困户增收致富。①

册亨县落实《贵州省发展改革委员会关于支持14个深度贫困县“一县一业”产业扶贫的意见》的文件精神，依据自身的资源禀赋基础，实事求是、因地制宜地提出将特色林产业发展作为“一县一业”的主导产业，作为产业脱贫的重要内容。

一、林业与林业产业

（一）林业的界定

关于林业，目前没有一个能被大家都接受的界定。首先，界定者的背景不同对林业的理解不同；其次，时代在变化，林业本身的内涵及角色定位随着时代的发展而变化。《不列颠百科全书（国际中文版）》认为：“林业经营林地及有关荒地和水面以为人类谋取福利。现代林业的指导思想有两个重要观点：多效用观点和永续利用观点。过去经营森林，目的仅在于生产木材和林副产品的需要，即已由单效用观点变为多效用观点。但是林业经营基本上仍以经济考虑为主。”② 从《不列颠百科全书（国际中文版）》的界定可以看出林业一词的内涵随着时代的发展而变化。《林业科技辞典》的界定为：“林业是指为达到对森林资源、林产品及林业创造的其他价值持续利用的目的，从事营造、管护、培育和经营森林和林地的一种职业；对林木的种植和管护或是对林业用地内原有资源的有效开发及利用；为满足人类利益，运用科技和实践对森林及林业相关的自然资源加以经营利用。”③ 该界定分三个层次，且这些层次之间有着明显的逻辑上的差异。《辞海》关于林业的界定是：“以森林生态系统为经营对象，合理培育、管理、保护和利用森林的事业。随着环境问题的日渐突出和人们生态

---

① 贵州省发展改革委员会：《贵州省发展改革委员会关于支持14个深度贫困县“一县一业”产业扶贫的意见》，2017年。

② 美国不列颠百科全书公司编著：《不列颠百科全书国际中文版（第六册）》，中国大百科全书出版社不列颠百科全书编辑部编译，北京：中国大百科全书出版社，1999年版，第385页。

③ 方园：《我国林业财政投资对林业生态经济发展的影响研究》. 安徽大学，2017年第11期。

意识的觉醒，森林在保护环境、维持生态平衡中的重要作用，已由过去的以木材生产为中心、以发展经济为目的的传统林业向以保护建设生态环境为重点，全面发挥森林生态、经济、社会效益的现代林业转变。从主要抓发展林业产业，转移到重点抓造林绿化、林业生态工程建设、荒漠化防治、森林和野生动植物资源的保护等生态保护建设上。”① 很显然，《辞海》中的界定更看重的是林业发展的现代内涵——兼顾生态、经济和社会效益。“林业是指保护生态环境保持生态平衡，培育和保护森林以取得木材和其他林产品、利用林木的自然资源特性以发挥防护作用的生产部门，是国民经济的重要组成部分之一。林业在人和生物圈中，通过先进的科学技术和管理手段，从事培育、保护、利用森林资源，充分发挥森林的多种效益，且能持续经营森林资源，促进人口、经济、社会、环境和资源协调发展的基础性产业和社会公益事业。”② 该界定突出了林业的社会公益属性。

从以上不同的界定可以很明显地看出林业主要有以下几个内涵：其一是国民经济的重要的基础部门之一；其二是有生态功能，具有公益性的属性；其三是一种经营性的活动。为此对于林业的理解要全面宽广，但是进行林业的研究则要具体，这样才可以有具体的成果。本研究认同对林业这样的界定：“林业既是支撑国家经济发展的重要基础产业，也是具有保护环境和生物多样性功能的社会公益性事业，它是以森林固有资源为基础，从事培育、更新和利用森林自然资源的经营活动。它包括营林、森工、林业旅游和文化等三大产业。”③

（二）林业产业

随着人类社会的发展，人们对于林业产业的认识逐步深入、深刻。林业不再仅仅是采伐木（竹）的行业，而是一个重要的国民经济基础产业部

---

① 夏征农、陈至立：《辞海（第六版彩图本）》，上海：上海辞书出版社，2009 年版，第 1396 页。

② 百度百科．林业［EB/OL］．https：//baike. baidu. com/item/% E6% 9E% 97% E4% B8% 9A/84154，2018. 07. 09.

③ 方园：《我国林业财政投资对林业生态经济发展的影响研究》，安徽大学，2017 年第 11 期。

门，不仅仅担负促进发展的重任，更肩负着保护环境、优化环境和生态的重任，具有重要的战略性。

林业产业的生产对象涵盖乔木、灌木、草本植物、微生物和动物资源，通过对这些生产对象的保护、培育，人们可以利用森林资源生产出木材、竹材、木本粮食（如红枣、核桃和板栗等）、木本油料（油茶、核桃、油桐、乌桕等）、木本药材（贵州的有杜仲、黄柏、吴茱萸、厚朴、乌梅等）、木本工业原料等，这些林产品极大地丰富了人们的物质需求与生活，同时林业的生态属性与功能发挥出来，为人类改善和维护良好的生态环境。

林业产业是一个涵盖第一、第二和第三产业的产业群。林业的第一产业涵盖木材及其他原料林培育、经济林培育、林下经济培育、竹子的培育、花卉苗木培育、林业生物培育、野生动植物的繁育等，为人类提供食品、药材、花卉苗木、野生动物资源等初级的林产品的产业。森林是一个大的宝库，有着众多的物种资源，有的已经为人类所利用，但是有的还没有被人类利用，随着时间的一维延续，科技的发展，没有被人类发现与利用的资源会被人类认识、开发与利用，其潜在价值将逐步被合理地开发出来。林业第一产业的发展对于解决山地人多地少的矛盾、山地粮食问题，保护生态都具有重要的意义，[①] 特别是对于山地的贫困群众而言具有更大的意义。

林业的第二产业是为人类提供木材、竹子材料、造纸的原材料、人造的各种木质板材、药材的深加工、林化工产品、木质家具、建筑装饰材料以及其他初级林产品的加工而成的产品等的产业，一句话就是林产加工。林业的第二产业具有广阔的发展前景，随着经济社会的发展，人类对于林业第二产业产品的需求会更大。林业第二产业的发展将会是林业产业发展新的增长点，是提高林业产品附加值的最优选择，是林业产业产值最大化

① 司继跃、姜振民：《烟台市林业产业发展战略》，北京：中国林业出版社，1998 年版，代序第 1—2 页。

的方向，是振兴林业的重要出路。[①] 当然也是林业脱贫的重要及有效的途径之一。

林业的第三产业是人类利用林业自然景观，为人类提供旅游、休闲、疗养等服务。利用林业的物种与基因的多样性，为人类服务。利用森林的调节作用等为人类提供较好的生存环境、生态环境。随着国家经济社会发展，人民生活水平的提高，对于林业第三产业的需求会越来越多，利用林业第三产业的发展将会成为林业产业发展的新增长点，其发展潜力和潜在价值最大。[②] 林业第三产业的发展也将是林业脱贫的最重要手段之一。

（三）林业的生态保护功能与公益属性

随着世界范围内生态主义思潮的兴起，生态保护从一种思想转变为行动，推动全球的可持续发展战略的实施。国内生态文明建设的深入开展，林业的生态保护功能与公益属性越发突出。党的十九大报告明确提出："坚持人与自然的和谐共生；建设生态文明是中华民族永续发展的千年大计。"习近平总书记更是提出："绿水青山就是金山银山"，要用此来指导、处理发展与保护的关系；提出"良好生态环境是最普惠的民生福祉"的原则，坚持"生态惠民、生态利民、生态为民"。作为生态文明建设最重要部分之一的林业、林业产业的发展在坚持经济属性的同时更要突出其生态保护功能、为人类提供良好生态环境的公益属性，为此林业的重大战略地位得以凸显。

二、林业发展与脱贫

（一）新时代的林业发展可以助力脱贫攻坚

党和国家提出于2020年全国实现同步小康、全国在现行标准下实现脱

① 司继跃、姜振民：《烟台市林业产业发展战略》，北京：中国林业出版社，1998年版，代序第2页。

② 司继跃、姜振民：《烟台市林业产业发展战略》，北京：中国林业出版社，1998年版，代序第2页。

贫。在此情况下需要涵盖林业在内的产业发展，促进经济社会的全面发展。中国林业的发展主要在林区，林区主要分布于山地。而山地在我国多为经济欠发达地区，同时也是生态较为脆弱的地区。这些地区急需经济社会的大发展，以实现现行标准下的全面脱贫，到2020年与全国同步小康的目标。与此同时，国家实施生态文明建设，又不能在发展经济的同时以牺牲环境为代价换取短期的经济利益。也就是说欠发达的山区在经济发展上既需要赶又需要转。要大力发展经济，缩小与全国平均水平的差距；发展经济不能走原来粗放式的发展老路，要走一条生态经济发展之路，实现经济与生态的协调发展。

当下已经进入知识经济时代，知识经济带来的挑战对于欠发达的林区、林业产业发展是一个巨大的障碍，强化了欠发达的林区、林业产业发展的弱点、劣势。其一，欠发达林区、林业产业具有的资源优势。知识经济的特征是突出高新科技在要素投入中的比重，降低了自然资源要素投入的比率，弱化了自然资源的约束力，使得欠发达的林区、林业产业具有的资源优势降低，甚至是消解。其二，欠发达的林区、林业产业发展自身没有能力从事知识密集、资金密集、风险较大的林业产业科技研发，也缺少吸引这些资源的能力，不管是从软硬件的各方面，尽管欠发达的林区、林业产业发展近些年进步较快。面对此种境况，知识经济时代的到来，对于欠发达的林区、林业产业发展赶超的任务更艰巨，差距不是在缩小而是在扩大。其三，欠发达的林区、林业产业发展面对人才短缺的局面短时期内很难改变。欠发达的林区、林业产业就是引进已经成熟的林业科技创新成果将其本地化，就面对因为人才不足而很难实施的窘境，这种情况具有普遍性。其四，欠发达的林区、林业产业发展有部分劳动密集型的企业，较多的是提供初级加工的原材料企业，也很难与知识密集型的企业竞争。①

同时，欠发达的林区、林业产业发展有巨大的优势。其一，当下国内正在如火如荼地进行生态文明建设，需要林业充分发挥在生态环境保护、生态环境净化方面的生态功能，这是别的产业所无法替代的。林业和林业

① 汪中华：《我国民族地区生态建设与经济发展的耦合研究》，《东北林业大学学报》2005年第2期。

产业发展中的公益属性凸显，但是这种公益属性决定了其公共用品的用途，国家正在加大补偿的力度。其二，欠发达的林区、林业产业可以利用比较优势，发挥其在生物资源、生态资源等方面的优势，实施差异化的经营策略，用好差异化的经营策略，生产出适合人们需求的林业产品，满足人们的需要。其三，现代的经济发展理论、创新理论、系统理论、生态经济理论为欠发达地区的林业、林业产业发展提供了坚实的理论基础。不平衡增长理论——该理论为美国学者赫希曼提出，该理论指出经济进步的巨大推动力使得经济增长围绕几个点或者是增长极集中，区域出现增长极是区域发展不平衡状态下经济增长的必然。但是经济发展是一个动态的过程，经济发展在某一阶段出现极化现象是正常的，在此期间甚至会将差距扩大，但是从长期看，经济发展中的“涓滴效应”会缩小极化效应，区域经济发展会由不平衡转向日趋平衡，差距会缩小。增长极理论——该理论主张运用政府干预手段，集中投资、重点建设、聚集发展、注重扩散，运用中心城市在区域经济增长中的作用，进而辐射带动周边整个经济发展。技术创新理论——约瑟夫·熊彼特在《经济发展理论》中提出新经济发展理论，认为创新是经济发展的内生因素，创新是经济发展的原动力，经济发展依赖创新。熊彼特的创新理论主要内容的五方面分别是：采用或引入一种新产品、采用一种新的生产方法、开辟一个新的销售市场、获得新的原材料或半制成品的供应来源和建立并实现一种新的组织形式。学者多认为熊彼特的创新理论是一种革命性的变化，这种创新有突发性，也有间断性，同时创新的过程也意味着毁灭，是新的取代旧的过程。制度创新理论——由美国学者诺斯和戴维斯提出，该理论是对熊彼特创新理论的发展，该理论认为在经济增长中，制度是决定性的因素，从而将制度引入经济增长的架构之中，认为制度创新是经济增长的内生因素之一。学者贝塔朗菲提出的系统论认为，生态经济系统是一个大系统，由生态、社会和经济各个子系统组成。林业、林业产业的发展也是由生态、社会和经济各个子系统组成，林业、林业产业的发展需要系统内各个子系统协调一致，从而发挥“1+12”的作用。生态经济学理论是在生态与经济之间矛盾激化的背景下产生的。它将经济学理论与生态学理论结合起来研究当下经济发展中的生态问题、生态保护中的经济发展问题，用经济学与生态学相结合的视角探讨生态经济发展，兼顾全社会的经济效益、生态效益和社会综合效益。[①] 欠发达地区的林业、林业产业发展既有技术创新、制度创新的理论支撑，还有不平衡经济理论、增长极经济理论的支撑，更有生态经济学理论的支撑。很显然新时代林业、林业产业的发展必然可以带动地方的经济发展，地方经济的发展对于促进地方的脱贫攻坚也有着巨大的助推作用。

（二）山区群众脱贫攻坚需要林业、林业产业的发展

山区的贫困群众目前是国内贫困面较广、贫困深度较深、贫困发生率较高的群体，这些群众多分布在老少边穷地区，由于历史发展的缘由、地理区位的缘由等很难脱贫或者是脱贫难度大。俗话说“靠山吃山、靠水吃水”，这些山区贫困群体的脱贫需要立足当地资源禀赋基础上的林业、林业产业的发展来带动，这是一种没有选择的选择。只有山区的林业、林业产业发展起来了才可以真正地带动地方的经济社会发展，带动贫困群众脱贫。山区群众的脱贫与当地林业、林业产业的发展密切相关，久困于贫的山区群众需要地方林业、林业产业的发展。

三、册亨林业发展的现状[②]

册亨县地处滇桂黔石漠化集中连片贫困地区，是新时期国家扶贫工作重点县，境内双江镇是贵州省 20 个极贫乡镇之一。面对独特的自然环境、艰苦条件，在省委、省政府和上级有关部门的关心下，在册亨建设者的努力下，全县经济社会发展取得长足的进步，但是特色产业发展不明显、产业基础不稳、经济增长缺乏后劲。册亨县委、县政府在立足册亨资源禀赋的基础上，结合产业发展的实际，依托自然的水热条件，决定把发展林业

---

① 汪中华：《我国民族地区生态建设与经济发展的耦合研究》，《东北林业大学学报》，2005 年第 17 期，第 24 页。

② 该部分参考册亨县林业局提供的原始材料，涵盖工作总结、汇报材料、各种规划、可行性研究报告等。在此说明，后文不再逐一标注。

产业作为县域经济的支柱产业。同时贵州省委、省政府对于深度贫困县产业扶贫实行“一县一业”支持，册亨依然将特色林产业确定为“一县一业”扶贫的产业。通过抓林业产业促进全县脱贫攻坚。通过抓特色林业产业，突出册亨县域经济特色，突出比较优势，突出地方资源优势、产业发展优势，因地制宜，推行特色林业主导、带动多业并举的产业发展模式，以特色林业产业为主导推动林业产业的规模化、集约化、标准化、品牌化发展，拉长林业产业的链条。使册亨的林业产业能为人们的幸福生活提供林木等原材料资源、林业副产品、生态产品、林业第三产业服务等，切实增加林农的经济收入、增加林业产业领域的就业、实现兴林富民的目标，助推脱贫攻坚、维护民族团结等方面具有重大意义。同时也会促进地方经济社会的发展，发挥林业产业作为基础性产业应该具有的作用，实现林业、林业产业担负的生态功能，体现林业、林业产业的经济属性、生态属性和公益属性。

（一）册亨林业发展取得的成就

从“十二五”时期开始，册亨依托其丰富的宜林地与气候优势，大力发展特色林业，加大营造林的力度，加大生态管理的力度，实施退耕还林、珠江防护林和国家公益林生态效益补偿等国家重点林业工程建设，争取国家资金，大力发展杉树、桉树、油茶和核桃的种植。在全省开展绿色贵州建设三年行动计划 2017 年考核和 2016 年度全省林业综合核查中，省人民政府办公厅行文通报考核结果（黔府办函〔2017〕212 号），册亨县考核得分 91.53 分，为全省第五位，在全省 10 个国家扶贫开发工作重点县排名第一。

1. 顶层规划先行、合理制定发展目标

册亨县为了发展林业、林业产业，依托册亨资源禀赋基础，国家、省、州的发展战略与工作要求，聘请专业的科研机构对册亨的林业、林业产业发展制定科学的、因地制宜的各种规划和可行性报告，借用外部的智力促进册亨的林业、林业产业发展。目前看这些规划制定得较为科学合理，契合册亨的实际，部分规划实施以来确实促进了册亨的林业、林业产

业发展。国家林业局华东林业调查规划设计院、贵州省册亨县人民政府于2017年1月制定了《册亨县林业产业发展与扶贫规划（2016—2020年）》；国家林业局华东林业调查规划设计院、册亨县人民政府、册亨县林业局于2017年1月制订了《册亨县重要生态区域保护行动方案（2016—2020年）》，以上的规划和行动方案已经通过专家评审并开始实施。正在编制或者准备编制的规划和可行性报告有：贵州省林业调查规划院、册亨县人民政府于2017年12月制定《册亨县优势林业产业发展规划》；中南林业科技大学、册亨县林业局于2017年5月制定《贵州省册亨县速生丰产林基地建设项目（一期）可行性研究报告》；贵州省林业调查规划院于2018年3月制定《贵州册亨林产品综合交易市场建设项目可行性研究报告》。这些顶层设计为册亨县林业、林业产业的协调发展、持续发展、健康发展奠定了坚实的基础，为向上级、相关部门争取资金和优惠政策提供了科学依据，为特色林业、林业产业发展指明了方向，为特色林业、林业产业发展制定了阶段性的合理目标。

2. 营造林工作扎实、成效显著

2010年底册亨森林面积为220.2万亩，2015年为265万亩，营造林44.8万亩，其中杉树面积达到70万亩、桉树达到35万亩、油茶13.5万亩、油桐14.2万亩、核桃10万亩、板栗3万亩、种植珍贵树种海南黄花梨3000亩，国家公益林56.84万亩、地方性公益林52.34万亩、低产林改造1万亩。2010年底册亨森林覆盖率为56.5%，2015年为68.02%，上升超过11个百分点。2010年底册亨林木蓄积量为462万立方米，2015年为671万立方米。2015年册亨成为全省规模最大的桉树工业原料林基地、杉木速生丰产林基地，林业产业第一产业逐步壮大。

2016年打造册亨珍稀名贵树种的“种植线”和“种植带”。现已调运海南黄花梨苗木10万株，种植面积达0.5万亩，其中在巧马、丫他等地集中连片种植达500亩。在八渡镇南盘江片区建设精品水果杧果种植基地3000亩。2016年，全县森林面积将达270万亩，森林覆盖率预计达69.5%，其中杉木75万亩、桉树35万亩、油茶13万亩、核桃和板栗等经果林13万余亩。

2017 年册亨县森林面积 268 万亩，森林覆盖率预达 69%，活立木蓄积 848 万立方米，其中有杉木 83 万亩、桉树 35 万亩、油茶 15.5 万亩、核桃板栗等经果林 10 万亩、其他有林地 10 万亩，区划界定国家公益林 56.84 万亩、地方公益林 52.34 万亩，全年林业总产值 28.5 亿元。2017 年完成退耕还林 7.13 万亩、荒山造林 8.84 万亩，任务完成率 100%。

3. 林业产业精深加工发展良好

依托丰富的人工林、次生林等森林资源及其资源再生能力，加快杉木、桉树基地林建设步伐，建设区域性木材精深加工基地。2010 年底至 2015 年，册亨商品林年采伐限额 23.21 万立方米。册亨有木材精深加工企业 6 家，年生产能力 1 万立方米以上的精深加工企业 2 家；已引进到巧马工业园的 3 家大型木材精深加工企业，其中福林木业已顺利试产，奇松、森益木材加工厂于 2015 年投产，年生产能力达 40 多万立方米，主要产品包括：指接板、细木工板、建筑模板、沙发、门、窗和木材半成品枋条。引导企业开发新产品，增加产品品种，加大定制材、干燥材、刨光材、装饰材等附加值较高的产品生产，提高产品档次，拉长了林产业的链条。2015 年林业产值达 12.672 亿元，初步形成完善的现代林业发展体系，林业产业第二产业得以发展壮大。

2016 年册亨积极扶持上档次、上规模的木材加工企业入驻，家福门业已实施扩建，林鑫（晶天）木业已顺利投产，奇松木材加工厂已成功试产。企业年可加工木材 40 余万立方米，年产值达 10 亿元，可就近解决就业 3500 人，拉动运输业年产值达 1 亿元以上。

4. 大力实施各种生态林建设工程

册亨县抢抓国家生态文明建设、石漠化治理、珠防工程、国家生态功能区划等历史机遇，大力发展林业、林业产业。积极实施退耕还林、退耕还草工程。同时创新林业发展方式、拓宽林业发展融资渠道，实施省林权制度改革试点成功经验与做法。2010 年底至 2015 年完成退耕还林配套荒山造林工程 1.9 万亩、巩固退耕还林成果造林项目 3.7071 万亩、珠防工程 1.3 万亩、植被恢复工程 9.9461 万亩，中央财政造林补贴项目 3.980 万亩、石漠化治理工程完成 9.983 万亩、新一轮退耕还林工程 2.74 万亩，其中2014年1.8万亩建设任务已完成，2015年0.94万亩，其他工程3.968万亩，社会造林7.275万亩。

实施县乡村造林绿化暨“石漠化山头绿起来”工程。从2014年起到2016年完成31.58万亩宜林荒山、无立木林地、疏林地的造林绿化任务。通过实施“石漠化山头绿起来”工程，将打造林业产业带和景观绿化相结合，让全县“石漠化山头绿起来”。

2016年册亨环城林带绿化工程全面启动。投资240万元资金开展环城林带绿化工程建设，项目建设涉及全县5个乡镇（街道）城镇建设绿化、道路绿化和景区景观绿化。册亨北盘江国家湿地公园和贵州册亨万重山省级森林公园已分别通过国家林业局批准试点建设和省林业厅批复建设，目前正申请组建管理机构，开展相关建设工作。

2017年册亨完成5个乡镇（街道）330万元城镇建设、道路和景区景观绿化。2017年完成低质低效林改造0.2万亩、森林抚育1.5万亩。

5. 严格林业执法

（1）严采伐审批。在商品林采伐限额内，实施最严格的木材凭证采伐、运输。2015年共完成采伐面积2426.48公顷、采伐蓄积182707.607立方米、规格材101139.042立方米林木采伐指标的下发，共征收林业费税523万元（其中：育林基金468.448万元、检验费4.566万元、其他49.987万元）。2016年完成采伐蓄积44.585万立方米、规格材25.63万立方米林木采伐指标下发，未突破上级下达61.166万立方米年采伐限额，2017年下达商品林年采伐指标53.57万立方米。

（2）严格征占林地的审批与管理。2016年册亨深入开展非法侵占林地清理排查专项行动，共查获征占用林地行为18件，已行政查处8件，涉及林地面积46亩；立刑事案件10件，违法占用林地面积347.46亩。完成省道313公路改扩建工程占用林地手续办理。

（3）严打破坏森林资源的各种违法行为。2011—2015年共立案森林类刑事案件59起，破案34起，平均破案率为57.6%；立林业行政案件114件，查处违法人员114人，罚款23万元，收缴木材388.3立方米，收缴木材变价款45.69万元，查获野生动物15只（条），挽回国家、集体、群众经济损失90余万元。2016年核实疑似图斑现地296块，核实率100%；核实中发现一起疑似违法占用林地图斑，已立案查处。2016年册亨县森林公安共立各类森林案件72起，处理49起，刑事案件立案37起，破20起；林业行政案件立案35起，查处35起，查处率100%；治安案件立案2起，处理2起，拘留2人；打击处理违法人员55人。2017年涉林案件查结15起，案件查结率100%，完成215个疑似图斑的调查核实工作。

（4）严格森林防火。2011—2015年组建森林消防专业队，制定和完善森防预案，确保森林资源安全。该时期无重特大森林火灾发生，保住了绿水青山。2015—2016年度册亨县共发生森林火情29起，森林受害率为0.23‰，低于黔西南州政府下达册亨县森林受害率0.6‰的控制指标，同比下降0.97‰。2017年全县森林火灾成灾面积4.5亩，受害率0.0016‰，低于州控指标。

（5）强化林业有害生物防治。2011—2015年认真做好森林病虫害的调查和预测预报工作，加强森林病虫害防治工作，降低森林病虫害发生率。五年间，全县森林病虫害成灾率为0，防治率为100%，产地检疫率为100%。2016年册亨县病害和虫害共发生面积为4100亩，均为轻度危害。2017年森林病害和虫害面积3300亩，均为轻度危害，成灾率为0。

（6）加强生态公益林管理保护力度。2011—2015年全县国家重点公益林56.84万亩，逐级签订责任书和管护合同，做到管护区域、管护单位、管护人员、管护办法、管护奖惩等措施的落实。五年间兑现国家公益林补偿基金共计3578.35万元，兑现率为100%。2015年界定地方公益林52.34万亩，突破了六年来地方公益林无法区划界定的僵局，完成2011—2015年度地方财政补偿基金兑现649.02万元。2015年兑现国家公益林补偿基金共计827.09万元，兑现率为100%。2017年册亨加强对109.18万亩公益林的保护管理，及时兑现资金。

（7）加强林地管理。全面清理违法征占用林地的行为，联合安监、供电、公安、国土、环保等部门开展违法占用林地清理行为，2011—2015年，共清理29个违法占用林业用地单位和个人，发放整改通知书387份，督促29家单位违法占用林业用地补办林业用地手续，其中4家为望安高速公路原料附属砂场，面积 120 亩，办理完成望安高速公路征占用林地面积 1173. 78 亩的审批手续。

6. 完善林权制度改革

（1）林权抵押贷款和贴息工作稳步推进。册亨县林业局与县信用社联合制定出台的《册亨县森林资产抵押贷款管理办法》，引导和鼓励林农和林木经营者办理林权抵押贷款，盘活了森林资源，解决了林业生产者资金不足、融资难的问题。2011—2015 年共发放林权抵押贷款 3. 6 亿元。广大农户通过林权贷款后，大部分资金又用于投入发展林业生产，助推林业“滚雪球”式发展。同时，积极申报林业贷款中央财政贴息资金，减轻了林业建设投资人的还款压力。2010—2014 年，向上级申报林业贷款中央财政贴息资金近 1. 2 亿元，上级审核下达贴息资金 251. 89 万元。2016 年完成林权抵押贷款 1706. 5 万元。

（2）政策性森林保险全面启动。为提高林农及林业生产经营者抵御自然灾害风险和应对重特大意外事故的能力，册亨于 2013 年全面启动政策性森林保险工作，至今共承保 128 万亩林木，总保额 1. 28 亿元，投入保费达 383 万元，极大地减少了林农和造林公司因自然灾害造成的损失。2015 年投保森林面积 67. 063 万亩（其中：公益林 56. 84 万亩，商品林 10. 223 万亩），保险金额 67063. 262 万元，合计保费 201. 190 万元（其中政策性补贴 195. 056 万元、农户自缴 6. 134 万元）。已将 182. 524 万元国家政策性补贴资金划拨到保险公司。2016 年共投保森林面积 65. 506 万亩、投保金额 65506 万元、投入保费 196. 46 万元，有效增强了林企、林农抵御自然灾害风险和应对重特大森林意外事故的能力。

7. 珍稀树木保护

2015 年正式启动实施册亨县古大珍稀树木资源调查和挂牌保护工作，现正对全县古大珍稀树木进行挂牌保护。2016 年册亨县林业局安排 10 多万元制作了 557 块《册亨县珍稀保护树种标识牌》，对辖区内调查登记的古树名木统一进行挂牌管理。全县已经完成 90 株榉木、红椿、榕树等古树名木挂牌保护工作。同时，强化野生动物保护管理，将查获的 3 只竹鸡、10 条眼镜王蛇全部放生。

8. **林业基础设施建设**

（1）林区道路建设惠民。2015 年自筹资金 60 万元，用于支持巧马镇锅厂村、尾贤村，者楼镇高峰村、屯上村，丫他镇洛省村，秧坝镇坝朝村、内弄村，冗渡镇冗坪村、板年村、达样村、冗渡村，达央乡洛发村、弄怀村、洛央村、坝布村和八渡镇亮明村共计 16 个村 30 公里的林区道路建设。

（2）2016 年册亨县开展弼佑和冗渡 2 个乡镇林业工作站站房建设和维修；岩架林业站和秧坝林业站站房建设和维修资金已下达，立即启动建设。

（3）2017 年贵州册亨北盘江国家湿地公园和册亨县万重山省级森林公园启动建设，投入 20 万元资金对双江自然保护区进行碑牌、界桩建设。完成国家级中心测报点 50 个固定样地点设置和“二类调查”“石漠化监测”以及林地变更调查工作，均通过省级验收。

9. **林业机构队伍建设**

2015 年册亨林业机构的队伍建设如下：第一，公开招考乡镇林业站工作人员 9 名，经考试合格拟聘用 3 人。第二，根据各站股室工作职能，配齐配强站股室负责人，加强了业务工作机构的组织领导。第三，通过择优遴选，已从乡镇拟调林业技术干部 7 人到县林业局工作。通过对人才引进、优化组合调整，增强了县乡两级基层工作力量，确保了林业各项工作在基层落到实处。第四，大力实施人才强林工程，切实加强林业系统干部管理。不断完善专家咨询制度，定期举行林业科技人才培训会，提升林业队伍政治理论水平和业务技能。通过学习，厘清了珍贵树种发展思路，调动了发展珍贵树种的积极性，增强了打造南北盘江珍贵树种长廊的信心。在县林业局成功举办了全县经济林木管护和珍稀名贵树种种植培训班。

10. **林业综合实绩突出**

2015 年册亨县林业生态建设保护工作综合考核六项指标考核结果得分 70.39 分（满分 75 分），其中：森林覆盖率得分 20 分（满分 20 分）、造林任务完成率得分 14.34 分（满分 15 分）、造林合格率得分 14.52 分（满分 15 分）、造林成林率得分 9.78 分（满分 10 分）、林地征占用审核审批率得分3.01分（满分5分）、破坏森林资源案件查结率得分8.74分（满分10分）；森林覆盖率单项指标考核结果为64.68%；造林任务完成合格率单项指标考核结果为95.53%，为全省最好成绩。

11. 林业产业发展的配套改革深化

（1）2016年册亨因地制宜发展林下经济，组织五个专业合作社申报了省级林下经济发展专项资金示范项目，申报项目总资金243万元；完成《册亨县山地生态林下经济灵芝种植示范基地项目实施方案》的编撰，正逐级向上申报。2017年册亨林下经济60亩灵芝示范点已喜获丰收，带动贫困农户68户，年户均增加收入1万元。年末，实现林下经济面积300亩。

（2）2016年册亨引导群众开展土地流转、林地入股等多种形式，整合科技、信息、人才资源，进一步链接市场、企业和农户，降低生产经营成本，全县发展各类林业专业合作经济组织达21个。

（3）2016年《册亨县国有林场改革实施方案》经县政府常务会议和县委常委会议研究通过后，上报省、州改革领导小组待批。2017年县国有林场改革已完成，工作步入正轨，认真履行三大使命：资源保护、资源培育、产业发展。

（4）2016年精简林业行政审批事项。提高审批效率，方便群众办事。根据省的文件要求，共梳理出县级林业部门权力清单23项。县政府政务服务中心林业窗口共受理行政审批件3862件，办结率100%。

12. 涉林民生项目、资金监管使用日趋完善

2016年，县林业局涉及民生项目资金共8345.48万元，其中：退耕还林中央基建基金3565万元、中央财政专项资金1310.6万元、省级粮食调运费55.48万元；中央财政造林补贴531.6万元；中央财政贷款贴息73.83万元；森林抚育项目资金150万元；森林生态效益补偿资金1246.94万元；州县级植被恢复建设项目资金389.03万元；省级林业产业发展专项资金40万元；珠江防护林工程资金500万元；建档立卡贫困人口生态护林员补助资金483万元。县林业局严格按照项目资金管理有关规定，强化项目实施过程中的管理及资金监管，确保各项林业专项资金的安全运行和规范使用，加快了项目建设进度，确保了林业项目的顺利实施。针对“大扶贫”板块涉林民生项目录入工作，已明确专人负责数据收集，并全面完成各类发放资金录入。

13. 抓党风促进林业产业发展

2016年册亨县林业局严格执行党的政治纪律、组织纪律、廉洁纪律、工作纪律、群众纪律和生活纪律。通过党建有力地促进了林业、林业产业的发展。2017年册亨县林业局明确履行党风廉政建设的主体是局党组，“一把手”是第一责任人。全面实行“一岗双责”，既要承担和完成好本职业务，还要履行党风廉政建设相应责任。认真执行《党员领导干部廉洁从政若干准则》，切实加强领导干部廉洁从政。学习党的十九大精神、学习习近平总书记在贵州代表团重要讲话精神、学习《党章》。重要事项、重要干部任免、重要项目、大额度资金使用等都必须集体研究决定。

（二）生态林业、特色林业产业发展助力脱贫攻坚取得的成就

在工作实际中将脱贫攻坚、生态文明建设与林业产业发展密切结合起来，在生态文明建设中发展特殊林业产业，在发展特色林业产业中助推脱贫攻坚，以系统论的视角将生态文明建设、特色林业产业发展和脱贫攻坚密切结合起来，统筹谋划、协调推进，使得册亨的生态文明建设、特色林业产业发展和脱贫攻坚取得较好的效果，尽管生态文明建设、特色林业产业与脱贫攻坚各项任务的具体目标不同、阶段性的发展要求也不同。

围绕林业资源优势，林业种植以杉树、桉树、油茶为主；林下经济以林下种植灵芝、林下生态养殖、林下生态旅游为主；林业加工以木材加工、灵芝加工、油茶为主。

1. 营造林助农民增加收入

对境内的荒山、宜林地和搬迁后的土地充分利用与开发，因地制宜种植各种林木。2017年册亨因地制宜发展杉树、桉树等速生商品林、经济林，实施营造林15.97万亩，投入争取来的资金1.6亿元。完成退耕还林9.13万亩、荒山造林7.13万亩；完成杉树种植3万亩、桉树2万亩、油茶2万亩、花椒2万亩。2.02万元资金直接或间接转入林农手中，涉及

11822 农户，47917 人，助农增收户均 1.7 万元。

目前，册亨县在双江、百口、八渡、丫他、者楼、岩架等乡镇街道以各种方式种植杉树 20 万亩，项目覆盖贫困农户 8000 户，户均增收 5 万元以上；在巧马、丫他、百口、双江、八渡等乡镇以各种方式种植桉树 10 万亩以上，项目覆盖贫困农户 5000 户，户均增收 5 万元以上；以弼佑为中心，辐射带动秧坝、八渡、双江等乡镇发展油茶木本原料林基地，以各种方式种植油茶 10 万亩项目覆盖贫困农户 2000 户，户均增收 3 万元以上。

2. 发展特色林业、林产品加工业和林业第三产业，助推脱贫攻坚

2017 年册亨县经济发展林下产业。注册成立林业专业合作社 43 家，社员 172 人。秧坝镇、双江镇发展林下种植灵芝 60 亩，带动贫困农户 68 户，年户均增收 1 万元以上。扩大灵芝、石斛种植规模至 300 亩以上，发展林下养鸡 10 万羽。林下经济总产值 1000 万元，涉及贫困农户 100 户 400 人；林业产业带动从业人员 10 余万人，其中建档立卡贫困户达到 2.5 万人以上。

目前，在秧坝、冗渡、双江、弼佑等乡镇发展灵芝、木耳、蘑菇、松茸等食用菌和石斛及其他中药材，实现森林利用面积 3000 亩、种植户 1000 户以上。采取合作社、大户带动贫困农户共同发展，贫困农户年均增收 1.5 万元以上。在冗渡、坡妹、秧坝、巧马等乡镇发展林下养禽、养蜂、养兔等，实现森林利用面积 5000 亩、养殖户 1000 户以上。采取合作社、大户带动贫困农户共同发展，贫困农户年均增收 1 万元以上。

2017 年采伐林木 53.57 万立方米、出规格材 34.52 万立方米，实现产值 34520 万元。大型木材加工企业入驻册亨工业园区，延长林业产业链，提高木材附加值。有木材加工企业、加工点 54 家，木材加工能力达 30 万立方米以上，产值达 75000 万元，可解决 2000 人以上劳动就业，涉及精准贫困人口 800 人以上。鼓励企业通过技术升级改造，提高林产品精深加工水平，发展以高档实木家具、工艺门、高等级板材等产品，提高品牌知名度，实现林产品品牌战略目标。真正为地方经济发展提供持久动力、为人民收入的持久增长服务、为贫困群众的永久脱贫服务。

培育扶持好现有马岭河和好之味两家油茶加工企业，鼓励企业投资油茶高端产品开发，使固有的传统油茶产业能形成高中端产品，打入国际、国内高级市场，形成品牌战略，形成特色产业，实现贫困农户持续增收。目前两家油茶加工企业年产茶油500吨，产值3000万元。

利用好现有灵芝资源，打造灵芝观光、推广示范园，培育好现有灵芝酒厂，通过招商引资引进先进的生产工艺和设备，开发除灵芝酒以外的灵芝附属产品，扩大企业生产规模，提高品牌知名度，拓展国内外市场，打造民族特色品牌，提高经济效益，实现百姓致富增收。目前有灵芝酒厂1个，年消耗灵芝2000公斤；可解决500人以上劳动就业，涵盖大量的贫困人口。

以万重山省级森林公园和贵州册亨北盘江国家湿地公园建设为契机，以羊博园、陂鼐、万重山、坪寨古榕树群、福尧、冗峰坪、岩架风情园、达央云上地质公园等旅游景点、景观为切入点，建设森林栈道、吸氧平台（观景平台）、植绿心园（种植园地）、茶饮小亭等具有品茶、赏花、观景、摘果、种树、休憩功能，串联整个景点、景区的基础设施，形成森林人家（农家乐）、水上乐园、森林康养基地、森林健身步道及布依饮食文化和民族特色服饰的林旅一体化生态旅游产业。同时，通过实施绿化造林，建设森林城市，做好森林景观，加强基础设施建设，提升森林旅游形象，带动运输、住宿、餐饮等其他服务行业的发展。通过旅游业发展带动1.2万人增收。

3. 实施“生态脱贫一批”计划

2017年兑现公益林补偿资金1249万元，涉及农户4万余户，户均增加收入300元。争取建档立卡贫困人口生态护林员776名，户均增收1万元，实现1259户（2016年483名）建档立卡贫困户“一人护林，全家脱贫”目标。

4. 深化林业改革，助推脱贫攻坚

2017年，全县政策性森林保险投保总面积116.24万亩，涉及农户1136户，其中贫困户270户，收取保费348.7万元，保险金额达11.8亿元。保险公司无偿捐赠483名生态护林员保险，护林人员的人身安全得到保障。全年流转林地面积1.3万亩，流转金额为5200万元。2017年新增林权抵押贷款 747 万元，全县累计办理林权抵押贷款 3.6 亿元。通过发展林业产业，带动从业人员约 5 万人，其中建档立卡贫困户达 1 万人以上。先后争取到建档立卡贫困户生态护林员 1259 名，带动 1259 户贫困户脱贫。

5. 抓好“一县一业”，发展特色林产业

2017 年编制《册亨县主要林业产业链发展规划》和《册亨县木材综合交易市场可行性研究报告》，全力打造“一县一业”特色林产业。

6. 用足政策，争取产业扶贫子基金

2017 年，积极申请产业扶贫子基金项目，获批 4 个项目。其中木材收购项目 1.2 亿元，10 万亩油茶低产林改造全产业链项目（第一期）1.6 亿元，油茶林全产业链项目（第二期）4.5 亿元，灵芝产业扶贫项目 0.9 亿元。

（三）生态林业、特色林业产业发展与脱贫攻坚中存在的问题

在发展生态林业、特色林业产业方面取得长足的进步，在林业产业脱贫方面成效显著，但是依然存在着一些问题与不足之处。

1. 自然生态脆弱性始终存在

册亨尽管有着发展生态林业天然的、优越的资源禀赋基础，但是自然生态的脆弱性是始终无法回避的问题。资源环境的承载力低，石漠化问题严重且治理难度大。目前森林覆盖率约 70%，但是分布不均衡、林木结构不合理、整体质量不高。乱砍滥伐、滥捕滥猎等人为破坏林业资源的现象时有发生。有害生物入侵、林业病虫害与森林火灾威胁也一直存在。

2. 生态优势转化为经济优势的转化率低

册亨县有大量的处于原生状态的生态环境，有着众多的生物种类，丰富的生态资源、林业资源和生态林业旅游资源，但是这些生态优势没有得到很好的开发利用，生态优势转化为资源优势、经济优势的转化率低。

3. 特色林业第一产业发展尽管有着量的优势但是质不高

不管是以杉木为主的速生生产林、桉树为主的用材林，还是以油桐、核桃和油茶为主的特色经济林，近些年营造得很多，但是速生丰产林、用材林的每公顷蓄积量（2015 年为约 75 立方米）不高，经济林单位面积产

量低、效益差（2015 年油桐亩产油桐籽 63 公斤）。以上显示营造林方面尽管有量的优势但是质上有待提高。

4. 特色林业第二产业整体弱、技术水平不高

随着册亨建设者的努力，尽管特色林业产业发展较快，但林业第二产业产品中初级产品多、技术含量低、精深加工的少，产品附加值低。现有的林业第二产业加工企业数量少、规模小、技术水平低、效益不佳，制约特色林业第二产业的发展。特色林业第二产业发展出现资源丰富、产品初级、效益低下的态势，而且这种态势短期内改变的可能性不大。

5. 特色林业第三产业发展滞后

册亨有着独特丰富的自然生态资源、林业生态资源和民族文化资源，但是林业第三产业发展严重滞后，特别是林业生态旅游资源的合理、保护性开发严重滞后。以森林公园为主、以自然保护区为辅的森林旅游业则明显滞后，2016 年 8 月，册亨万重山省级森林公园通过贵州省林业厅批复，目前正在开展森林公园总体规划编制；2017 年，申请建立的贵州册亨北盘江国家湿地公园（试点）已通过国家林业局批复；尽管如此，与册亨优质的林业生态资源比较，在发展林业第三产业上依然有着较大的差距与不足。

6. 山绿的目标任重道远

近些年在生态文明建设方面通过实施“绿色贵州三年行动”基本实现总体上的绿化、造林目标，但是依然存在边远、交通条件差、立地条件差、零星分散的小块地方很难实施绿化。有些地方条件差，即使绿化了，但是后期养护成本极高，存在养护困难。

7. 部分项目前期论证不足，项目安排没有考虑群众意愿

如 10 万亩油茶低产林改造项目，资金已争取到位，因为与群众发展思路不一致，也无实力强的企业推动，无法整体推进。

8. 人才与资金不足

特色林业产业发展一直面临着专业技术人员缺乏与资金不足的困扰。册亨县是国家扶贫开发重点县，本身财力有限，很难有更多的资金投入到特色林业产业发展中，为此在发展特色林业中存在较大的资金缺口。在发展特色林业产业时需要大量的专业技术人员，但是本地的专业技术人员严重不足，引进人才面临软硬件条件不足等困难，人才不足问题将在一定时期内持续存在。

四、生态林业、特色林业产业发展与助力脱贫攻坚取得的经验

（一）领导重视、上级支持是关键

有人戏言领导重视就是生产力，尽管是戏言但这种说法是有一定合理因素的。在当下中国的行政体制下，领导重视就会有资源投入，至少部分有组织力、动员力、行动力与执行力提供支撑。册亨将特色林业产业确定为“一县一业”扶贫发展产业，县委、县政府高度重视，成立以县政府主要领导、县直各部门、各乡镇（街道）主要负责同志为成员的“一县一业”工作领导小组，负责全县特色林业产业的推进发展，助推脱贫攻坚。同时，以省林业厅帮扶册亨为契机，积极向上争取支持，努力实现项目全覆盖，为特色林业产业发展奠定良好基础。

（二）群众参与是动力

在发展“一县一业”——特色林业产业时，鼓励公司企业、能人、大户等社会优势力量参与到“一县一业”产业发展中。通过项目支撑和示范带动，让农户全程参与，实现利益共享、共同发展、贫困农户增收。这是特色林业产业发展的持续动力。

（三）统筹资金投入是保障

统筹使用资金。由发改立项、财政整合资金、林业申报项目、金融部门投入等各部门协调配合，用活用足政策，使产业发展资金投入得到有力保障。

五、对生态林业、特色林业产业发展与助力脱贫攻坚的思考

立足于生态林业与特色林业产业发展的实际、结合资源禀赋基础、结合对生态林业和特色林业产业发展的需求、结合2020年决胜脱贫攻坚的目标、结合2020年与全国实现同步小康的目标、结合当下实施的乡村振兴战略的实施，参考国内外其他地方发展林业产业的成功做法与经验，对册亨生态林业、特色林业产业的发展与助力脱贫攻坚作如下思考：

（一）进行思想上的真正转变

从事任何较大的行动都要有思想上的强力支撑。册亨发展生态林业、特色林业产业，并由此助力2020年决胜脱贫攻坚，这是依靠传统的林业发展、林业产业发展在较短的时间内很难实现的。需要采取一些科学的、超常规的发展策略，为了更好地实现生态林业、特色林业产业大发展并助推2020年决胜脱贫攻坚，需要册亨的建设者从思想上进行一次真正的转变。

1. 树立艰苦奋斗的思想

艰苦奋斗说起来容易、做起来很难。特别是要在欠发达的册亨短期内完成生态林业、特色林业产业发展的艰巨任务并同时助力2020年脱贫攻坚的艰巨任务，对册亨建设者而言，必须要树立艰苦奋斗的精神，再辅以苦干、实干、巧干才可能完成以上的任务目标。很多事情是等不来、靠不住、要不来的。对于久苦于贫的册亨人民而言只要真正树立艰苦奋斗的思想，脚踏实地、因地制宜进行苦干、实干、巧干，就一定会实现生态林业、特色林业产业发展的目标，助力2020年决胜脱贫攻坚的目标也一定会实现。

2. 认清发展生态林业、特色林业产业对于册亨的必要性

册亨具有发展生态林业、特色林业产业的天然优势。林业产业具有进入的门槛低、就业容量大、真正发展起来的产业链长、生态林业具有收益的可持续性等，对于农民增收潜力巨大。特色林业产业发展是山区农民脱贫攻坚的重要途径。对于册亨而言发展生态林业、特色林业产业是切合册

亨实际、契合国家生态文明建设战略需求、符合全面建成小康社会的国家战略任务需求，更直接助力产业兴旺、生态宜居的目标实现进而助推乡村振兴战略整体目标的实现。发展生态林业、特色林业产业对于册亨的建设者而言是必须要做好的工作。

3. 用科学思想推进生态林业、特色林业产业的发展

以科学思想为指导是从事任何工作、事业并做好的前提与基础。生态林业、特色林业产业的发展本身就是林业科学、生态科学和经济学等学科运用，其科学内涵不言而喻。科学思想的核心就是求实、立足于求实基础上创新。用科学思想推动册亨的生态林业发展、特色林业产业发展就是在具体的工作中始终渗透求实、求实基础上创新的要求，这个要求对于册亨的建设者要求有点高，但是对于具有决策权的册亨建设者还是要具备。这要求册亨在发展生态林业、特色林业产业时，在符合国家、省、州的发展战略和要求的前提下，具体的工作要实事求是、科学地推进，不唯书、不唯上、要唯实，立足当地实际，避免出现不必要的损失。当然不是说册亨的建设者在林业发展上不科学，而是希望用科学思想指导林业发展可以避免走弯路、出现不该有的损失，同时可以更好、更高效地推进工作开展并取得实际效果。事实上很多工作与事业，若将科学思想贯穿始终，就会事半功倍。

（二）脚踏实地地将制订的顶层规划实施好

近几年为了更好地发展生态林业、特色林业产业请专业的研究机构做了若干林业发展方面的规划、可行性研究报告等。这些顶层规划具有科学性、专业性、可行性、前瞻性。册亨要按照规划脚踏实地地做好实施，并在规划的实施中及时发现和解决问题，走一条有册亨特色的林业发展之路。

（三）在生态林业、特色林业产业发展中尽地力的同时兼顾休养

不管是发展林业第一产业，还是发展林业第三产业的旅游服务业，在发展的同时兼顾做好休养、保护。例如，瑞士农业、林业与旅游资源的开

发，一般都是在科学预测自然生态承载力最大限度基础上进行开发，其生态容量的开发不超过80%，这样才可以实现可持续发展。因此，册亨在发展生态林业、特色林业产业可以参考瑞士的做法，充分地利用林业资源的生态承载力，但是开发最好不超过其生态承载力的80%，保障林业资源的持久可持续的利用。在开发中休养林业资源，在保护中开发林业资源。当然这样做会损失部分短期利益，但是会获得更长久的长期利益。

（四）特色林业第一产业的发展要扎实

在特色林业第一产业发展上，要扎实做好以下工作。第一，要切实做好杉木用材林的集约化经营与管理；第二，做好桉树短轮伐期用材林建设工作；第三，做好珍贵树种基地建设；第四，做好大径级用材林建设；第五，做好特色经济林的发展，如切实做好油茶、油桐这种传统的、有一定规模、有一定优势的特色产业，还要发展好板栗、核桃、柑橘、血橙、脐橙、冰糖橙、荔枝、火龙果、杧果、枇杷、冰脆李等特色经济林的建设工作；第六，做好林下经济基地建设，林下种植基地方面，选用林菌模式、林药模式等，林下养殖基地方面，选用林畜模式、林禽模式、林蜂模式；第七，做好苗木花卉基地建设。

（五）特色林业第二产业的发展要切实提高产品的技术含量、质量和附加值，形成品牌

目前的木材加工、家具加工、油茶加工、油桐加工、林业食品、药材加工企业都有，但是规模不大、技术水平总体不高，产品的附加值不高，品牌效益低。但是很多林业加工企业的产品有着独特的资源优势支撑、独特的民族文化内涵的支撑，有着提升品质、做大品牌的内在因素。

（六）大力发展林业第三产业

发展林业第三产业有资源禀赋基础，但是林业第三产业中的旅游业开发起步较晚，林业第三产业发展还没有预期的效果。但是在开发林业第三产业的过程中要注重保护性开发，以生态保护为主，统筹兼顾、合理

开发。

（七）注重林业科技成果的运用

目前看国内外已有的林业科技成果足以支撑林业产业的发展，不需要单独进行风险大、资本密集、智力密集的林业研发，只需要选择适合册亨实际需求的林业科技成果，将其引进本地化即可。目前的问题是由于专业人才短缺，引进的林业科技成果很多难以实施。

（八）想方设法引进人才、争取资金

发展林业产业需要大量的专业技术人才，当下专业技术人才短缺，需要大量引进。在林业产业发展中由于本身的财力有限，其资金投入不足，需要争取资金投入。

（九）做好林区火灾、病虫害的预防

林业产业发展本身就困难重重，对于已有的林业资源要保护好，要切实做好森林防火、病虫害的预防工作。林业发展只能吃“补药”，不能吃“泻药”。

搬迁脱贫：册亨县易地扶贫搬迁报告

黄德林[①]

易地扶贫搬迁也称扶贫生态移民，指原居住在自然保护区、生态环境严重破坏地区、生态脆弱区以及自然环境条件恶劣、基本不具备人类生存条件地区的人口，搬离原来的居住地，在另外环境较好的地方定居，并重建家园的人口迁移。这种迁移方式，是有目的、有规划、有组织、有秩序的集体型人口迁移。可以说，易地扶贫搬迁是从国家社会经济可持续发展的角度，把保护生态脆弱区的生态环境看成是保护国家的生态环境，乃至人类的生态环境。搬迁目标是多元化的，一是移民迁出地的生态环境得到保护；二是移民迁入地的生态环境不受损害；三是移民迁入地的原住户不吃亏；四是移民能稳定地解决温饱，又能逐步走向富裕。贵州地处云贵高原东部，长江、珠江流域上游地带，西南喀斯特生态脆弱区的中心，是一个以岩溶地貌为主的典型内陆山区省份。长期以来，由于经济社会发展滞后，贵州农村贫困问题突出，是全国农村贫困人口最多、贫困面最广、贫困程度最深、扶贫开发任务最重的省份之一。以少数民族为主的大量贫困人口居住在自然条件恶劣的地区，就地扶贫难度大、成本高，很难从根本上解决其脱贫致富的问题，而且就地扶贫开发会对居住地生态环境造成持续破坏。可以说，贵州易地扶贫搬迁工程，既是推动新时代贵州脱贫攻坚行之有效的途径，又是保护和恢复脆弱生态环境的重大战略举措。

2012 年 5 月 26 日，中共贵州省委、省政府在贵阳召开全省扶贫生态

---

① 黄德林，贵州省社会科学院社会研究所所长，研究员。

移民工程启动大会。会议强调，各地有关部门要以科学发展观为统领，全面贯彻落实国发 2 号文件和省第十一次党代会精神，按照“搬得出、稳得住、能就业、有保障”的总体要求，大力实施扶贫生态移民工程，加快推进脱贫攻坚，为与全国同步实现全面建设小康社会奋力拼搏；2012 年 7 月 24 日，贵州省扶贫生态移民工程推进大会召开。会议强调，要认真贯彻省委常委（扩大）会议和全省扶贫生态移民工程启动大会精神，狠下决心、狠出实招、狠抓落实，务求全省扶贫生态移民工程开局必成、首战必胜。为了切实做好 2012 年扶贫生态移民工程实施工作，有效改善贵州省居住在深山区、石山区、生态环境脆弱地区、三个集中连片特困地区和民族地区的农村贫困农户生存发展环境，建立生态保护与农民增收的长效机制，逐步实现人口战略转移，促进全省经济社会更好更快的发展。《贵州省 2012 年扶贫生态移民工程实施方案》（以下简称《方案》）向社会公示。《方案》总体要求：实施扶贫生态移民工程要切实做到“四坚持、五为主、四结合、一确保”。即总的原则是坚持政府主导、群众自愿，坚持统筹规划、合理布局，坚持因地制宜、分类指导，坚持先易后难、有序推进。搬迁对象以居住在深山区、石山区特别是石漠化严重地区的贫困农户为主，以生态位置重要、生态环境脆弱地区的贫困农户为主，以三个集中连片特困地区和民族地区贫困农户为主；安置地以小城镇、产业园区为主；实施方式以发挥基层党委、政府和矿山企业积极性、农民自力更生为主。工程实施要与推进工业化、城镇化、农业现代化相结合，与发展旅游等特色小城镇相结合，与农村危房改造相结合，与基础设施向县及县以下延伸相结合。通过周密组织、精心实施，确保扶贫生态移民“搬得出、留得住、能就业、有保障”。《方案》规定，根据具备扶贫生态移民条件、尊重移民群众意愿、当地党委政府有积极性的原则，2012 年扶贫生态移民对象由各地组织进村入户调查上报确定。根据迁出地自然村寨分布情况，以地域上相连的人口聚居区（村、村民组、自然村寨）为单元逐年整体迁出。因采矿沉陷、开发占地、工程建设等原因需要搬迁的人口，由相关企业和项目业主负责，不作为扶贫生态移民对象。需要安置的扶贫生态移民根据各地资源环境条件集中安置，安置点共 180 个，其中进入小城镇和工业园区的集中安置点159个，安置21072户，94091人；150户，700人以上较大规模安置点82个，安置15314户，68659人。其间，新建扶贫生态移民住房2.27万套，建筑面积182万平方米，铺设供水管道645公里，修建水池57口，8241立方米，架设供电线路381公里，安装变压器110台及入户电线电表，新建道路44公里，道路硬化110万平方米，150户，700人以上集中安置点配套建设82个集贸市场和绿化亮化、排污等相关设施。《方案》还出台了住房、土地、就业、产业和社会保障等五大配套政策，并强化了加强组织领导、明确部门职责、落实责任主体、严格考核督察四项保障措施。

册亨县位于贵州省西南部，地处云贵高原向广西低山丘陵的过渡地带，是贵州三大集中连片贫困的滇黔桂石漠化区。全县土地面积2598平方公里，辖9镇1乡2街道，132个行政村（居、社区），是一个布依族、苗族、汉族等多民族聚居县，总人口24.293万人，其中少数民族人口占比79%。可以说册亨县实施易地扶贫搬迁意义十分重大。一是脱贫攻坚的重中之重，解决好易地扶贫搬迁问题，脱贫攻坚就完成了最主要的任务。由于经济水平低，人口压力大，生态系统十分脆弱，自然灾害频繁发生，从某种程度上说居住在这一地区大部分人的贫困属于生态贫困，即人们的基本生活需要因缺乏必要的物质条件而处于贫困状态。要促使生态贫困者脱贫，主要的途径是使他们从生态恶化的自然环境中脱离出来，即进行生态移民。而且，册亨县又具有十分重要的生态地位，是南盘江与北盘江的交汇处，地处长江、珠江上游。这一区域的生态环境问题既是贫困的生态根源，同时又事关长江三角洲、珠江三角洲的可持续发展问题。易地扶贫搬迁不仅有利于拔掉"穷根"，同时还有利于遏制这些地区生态环境恶化的趋势，从而有效维护"两江"下游的生态安全，从而确保2020年全国全面建成小康社会理想目标的实现。二是乡村振兴战略的重要之举，易地扶贫搬迁工程，将分散居住在生态脆弱、石漠化严重、高山深山、边远地区的农村贫困人口，集中搬迁到基础设施、公共服务较好的城镇居住，并将移民安置区的基础设施、公共文化服务设施纳入科学规划范畴，这不仅有助于城镇化建设，更有助于乡村振兴战略的实施。三是有助于优化国土空间开发。易地扶贫搬迁，就是将贫困人口从水土流失严重、石漠化严重、自然灾害频发、人口居住分散、饮水困难、交通不便的地区搬迁出来。这既可以使分散居住的贫困人口集中到基础设施和公共服务较完善的城镇附近集中居住；同时，又可以让原居住地区的生态环境得到修复。四是易地扶贫搬迁有利于促进各民族和睦相处。册亨县少数民族人口比重大，对生活在石漠化区域、连片特困地区的少数民族群众实施易地扶贫搬迁，通过有效解决贫困地区少数民族搬迁安置，改善他们的生产生活条件，从源头上拔掉“穷根”，有利于各民族的长远发展，使易地扶贫搬迁工程成为促进各民族和睦相处、和谐发展的惠民工程。

一、册亨县易地扶贫搬迁基本情况

扶贫搬迁工作大体经历了三个阶段：第一个阶段为2012—2015年，称为扶贫生态移民，对“扶贫生态移民”的称谓全国只有贵州独有。这一时期，属于扶贫搬迁的初期阶段，扶贫生态移民的搬迁过程中，最主要的是要确定移民安置点，并将移民安置点建设好以后，然后移民陆续搬入移民安置点。初期的扶贫生态移民安置点，按照省里的统一部署和安排，主要会选择县城郊区、乡镇政府所在地附近、工业园区附近、旅游景点附近和较大型的农村合作社附近。一句话，就是要选择有一定公共服务设施基础，便于就近就业的地方进行安置。从这些年的扶贫生态移民实践来看，取得了一些成绩，但同时也暴露出不少问题。例如，安置点选择县城、乡镇附近，使本来就因为公共服务设施不够完善的县城和乡镇，其公共服务设施资源变得更加紧张；同时，县城和乡镇的学校师资、医疗服务、社会治安等问题日益凸显。又如，工业园区由于发展水平和就业吸纳能力高低、强弱不一致，导致移民就业难问题，使移民无法在新的移民安置点稳定下来。再如，旅游景区附近设置移民安置点的初衷是解决移民的就业问题，但是由于移民就业能力不强，使得其在景区就业出现困难，同时还增加了景区自然环境的压力。产生这些问题的原因，有规划设计的因素，有移民就业能力弱的原因，也与相关政策的配套落实有关。2012—2016年册亨县扶贫生态移民安置情况，见下表统计：

表1　册亨县2012—2016年度扶贫生态安置情况表

实施项目情况	完成搬迁任务数				
2012年度巧马镇生态移民安置项目	47	208	352	47	208
小计	47	208	352	47	208
2013年度者楼镇红旗村生态移民安置项目	332	1381	3434.42	—	—
	164	725		—	—
	39	138		—	—
小计	535	2244	3434.42	—	—
2014年度坡妹镇生态移民安置项目	140	645	3817.06	—	—
2014年度丫他镇集镇生态移民安置项目	156	715	4747.32	13	58
小计	296	1360	8564.38	13	58
2015年度者楼镇者孟村洛舍扶贫生态移民安置项目	38	168	1623.46	38	168
2015年度双江镇集镇生态移民安置项目	243	1030	1236.00	—	—
2015年度丫他镇集镇生态移民安置项目	295	1339	1606.80	—	—
小计	576	2537	4466.26	38	168
2016年布依风情城巧马安置点易地扶贫搬迁项目	996	4054	36956.63	46	219
2017年布依风情城巧马安置点易地扶贫搬迁项目（第二批）	334	1306	—	—	—
2016年册亨县城市规划区安置点易地扶贫搬迁项目	151	556	3169.07	50	172
小计	1481	5916	40125.7	96	391
合计	2935	12265	56942.36	194	825

资料来源：册亨县移民局提供。

第二个阶段就是2016年以来的易地扶贫搬迁阶段。“易”地与“异”地一字之差，其内涵有很大的差别。易地中的“易”按照笔者的理解有交换的含义，就是移民从甲地搬出，迁入乙地。有交换的意思，就是让乙地成为生态修复之地，乙地不再成为生产、生活之地，而通过生态修复，成为保护生态的屏障。异地中的“异”，是从甲地搬出，迁入乙地，也就是换一个地方居住，从原本自身的居住地，搬迁到一个别的地方居住。异地搬迁，是指离开本地，搬迁到外地。易地搬迁是指同一地换个地方搬迁。

2016 年按省、州分两批下达给册亨县第一、二批计划任务 12419 人，其中：建档立卡贫困人口 8233 人，占 66.3%，其中：第一批项目巧马安置点 924 户，4054 人；册亨县城安置点 139 户，556 人；义龙试验区安置点 678 户，2851 人。第二批项目巧马安置点 1306 人，义龙试验区安置点 3652 人。到 2016 年上半年，巧马安置点第一批项目已完成住房主体工程 138 套，其他正在实施主体施工；结合保障性住房搬迁安置，目前已搬迁入住 46 户，198 人；第二批项目实施方案（代可研）编制已完成，场平工程已全部完工，已经启动住房主体工程。册亨县城市规划区安置点采取保障性住房和购买商品房两种安置方式，保障性住房已搬迁入住 50 户，172 人；购买商品房部分于 2016 年 4 月 21 日已与房地产开发商签订购房协议，主体工程全部完工，目前正在实施室内装修工程，计划于 9 月底竣工。义龙试验区城市规划区安置点第一批项目 2851 人，已按对象识别要求确定搬迁对象，县委、县政府组织县四大家班子部分领导、乡（镇、街道）主要领导及县部门领导 4 次到义龙对接跨区域搬迁安置工作，组织村干部、群众代表 300 多人到义龙新区实地看房。

2017 年共规划实施安置点 4 个，安置搬迁人口 3246 户，13675 人，建档立卡贫困人口 9388 人，其中：县内规划实施安置点 3 个，搬迁安置 3130 户，13175 人，建档立卡贫困人口 9238 人；跨区域搬迁兴义浙兴商贸城马岭安置点 1 个，搬迁安置 116 户，500 人，建档立卡贫困人口 150 人。

2017 年县内规划实施安置点 3 个分别为巧马镇安置点、县城安置点、双江镇安置点，应建安置房 3130 套，截至目前，已完成住房主体工程 3130 套，完成率 100%。按照 2017 年上级下达任务，巧马安置点，应建安置房 806 套，完成住房主体 806 套，任务完成率 100%。册亨县城安置点，共分 3 个安置区建设，应建设安置房 1963 套，已完成住房主体工程 1963 套，任务完成率 100%。其中：亨达市场安置区应建设安置房 456 套，已完成安置房主体建设 456 套，住房建成率为 100%；新锦家园安置区应建设安置房 503 套，已完成安置房主体建设 503 套，住房建成率为 100%；

布依小镇安置区应建设安置房1004套，已完成安置房主体建设1004套，住房建成率为100%。双江镇安置点应建设安置房361套，完成361套，任务完成率100%。各安置点全面进入安置房简装建设，已完成住房简装2530套，占任务数的80.8%。2017年共计完成选房分房1649户，占任务数的51%，其中：县城安置点完成选房分房1123户，占任务数1963户的57.2%；巧马镇安置点完成选房分房526户，占任务数806户的65.26%。已实际搬迁入住422户，1997人。其中：县城安置点亨达市场安置区搬迁入住292户，1374人，县城安置点布依小镇安置区搬迁入住130户，623人。

第三个阶段就是2018年以来的新市民计划实施阶段。按照《黔西南州新市民计划（试行）》（州党发〔2017〕25号）的文件精神要求，实施新市民计划。新市民计划以习近平新时代中国特色社会主义思想为指引，守好发展和生态两条底线，按照“搬得出、稳得住、快融入、能致富”的要求，坚持跨区域搬迁、城镇化搬迁，着力实施规划、建设、产业、管理、服务等综合配套工程，着力推进组织体系、管理体系和服务体系建设，着力推动新市民转变思想观念、就业方式和行为习惯，构建城镇组团、管理有序、就业充分、保障到位、和谐宜居的新居住区，推动易地扶贫搬迁到城镇居住的群众与市民享有同等城市配套、同等公共服务、同等市民待遇，快速融入新环境，乐居新家园，成为新市民，共享新生活。

2017年，册亨县新市民计划实施情况。在快搬迁、快融入方面，2017年任务规划搬迁3246户，13675人（其中建档立卡贫困人口9388人），目前搬迁对象已全部精准锁定，已完成分房选房1649户，占任务数的50.8%，已搬迁入住422户，1997人。2016年规划搬迁2614户，12419人已完成搬迁入住（贫困人口9209人），搬迁入住率100%。通过搬迁，实现城镇化率从2015年的28.35%提高到2017年的36%以上，提高7.5个百分点。在快培训、快就业方面，对16—60周岁有劳动能力、培训意愿、就业意愿的新市民开展全员培训，共举办77期培训班，培训3609人次（其中2016年举办专题培训班11期，培训576人次，2017年举办全员培训66期，培训3033人次），通过自主创业、本地就业、培训输送等灵活多样就业方式，解决就业2680人，有效促进群众增收。在快管理、快服务方面，新市民搬迁、入住与管理服务同步实施，同步配套公共服务，在安置区建立党的基层组织和居民委员会及工会委员会、妇女组织、调解组织、警务室（派出所）等群众自治管理机构，已完成的搬迁入住新市民、一户一档100%建立。在快确权、快盘活方面，完成山林地确权登记1251户，31419亩，发放公益林补助金141505.9元；承包地确权登记1199户，35332.57亩，公司、合作社、大户有偿流转3685亩，退耕还林9458亩，自主经营35333亩。在快产业、快脱贫方面，扶持中华布依锦绣坊、奇松木业、羊博园、德康希望集团30万头扶贫生猪养殖项目、冗坪种养场、南华糖业、香蕉产业园等项目做大做强，大力推行“公司+合作社+农户”发展模式，先后培育省级龙头企业3家，州级龙头企业10家，发展种植养殖型规模企业39家，组建农业产业合作社312家，贫困村建立农民专业合作社达100%，贫困人口参加农民专业合作社90.8%，带动就业22349人。在快保障、快落实方面，2017年度，解决搬迁群众子女就近在巧马、县城、义龙新区学校就读1228人，新市民适龄儿童入园率100%、入学率100%，“两免一补”100%落实；基本医疗保障100%覆盖，养老保障全面普及；搬迁群众签订协议从农村低保转城市低保127户455人。

2018年，册亨县新市民计划实施情况。2018年任务规划搬迁14281户，61446人（贫困人口29395人），目前搬迁对象已全部精准锁定。在就业培训方面，依托新居住区讲习所搭建新市民培训中心，发挥职业技术院校作用，切实匹配兼职或专职的师资力量、赋予培训资质，同时引进多个第三方培训机构，针对县内外企业用工需求和搬迁群众劳动力特点，以制造业、建筑业、服务业、旅游业、手工业、电子商务、现代高效农业等就业容量大的行业用工需求为重点规范开展培训，并根据国家职业资格证书（技能等级证书）或岗位实际需要合理确定培训天数（课时数）。在产业发展方面，围绕脱贫抓搬迁，做到“挪穷窝”与“换穷业”并举，安居与乐业并重，册亨县坚持搬迁不忘脱贫初心，新居住区全面配套龙头产业，第一、第二、第三产业融合发展，大力扶持中华布依锦绣坊、奇松木业、羊博园、德康希望集团30万头扶贫生猪养殖项目、冗坪种养场、南华糖业、香蕉产业园等项目做大，大力推行“公司＋合作社＋农户”发展模式，先后培育省级龙头企业3家，州级龙头企业10家，发展种植养殖型规模企业39家，组建农业产业合作社312家，贫困村建立农民专业合作社达100%，贫困人口参加农民专业合作社90.8%，带动就业22349人。在社区建设方面，探索社区服务管理三个机制，在安置区建立党的基层组织和居民委员会及工会委员会、妇女组织、调解组织、警务室（派出所）等群众自治管理机构，完善社区服务管理，构建社区数字化网格管理平台，实现党的领导和群众自治相结合，齐抓共管创建社会综合治理社区；建立搬迁群众动员引导和培训教育新机制，让群众自觉自愿、群策群力完成易地扶贫搬迁。同时，2018年册亨县紧紧围绕脱贫攻坚“春风行动令”目标要求，扎实推进各项工作任务。县内建设6个安置点9个安置区，应建设安置房14281套，已全部开工建设，已完成住房主体建设375套，完成了“春风行动”要求的时间节点目标任务。2017年任务规划搬迁3246户，13675人（贫困人口9388人），目前搬迁对象已全部精准锁定；县内建设3个安置点，应建安置房3130套已全部完成主体建设，住房主体完成率100%；已完成安置房简装2530套，占任务数的80.8%；已完成分房选房1649户，占任务数的50.8%，已搬迁入住422户，1997人。2016年规划搬迁2614户，12419人已完成搬迁入住（贫困人口9209人），搬迁入住率100%。目前，累计拆除旧房1995户，75401.74平方米，旧房拆除率76.31%；完成复垦复绿406户，复垦复绿面积46509.04平方米。完成山林地确权登记1251户，31419亩，发放公益林补助141505.9元；承包地确权登记1199户，35332.57亩，公司、合作社、大户有偿流转3685亩，退耕还林9458亩，自主经营35333亩；易地扶贫搬迁户参加新农合达100%，搬迁群众签订协议从农村低保转城市低保127户，455人；解决搬迁群众子女就近在巧马、县城、义龙新区学校就读1228人，就近入学率100%。

二、主要做法及经验

（一）坚持人民主体思想，实施搬迁脱贫

一是多元安置，尊重群众意愿。充分认识被安置乡镇地域、气候、建

筑结构、功能配套等特点，认真分析面临的困难和问题。按照“政府引导，立足实际，群众自愿，广泛参与”的工作思路，让搬迁群众参与项目规划和建设。按照搬迁户家庭人口格局，各安置点均设计了多种可选户型，供搬迁群众选择。不仅解决了群众参与度不高、入住率上不去等问题，而且大大加快了项目建设进度，确保了项目进度和工程质量，提升了群众满意度。二是提高群众的参与性和认可度，根据安置点房源建设进度，组织计划搬迁群众开展选房活动。仅2017年就组织搬迁群众，开展选房活动3次，完成分房（选房）1106户，5289人，占年度任务的39%。群众参与性和积极性显著提高，对易地扶贫搬迁的认可度和满意度不断提升。

（二）做好顶层设计，助推搬迁脱贫

为推动易地扶贫搬迁工作，在组织机构的顶层设计上，一是成立了县委书记和县长任双组长的县易地扶贫搬迁指挥长。在整体工作的顶层设计上，制定印发了《中共册亨县委、县人民政府关于贯彻落实〈中共贵州省委贵州省人民政府关于坚决打赢扶贫攻坚战确保同步全面建成小康社会的决定〉的实施意见》《关于加快易地扶贫搬迁推进精准扶贫的实施方案》，对抓好易地扶贫搬迁扶贫行动提出具体要求。同时，结合工作实际，明确按照“群众自愿、积极稳妥”的方针和“搬得出、稳得住、能致富”的原则，抓住“建房、搬迁、就业、保障、配套、退出”等关键环节推进易地扶贫搬迁工作。二是为切实推进项目建设，出台了《关于副县级以上领导干部“定点包干”易地扶贫搬迁工作的实施方案》（册党发〔2017〕29号）文件和《关于调整充实县易地扶贫搬迁工程建设指挥部组成人员》（册党办发〔2017〕111号）文件，以安置点为单位，明确了一名副县级以上领导为指挥长，明确了具体的工作目标和任务及完成时限，真正做到有组织、明目标、定时限、真落实。

（三）做到“三个强化”，促进搬迁脱贫

一是强化责任落实。全县各乡（镇）人民政府、街道办事处，各相关

部门履行主体责任，把新市民计划的落实牢牢抓在手上、扛在肩上、落到实处。全县各乡镇（街道）认真履职尽责、协调配合，共同做好新市民搬前、搬中、搬后各项工作，推动新市民搬得出、稳得住、快融入、能致富。二是强化宣传动员。宣传部门、各乡（镇）人民政府、街道办事处通过强化新市民计划推进的舆论引导，加大宣传力度，充分挖掘和总结先进典型经验、典型事迹和典型人物，大张旗鼓地正面宣传报道，营造全县上下奋勇当先、攻坚克难、强力推进新市民工作良好氛围，不断释放新市民同步奔跑的正能量。三是强化考核问责。领导小组办公室坚持做到月调度、季总结，抓好统筹协调，确保各项计划有序推进。县绩效办制定新市民计划落实工作督察考核评价办法，及时开展督促检查，坚持正向奖励、负向惩处机制，建立绩效考核评价体系，县委县政府督察室加大明察暗访力度，集中力量精准开展督促检查，严格落实考评和责任追究，对于落实工作不力的及时曝光、严肃问责。根据易地扶贫搬迁任务，制订了年度易地扶贫搬迁工作实施方案，制订倒排工期计划，动态跟进，倒逼工作进度。同时按照“一周一调度、一日一统计”的工作制度，对全县各安置点易地扶贫搬迁工作进行及时跟踪督导。

（四）抓住“四大历史机遇”，实现搬迁脱贫

一是把易地扶贫搬迁作为决胜脱贫攻坚的历史机遇。规划从2016—2018年，利用3年的时间搬迁87540人，占农村总人口的54%；建档立卡贫困人口47992人，占全县贫困人口的63%。二是把易地扶贫搬迁作为统筹城乡发展的历史机遇。按照跨区、园区、镇区“三区”安置方式，统筹“一城五镇”，2017年、2018年规划安置县城、巧马、坡妹、冗渡、双江、秧坝，其中县城安置4.5万人，中心集镇安置3.2万人，全部搬迁后，县城人口将达8万人以上，城镇化率将提高至60%以上。三是把易地扶贫搬迁作为百姓富生态美的历史机遇。全县涉及整寨搬迁571个自然村寨（组），为加快旧房拆除，尽快复垦复绿，县委、县政府研究出台专门的复垦复绿方案。还明确以林业为主导产业的“一业主导、多业并推”，鼓励搬迁群众在搬出地大力发展林业产业，配套发展林下种植灵芝、林下养

鸡、林下养羊等发展模式，力争到 2020 年全县森林覆盖率达 75% 以上。四是把易地扶贫搬迁作为改善人居环境的历史机遇。按照“环境公园化、就业充分化、生活便民化”的原则，统一集中安置，统一集中建房，统一集中装修，配套完善搬迁地水、电、路、通信、绿化、学校、医院、社区服务等基础设施，让搬迁群众拎包就入住、孩子出门就能上学、下楼就能进商场、休闲就能逛公园。

（五）坚持“六项”原则，做好搬迁脱贫

一是先共商、再确认。易地扶贫搬迁融入城镇成为新市民，层层充分共商、上下形成共识；落实各乡镇（街道）党政主要负责人向县委、县政府签订确认书制度，确保如期搬迁，推动快速融入。二是先规划、再建设。充分发挥政府主导作用，做到规划先行，保障生产、生活、生态功能空间全面完善和全面配套，建成城镇组团、环境美好、宜居宜业的现代化新城镇。三是先配套、再优化。新居住区公共设施、公共服务立足城市理念，遵循城市管理治理规律进行配套，再着眼于提升新居住区的城市品位、居住品质，不断完善、持续优化。四是先产业、再搬迁。新居住区突出培育主导产业，全面配套产业和劳动密集企业，因地制宜丰富就业途径，保障新市民充分就业、自愿就业，推动产城融合、产城一体。五是先培训、再就业。精准掌握新市民有劳动能力人员情况，做到因需施培、因产施培、因岗施培和定期培训、全员培训，确保全面推荐就业、充分自愿就业。六是先共建、再提升。新居住区与搬出地党组织共建率先启动、率先融入，构建完善的组织建设体系、全面服务体系和社会治理体系，不断提升建设管理水平。

（六）做到“六个坚持”，加快搬迁脱贫

一是坚决落实资金省级统贷统还，封闭运行，放水到田，保障工程进度顺利推进。严格按照《贵州省易地扶贫搬迁资金封闭运行管理暂行办法》的相关规定，规范易地扶贫搬迁资金管理，确保易地扶贫搬迁资金使用安全和使用效益。2016 年已到位资金 31122. 8 万元，已拨付 29776. 22

万元，资金拨付率95.67%；2017年应到位资金69312.9万元，已到位资金57434.3万元，已拨付46048万元，到位资金拨付率80.17%。二是坚决以自然村寨整体搬迁为主破解扶贫难题。瞄准“一方水土养不起一方人”的地区，以50户以下，贫困发生率50%以上及组组通难以实施覆盖的自然村寨整体搬迁为重点，2015年以来，按照识别登记程序多轮次进行全面排查，锁定自然村寨整体搬迁571户，67823人，其中条件特别恶劣的百口乡规划为整乡搬迁，涉及1338户，5443人。三是坚决落实城镇化集中安置。册亨县坚持城镇化集中安置，以县城为主、中心集镇和跨区域搬迁为补充，其中：县城安置点搬迁安置44285人，占总任务的50.6%，中心集镇（坡妹镇、冗渡镇、巧马镇、双江镇、秧坝镇）安置点搬迁安置32752人，占总任务的37.41%，跨区域搬迁安置10503人，占总任务数的11.99%。四是坚决落实以县为单位集中建设。制订《副县级以上领导干部“定点包干”易地扶贫搬迁工作实施方案》，县四大班子主要领导和县委副书记任各安置点指挥长，所有项目全部由县级作为实施主体，统规统建，资源集约化配置，全力推动各安置点项目建设各项工作任务落实。五是坚持不让贫困户因搬迁而负债。严守“三个严禁”政策界限，严格控制人均住房面积不超过20平方米标准的政策红线；严格控制住房主体单价每平方米1500元以内，防止贫困户因搬迁负债返贫；严格解决一搬了之的问题，积极整合各类扶贫资源，利用好各项政策措施，在产业发展、就业培训、劳务输出等方面给予搬迁对象支持，做到“挪穷窝”与“换穷业”并举、安居与乐业并重、搬迁与脱贫同步。六是坚决落实以产定搬、以岗定搬。围绕脱贫抓搬迁，做到“挪穷窝”与“换穷业”并举，安居与乐业并重，册亨县坚持以产定搬、以岗定搬，让群众能够实现更好的发展。制订了《册亨县易地扶贫搬迁“搬得出 稳得住 快融入 能致富”工作方案》《册亨县易地扶贫搬迁“新市民计划”工作方案》，大力扶持中华布依锦绣坊、奇松木业、扶贫生猪养殖项目、冗坪种养场等项目，贫困村建立农民专业合作社达100%，贫困人口参加农民专业合作社90.8%，带动就业22349人。

（七）做到“三个严格”，规范搬迁脱贫

一是严格精准确定搬迁对象。在确定易地扶贫搬迁项目的同时，切实做到情况清楚、对象明确、符合实际。严格按照群众申请、入户调查、民主评议、公示监督、确认审核的程序确定搬迁对象，防止徇私舞弊、优亲厚友。严格要求各乡镇（街道）深入到村、组、户，调查摸底，再次确定搬迁对象和范围是否符合易地扶贫搬迁范围和条件。二是严格遵守“三条红线”。严守“三个严禁”政策界限：第一，严禁超面积建设，不越人均20平方米的住房建设面积标准红线。第二，严禁因建房增贫。严格控制住房主体单价每平方米1500元，防止贫困户因建房举债而再次致贫。第三，严禁一搬了之。积极整合各类扶贫资源，利用好各项政策措施，在产业发展、就业培训、劳务输出等方面给予搬迁对象支持，做到“挪穷窝”与“换穷业”并举、安居与乐业并重、搬迁与脱贫同步。三是严格统筹使用搬迁资金。根据《易地扶贫搬迁项目管理办法》，在优先保证建房的前提下，严格按照“渠道不乱、用途不变、相对集中、配套使用”的原则，在保障群众建房资金的前提下，统筹各部门项目资金，配套实施电网、道路、校舍、医院、村民委员会、生活市场等项目确保项目资金整合落到实处，发挥最大效益。

三、存在的困难和问题

（一）2012—2015年扶贫生态移民工程搬迁项目竣工验收工作进度不理想

7个项目中尚有4个项目未完成县级综合验收工作。主要原因是由于扶贫生态移民项目上级匹配资金少，基础配套设施均要求地方配套，资金缺口量大，导致相关基础配套设施建设进度缓慢，影响搬迁农户的搬迁入住及县级综合验收工作进度。另外，2018年全省计划实施易地扶贫搬迁66万人，册亨县计划搬迁61446人，占全省任务总量近1/10，叠加2016年拆旧复绿和2017年13675人的实际搬迁入住任务，任务非常重。

（二）2016 年度易地扶贫搬迁旧房拆除复垦复绿工作进度不理想

主要原因是群众念乡心切、念房心切比较浓，原建房负债情况比较多，旧房拆除和复垦复绿难度较大。搬迁群众思想认识尚未彻底转变，对旧房拆除工作抵触情绪较大，截至目前，完成旧房拆除数的 70.23%，已拆除面积中仅完成 10218.2 平方米的复垦复绿工作，占已拆除面积的 9.58%，复垦复绿工作进度不理想。

（三）2017 年度部分项目住房主体工程推进缓慢

巧马镇安置点仅完成建房任务数的 60.54%，主要原因是由于对象变化，导致人房对接与原规划的房源不相吻合，需对设计进行调整规划。

（四）2018 年度项目前期工作进度滞后

目前，尚有 6 个项目的招投标工作未全部完成。主要原因是由于设计及选址调整较多，导致各安置点均在 12 月下旬才完成招投标挂网工作，根据交易中心时间安排，需在 2018 年 1 月中旬才能全部完成招投标开标工作。

（五）资源匮乏，区位优势不明显

群众文化素质普遍较低，县境内劳动密集型企业需求劳动力承载量不足，搬迁后就业有一定难度。

四、对策建议

（一）多措并举，加快拆旧复绿工作力度

加大宣传工作力度由县级领导牵头，组织乡镇（街道）、村组干部、县直帮扶乡镇（街道）部门干部、驻村第一书记等组成的工作组，进村入户与搬迁群众面对面动员，对易地扶贫搬迁旧房拆除复垦复绿的相关政策规定等事项进行广泛的宣传讲解，使易地扶贫搬迁旧房拆除及复垦复绿深

入人心，从而激发搬迁群众支持旧房拆除的积极性和主动性。带领群众外出参观，做好搬后政策的解释工作，激发群众搬迁的渴望，确保旧房拆除和复垦复绿目标任务。并且同步推进项目竣工资料、资金结算等工作，从而确保拆旧复绿以外的项目验收工作，让群众挪穷窝、拔穷根。旧房拆除工作，按照册亨县《2016 年度易地扶贫搬迁工程旧房拆除及宅基地复垦复绿工作实施方案》，进一步细化措施，倒逼工期，制订切实可行的作战方案。同时，强化考核问责。实行日调度、日通报，对不按规定完成当天工作任务的，将由县委、县政府督察室进行书面通报批评，连续两天未完成任务的，由县纪委监察局进行约谈。

（二）突出重点，加大产业培育扶持力度

按照“留得住、能就业、有保障”这一目标要求，以易地脱贫搬迁助推城镇化建设为主线，结合册亨县打造的“一县一业”和“北畜中菜南林”产业格局，加大对林业、蔬菜、甘蔗、养羊、养猪等产业的扶持，在“种、养、加”链条上下功夫，延伸产业链，提升附加值。并积极培育香蕉、玫瑰花、花椒等新产业，为群众提供更多就业岗位和选择机会。争取国家、省、州给予资金、技术和人才支持，着力带动移民安置区附近产业发展，带动移民就业，不断探索和实践易地脱贫搬迁新路子。主要是抓好移民搬迁后政策扶持、就业帮扶、创业帮助、劳动培训等后续工作。探索集体经营、社区服务管理、群众动员组织。探索建立股份制现代企业的经营公司，盘活迁出地、安置地两地资源，统筹做好建设经营性公司、小型农场、公共服务站“三个场所”的经营管理，实现经营性和公益性统一的集体经营运行机制。把发展非公有制经济与增加移民就业、改善移民生产生活条件相结合，在创业上给予移民户更多的政策倾斜和优惠，特别是要用好扶持微型企业发展及妇女创业小额贷款政策，积极动员和鼓励支持移民群众发展微型企业并入住园区标准厂房，形成集约化发展，带动更多移民群众就业。着力培育壮大各移民安置点优势特色产业；着力盘活农村土地资源，加快土地流转，大力发展农业规模经营，建设一批农业产业示范基地，推进现代农业发展；着力扶持一批自我发展能力强、辐射带动作用

大的农业产业化龙头企业和种植、养殖大户，增强市场竞争力。通过财政贴息、项目补助等方式，扶持企业采取“龙头企业 + 大户带农户 + 基地”的产业发展模式，不断做大盘强，提高农民组织化、产业规模化、产品市场化程度，稳定增加各安置点移民收入。

（三）拓展培训渠道，加大移民就业培训力度

积极开展就业培训，积极协调有关部门组织移民中的青壮年劳动力开展有针对性的职业技术培训，提高其职业技能，提升就业能力。积极拓展就业渠道。积极鼓励和支持移民利用自身有利条件自主创业，从事农产品加工、刺绣业、商品经营、餐饮、运输等第二、第三产业。协调相关部门制定和完善相关扶持政策，为移民创业提供扶持政策上的支撑。加强就业宣传力度，积极引导和调动移民自主创业的积极性。推动各项创业优惠政策和扶持措施的落实，为移民自主创业提供有利条件。依托新居住区讲习所搭建新市民培训中心，发挥职业技术院校作用，切实匹配兼职或专职的师资力量、赋予培训资质，同时，引进多个第三方培训机构，针对县内外企业用工需求和搬迁群众劳动力特点，以制造业、建筑业、服务业、旅游业、手工业、电子商务、现代高效农业等就业容量大的行业用工需求为重点规范开展培训，并根据国家职业资格证书（技能等级证书）或岗位实际需要合理确定培训天数（课时数）。做好劳动力全员培训和就业落实工作，落实就业先行。已实现就业的搬迁群众，逐户逐人建立好就业台账；暂未就业的逐户逐人核实登记劳动力年龄结构、学历水平、劳动技能、就业意愿等工作，全面精准掌握就业需求，建立劳动力就业需求台账。对县内各类企业或商铺及各产业园等用工需求进行全面调查，建立岗位供给台账，并按相关规定采取就近务工、自主就业创业、劳务输出、企业就业、公益性岗位、群团组织就业、帮扶单位引导就业及其他形式就业等逐个销号。确保有劳动能力的新市民每户至少 1 人以上掌握一技之长，实现每户至少 1 人以上就业创业，让新市民更快地融入城镇生活。

（四）整合有效资源，加大移民安置投入力度

无论是贫困程度的深浅，还是统建或自建，搬迁户在异地安置后均多

少不同地承担着债务。建议整合各类农村基础设施建设资源，统筹安排，打捆使用，形成长效机制，使移民群众享受国家多重优惠政策叠加，减轻他们的债务压力，同时给予移民户政策倾斜和优惠，为移民户提供更多的就业机会，以便使其在搬迁之后能很快恢复，使经济得到持续发展。安置点配套基础设施建设缺乏有效的资金投入保障，虽然允许整合各部门资金用于安置点基础设施建设，但这些项目资金的最大支配权仍在上级主管部门，落到县级时资金投向已固定，整合难度较大，即使部分项目进行了整合，但资金到位时机和报账方式不统一，各单项工程也无法统一施工、统一竣工。建议从省级层面进行统一整合，下达整合项目资金文件。

（五）做到全面精准，加大移民脱贫力度

在搬迁对象、安置方式、移民就业、拆旧复绿、项目管理五个方面做到全面精准，加大脱贫力度。精准识别搬迁对象。按照“三为主、三不搬”原则，对照扶贫部门精准识别成果和台账，全面核实移民搬迁村组和对象，真正把需要搬迁的贫困村（组）、贫困群众搬出来。精准确定安置方式。按照有利于移民生存发展的原则，以就业和增收为核心，让搬迁农户就近分享城市资源，融入城镇生活。结合实际情况，因地制宜、分类指导，移民的安置去向和地点以县城、集镇为重点。精准推进移民就业。建立移民数据库，基于移民劳动力数据分析和市场需求，开展精准的订单式、针对性培训，提升移民就业能力，确保每户移民家庭至少 1 个劳动力实现城镇就业，努力解决好移民的长远生计问题。精准拆旧复绿。主要采取两种途径：通过迁出地宅基地拆除复垦与土地增减挂钩相结合，利用土地出让收益激励移民拆除旧房；结合山区农业开发、退耕还林和扶贫政策，通过土地流转或专业合作社等方式，扶持移民对原有承包地退耕改种经济林、水果或中药材，实现生态恢复和移民增收双赢。精准实施项目管理。在整合资源措施上更加精准，由县级政府统筹规划并组织申报下一年度的安置点基础设施及公共服务设施项目。按照“一个项目、一名领导、一个班子、一套方案、一抓到底”的要求，精心组织移民安置点规划建设

和搬迁入住。在项目资金管理上依法依规管理项目资金，确保项目管理规范、资金运行安全。

（六）抓好服务，加大“新市民计划”实施力度

按照“搬得出、稳得住、快融入、能致富”的要求，坚持城镇化搬迁、跨区域搬迁，着力实施规划、建设、产业、管理、服务等综合配套工程，着力推进组织体系、管理体系和服务体系建设，着力推动新市民转变思想观念、就业方式和行为习惯，构建城镇组团、管理有序、就业充分、保障到位、和谐宜居的新居住区，推动易地扶贫搬迁到城镇居住的群众与市民享有同等城市配套设施、同等公共服务、同等市民待遇，快速融入新环境，乐居新家园，成为新市民，共享新生活。由县委宣传部牵头，卫计、综治、公安、住建等部门参与，现正陆续到各安置区开展法治教育、基本公共秩序教育、尊老爱幼教育及感恩教育等，引导新市民树立遵纪守法的法制观念，树立体现城市文明的规则意识、卫生意识、城市公共生活意识，以及城市人际关系意识等，自觉养成过马路走斑马线，学会观看交通指挥信号灯并遵守交通规则，外出办事排队等待，按时缴纳水电费，不在公共场所大声喧哗说脏话，乘坐城市公共交通工具时先下后上、前上后下等良好习惯。以实现搬迁群众向讲文明、讲安全、讲卫生、守秩序的新市民转变。由县委组织部牵头，相关单位配合现正在各安置区按有关规定设立社区党支部和社区居民委员会，同步配套建设新时代党员活动室、市民讲习所、警务中心、电商平台、少数民族群众活动场所、超市、医务室、健身房、篮球场、活动室、图书室等各类设施。在安置区建立党的基层组织和居民委员会及工会委员会、妇女组织、调解组织、警务室（派出所）等群众自治管理机构，完善社区服务管理，构建社区数字化网格管理平台，实现党的领导和群众自治相结合，齐抓共管创建社会综合治理社区。落实干部对各安居楼进行包保，通过建立安居服务群发展共商群和定期走访发布信息、了解民需、回应民惑。组建安居楼委会，引导搬迁群众中的“新乡贤”撬动搬迁群众对搬迁社区进行自我管理、自我教育、自我服务。探索运行“1 个特殊困难家庭 +1 个好邻居 + N 个志愿者”的邻里

互助模式，让各种特殊群体能享受到社会各界的关爱和帮助。积极开展社区新市民讲习所，不断激发群众的内生动力，促进思想观念转变、行为习惯转变、生活方式转变、生产方式转变，让他们更好地熟悉城镇环境、融入城镇生活、共享城镇文明，帮助他们成功转换为具有现代城镇化综合素质的“新市民”。

经济发展篇

Economic Analysis

册亨县生态文明建设与经济发展研究

黄　昊[①]

摘要：从理论上介绍生态文明与经济建设之间协调发展的最新成果。全面客观阐释册亨县近些年在生态文明建设与经济协调发展之间的现状，全面分析取得的成就，深刻剖析存在的问题，参考国内外生态与经济协调发展的成功经验与做法，对册亨县的生态文明建设与经济发展提出一些建设性的思考。

关键词：册亨县　生态文明建设　经济发展

经过近几年的发展，册亨县在守住“发展”与“生态”两条底线的基础上，逐渐向守好“发展”与“生态”两条底线的方向转变。在积极推进生态文明建设的同时，大力发展县域经济。在生态文明建设的基础上发展经济，在经济发展的同时融入生态理念、守住生态底线、守好生态底线，使生态文明建设与经济呈现协调发展的良好态势，生态文明建设和经济发展均取得较好的效果。

一、生态文明建设与经济发展

人类进入工业时代以后短短几十年创造的财富超过人类历史上数千年创造的财富总和，人类沉醉于征服自然的伟大成就之中。但是工业文明的发展带来的不仅仅是鲜花与美酒，还有人类无法规避的严重的环境问题、

---

① 黄昊，贵州省社会科学院副研究员，科学技术哲学博士。研究方向：科学哲学、科学思想史、科技史、科技与社会、科技发展战略和科学文化研究。

资源短缺等问题，这些问题如果不解决会威胁人类自身的发展与生存。面对如此严峻的形势，迫使人们在反思工业文明发展方式的基础上，进而提出了可持续发展、绿色发展和生态文明建设的理念与战略。用工业文明的思维方式看待生态保护和经济发展之间的关系，经济发展必然要消耗资源，对环境造成破坏，经济发展与环境资源之间的矛盾是不可调和的，两方中任意一方的发展必然损害另一方。但是若换一种生产方式、思维方式，其实经济发展与生态良好之间是可以协调推进的，这就是可持续的发展方式、绿色的发展方式和生态的发展方式。在生态发展方式下，生态环境的保护与经济发展是可以同步进行的，两者之间不再是对立的、此消彼长的关系，在一定的制度协调下，在一定的方法指导下，经济发展的同时可以更好地、有效地保护生态环境，生态与环境之间可以出现一种良性的协调发展。

国内外一般用系统论、协调论的理论与方法，将生态学、可持续发展、绿色发展和生态文明建设的有关理论与经济学理论结合来探讨生态与经济协调发展的问题，形成一个全新的交叉学科边缘领域，得到一种全新的不同于传统单一的经济学研究或者是生态学研究视角，研究得出的成果也不同于单一的经济学、生态学的成果，成果具有创新性与实用性，能较好地回应生态与经济协调发展的问题。

（一）生态文明建设

“生态文明是人类文明发展的一个新的阶段，即工业文明之后的文明形态；生态文明是人类遵循人、自然、社会和谐发展这一客观规律而取得的物质与精神成果的总和；生态文明是以人与自然、人与人、人与社会和谐共生、良性循环、全面发展、持续繁荣为基本宗旨的社会形态。”① 生态文明概念在2007年中共十七大的报告中首次出现，中共十八大报告指出：“建设生态文明，是关系人民福祉、关系民族未来的长远大计。”并将生态

① 百度百科．生态文明［DB/OL］．http：//baike. baidu. com/link？url = knVHRkf9 –WZp –0OKvFujm6B –BdhUL0w ST7p4CXK76yDfI_ LczsqJAzOlDsbvOz98t9187_ RSHfafvdFdPQg8NJNb_ 1YeZFpoQBFrgxIWbuMUaJkteW0kinb –QQszX1h. 2017. 05. 16.

文明提升到更高的战略层面，成为“五位一体”布局的重要组成部分。中共十九大报告指出：“建设生态文明是中华民族永续发展的千年大计，必须树立和践行绿水青山就是金山银山的理念，坚持节约资源和保护环境的基本国策，像对待生命一样对待生态环境。”生态环境与生命一样重要。

国内学界对生态文明的理解主要有两种路径[①]。其一是纵的路径——时间往来之宇，从人类文明发展阶段的历史演进看待生态文明，人类文明经历了原始的采集和狩猎文明阶段——该阶段人们对自然充满敬畏，但是基本依靠天然自然的产出生存，人们依赖天然自然的野生食物为生，是一种原始地利用资源生产、生活的形态；农耕和畜牧文明阶段——该阶段人与自然基本能和谐相处但局部有冲突，该阶段人们开始改造自然，人们开始运用原始的农业科技、畜牧科技进行粗放的农业与畜牧生产，粗放地利用自然资源；工业文明阶段——该阶段人们在人类中心主义的思想指导下大规模地征服自然，但是同时受到大自然的有力回击，人与自然的关系紧张并面临前所未有的生态危机，人们利用时代领先的科技生产产品，大规模的商品经济、市场经济的发展使得人们可以比以往更加高效地开发自然资源、利用自然资源；生态文明阶段——该阶段人们开始顺应自然，人与自然走向和谐共生、共同发展的新时代，人们开始在人与自然协调发展的理论的指导下，发展生态经济，注重可持续发展，人们注重资源运用的可持续性。科技发展的生态化转向明显。“生态文明是人类对传统文明形态特别是工业文明进行深刻反思的成果，是人类文明形态和文明发展理念、道路和模式的重大进步。”[②] 生态文明是建设一种全新的、崭新的文明形态，是对工业文明的超越。其二是横的路径——空间之宙，将生态文明、政治文明、精神文明和物质文明相并列；将生态文明建设、政治建设、文化建设、社会建设和经济建设列为“五位一体”总体布局，生态文明建设与其他建设之间是并列关系。现代社会的发展需要补充生态文明的维度，

---

① 生态文明主要是国内的提法，国外多提可持续发展和绿色发展，但是生态文明、绿色发展和可持续发展概念的内涵与外延基本一致。

② 百度百科．生态文明［DB/OL］．http：//baike. baidu. com/link？ url = knVHRkf9 - WZp - 0OKvFujm6B-BdhUL0w ST7p4CXK76yDfI_ LczsqJAzOlDsbvOz98t9187_ RSHfafvdFdPQg8NJNb_ 1YeZFpo QBFrgxIW-buMUaJkteW0kinb - QQszX1h. 2017. 05. 16.

这样的社会发展才是真正完整意义上的社会发展。生态文明或者生态文明建设是整个社会建设的主要部分，是人类文明应该达到的一个主要指标，是人类文明应该达到的高度。随着时代的发展和研究的深入，对生态文明建设的理解除了以上两种路径的含义外，有学者认为生态文明及生态文明建设就是可持续发展理念的发展与实践；还有学者认为生态文明及生态文明建设是社会主义制度的原则的体现等。

人们对生态文明建设的理解从思想深度到实践发展都有长足的进步。在生态思想方面，国内一边学习借鉴西方的生态思想、生态伦理、生态哲学的智慧用于国内的生态思想、生态伦理和生态哲学的建设；一边挖掘国内优秀传统文化宝库和民族文化思想宝库中蕴含的生态思想、生态智慧充实国内的生态思想、生态智慧等思想建设；将国外与国内的生态思想、生态智慧融合，为国内的生态文明建设提供坚实的思想文化基础，从思想上解决为什么要进行生态文明建设的问题。在生态文明建设实践方面，一方面，生态文明建设是一个全新的事业，国内的生态文明建设基本是在摸索中前进，有大量的经验与教训。国内学界基本能及时总结国内在生态文明建设方面的成功经验与好的做法，吸取生态文明建设中出现的教训，为国内的生态文明建设少走弯路提供参考与借鉴，为国内更好地进行生态文明建设服务。另一方面，国外的绿色发展、可持续发展较早，特别是发达国家，其在绿色发展、可持续发展中有大量的经验与教训。尽管这些发达国家在绿色发展、可持续发展中的文化传统背景、发展阶段、资源禀赋基础和社会制度等与我国存在着差异，但是国外在绿色发展、可持续发展中有大量的经验与教训还是可以为国内的生态文明建设提供参考与借鉴的，具有他山之石，可以攻玉的效用。这可以解决怎样建设生态文明的问题。

对生态文明的理解要全面。生态文明建设不仅仅是要将生态保护好，深层次看将是人类历史上一次生产方式的变革、生活方式的变革，这种变革对于人类而言具有重大而深远的意义，其重要性怎样评估都不为过。我们对生态文明建设不仅要当作是当下社会主义建设的实践，更要当作一种对未来理想的向往和发展方向；不仅要把生态文明当作一种发展战略付诸实施，更要把生态文明思想与理念当作一种思想文化而渗透到人们思想文化的核心。不仅要把生态文明当成是社会主义制度原则的体现，更要把生态文明作为提升人们生活品质的现实举措。不仅要在生态文明发展中坚持科学理性，正确处理人与自然的关系、实现人与自然和谐共生，更要坚持在生态文明发展中始终为提升人类的生活质量、最终为人类的幸福服务的人文关怀为终极目标。[①]

（二）经济发展

“经济是人类社会的第一要务。作为人类特有的一种活动，经济活动从来都是人类生活的物质前提和基础。人类社会的发展首先是指经济的发展。无论人类社会怎样演进，经济总是必须向前发展，因此人类社会并不存在要不要发展经济的问题，而是存在如何发展经济的问题。如何发展经济的问题涉及人类社会的生产方式和生活方式。一定社会的生产方式和生活方式相加在一起构成该社会特有的经济发展模式。”[②] 以经济增长为主要内涵的经济发展是人类最重要的社会目标之一，也是个人幸福和社会福利的重要源头之一。一般而言，“经济蛋糕”做大，全社会的人都能受益，以经济增长为内涵的经济发展能推动社会的全面进步。[③] 以经济增长为主要内涵的经济发展是保障人类生存的最基础的必要条件之一，是为人类过上终极的幸福生活的目标服务的。在社会发展注重合法的、有序的、高效率的前提下，辅以公平的分配以经济增长为内涵的经济发展所取得的成果是可以真正惠及绝大多数人的。

经济发展是“一个国家或者地区按人口平均的实际福利增长过程，它不仅是财富和经济机体的量的增加和扩张，而且还意味着其质的方面的变化，即经济结构、社会结构的创新，社会生活质量和投入产出效益的提高。简而言之，经济发展就是在经济增长的基础上，一个国家或地区经济

---

① 黄德林、黄昊：《三都水族自治县生态文明建设与经济发展研究》，三都水族自治县经济社会发展报告，北京：中国社会出版社，2017 年版，第 157—159 页。

② 向玉乔：《经济 生态 道德》，长沙：湖南大学出版社，2007 年版，导论。

③ 卢风：《非物质经济、文化与生态文明》，北京：中国社会科学出版社，2016 年版，第 74 页。

结构和社会结构持续高级化的创新过程或变化过程"①。从以上的界定不难发现经济发展不仅有经济在量的方面的增加，还体现经济在质的方面的提升。经济发展就是经济在质的提升基础上的经济量的增长。经济增长现在要求是全面、协调、可持续的发展，目前看科学技术是推动经济发展的关键的、决定性的力量。经济发展方式中已经涵盖生态环境方面的内容。在进入绿色发展、可持续发展等生态发展之路后，人们对于经济发展模式的选择有了新的理解与体会。

生态化的经济发展在学界目前没有一个大家都认同的界定，但是生态化的经济有如下显著特征：其一，区域社会的经济发展不超过区域环境资源的承载力，是在区域环境资源承载力限度内的发展。其二，生态化的经济发展，不仅仅按照经济学原理指导发展经济，还要按照生态学理论的要求来发展经济，运用系统论、控制论最新成果与方法转变原有生产方式，发展生态产业或者将产业生态化，建立适合生态化经济发展的运行体制与机制，形成良好的生态化的生产方式。其三，社会的生态文化事业发展适应生态经济建设需求，形成生态化的生活方式。总之，生态化经济是以生态文明理念为引导的，绿色、低碳、可持续的经济发展之路。

（三）生态文明建设与经济发展

1. 生态文明建设需要经济发展并以生态化的经济发展为主要基础与支撑

经济是人类文明的物质基础与前提。生态文明建设必然以生态视域下的经济发展为最主要的目标之一，没有生态化经济发展不可能有真正意义上的生态文明建设，也不可能有持久的生态文明建设。

生态文明建设需要经济基础的强力支撑。生态文明建设要求人要正确认识到自然对于人具有"先在性"、人在一定意义上只是自然的产物，这些决定了人必须要善待自然、必须要尊重自然；从人类发展的短暂历史与

① 百度百科．经济增长［DB/OL］．http：//baike. baidu. com/link？url = UhsTx – 7c8nI_K1fwDznarxTLTUUwjtVi AwzEo5t3ekA4Na4N0Ps – i8hunBFAytozQFTcjsWOGMEVXez3KU5rCmo1H9FlzO9vokrB9cS8JI9ok6OhK5akndsn46h2g – Ed. 2017. 05. 16.

自然的历史看，人与自然具有一致性，决定了人类与自然必须要协调发展，人类的发展不能超出自然的承载力范围。从具体的发展战略上看生态文明建设注重人与自然的和谐共生、强调人与自然的全面协调可持续发展。人类从工业文明时代进入生态文明时代并进行大规模的生态文明建设，需要大量的经济支撑，没有经济的强力支撑，生态文明建设将不可能长久也不可能持续，只能是“镜中花水中月”。不管是充分经历工业化进程的国家和地区，还是工业化刚刚起步的国家和地区，在进行生态文明建设的过程中都需要经济的强力支撑。生态文明建设需要经济的强力支撑，这种生态化的经济发展强调的是经济发展的可持续性，这是一种不同于工业文明时代的经济发展，也不同于传统经济学理论的经济发展。

2. 当代的经济发展需要的是与生态文明协调一致的永续发展

经济发展到后工业时代，不管是在实践上还是在理论上都遇到了不可逾越的障碍。后工业时代的经济增长所取得的成就举世瞩目，但是带来的环境问题已经非常突出——严重威胁到人类的永续发展。对于经济增长极限的研究，学界有三种观点：第一是悲观派，其主要观点是经济增长不能解决环境污染问题，传统的经济增长是以资源的消耗与环境的恶化为代价的，而地球的环境与资源是有其承载极限的，当经济的增长超过地球的环境与资源的承载力时，不仅经济增长会停止，而且会面临资源枯竭和生态环境的崩溃。代表人物是 Mishan. D. L. Meadows 等；① 在对生态环境与资源的保护下，环境与资源成了经济发展的硬性、刚性约束。工业文明时代，人类的发展已经超过了资源环境的承载力，环境恶化与资源短缺已经威胁到人类的生存与发展。按照工业文明的发展方式，若强化环境与资源保护刚性约束，只能牺牲经济发展。第二是乐观派，其主要观点是能源与资源不会产生枯竭（盲目乐观派），随着科学技术的发展，只要人们能合理地、积极地加以运用可以解决经济增长与生态环境保护之间的矛盾（积极乐观派），科技的发展可以提高资源的利用率从而有利于生态环境，对于稀缺的生态环境资源而言，随着价格的提升人们会减少对资源的使用，同时寻

---

① 张瑞萍：《西部生态环境与经济增长协调发展研究》，兰州大学学位论文，2015 年，第 3 页。

找替代性的资源，也会有利于生态环境的提升，代表人物有 Julian L Simon、Selden、Song 等；[①] 任何社会、任何社会发展的阶段都需要以经济增长为主要内涵的经济发展，经济发展了才有经济基础从事别的工作，涵盖生态保护等，经济发展中的环境与资源问题可以通过更多的资金、资源投入研发新的科技成果、科技手段来解决，经济乐观主义以科技乐观主义为基础。诚然，科技发展可以解决人类发展中的很多问题，但是科技发展本身具有的不确定性、高风险性使得科技乐观主义者很难随时随地乐观起来，立足于科技乐观主义基础上的经济乐观主义也就是一个大问题。时代领先的科技是时代第一生产力，是时代经济发展的最强劲动力。但是以科技乐观主义为基础进而推导出经济乐观主义是有问题的，因为科技乐观主义这个前提是有问题的，依据有问题的前提推导，哪怕是推导的过程合乎逻辑，也不能保证结果的正确。第三是发展生态经济，推进经济与生态的协调发展。生态化的经济发展认为环境与资源因素是经济发展的刚性、硬性约束，在此前提下，经济发展与生态环境、资源之间可以协调、良性地发展，是生态的经济化、经济生态化的过程。随着全球绿色发展、可持续发展和生态发展的实施，经济发展生态化的趋势越来越明显。

世界的近代化、工业化的发展历史，人类的经济增长、经济发展取得显著的成绩，人类短短几十年创造的财富超过了以前人类历史数千年创造的财富总和，但是人类幸福吗？环境污染与生态破坏的后果不仅仅是降低人们的幸福感，更深层的是人类的贪欲将会完全毁掉人类居住的星球、完全毁掉人类的生存与发展的根基。为此当代经济发展必然转向生态经济是一种必然的选择、唯一的选择，必然是与生态文明协调一致的发展。

经济学研究主要是经济利益，生态学研究主要是生态系统的协调发展，生态经济学研究主要是经济效益—环境效益—社会效益三者的统一，强调生态环境与经济协调发展、可持续发展。经济系统与生态系统密切关联，经济系统不可能独立于生态系统而存在，经济增长以环境为基础并影响生态系统与经济系统的互动变化。

---

① 张瑞萍：《西部生态环境与经济增长协调发展研究》，兰州大学学位论文，2015 年，第 4 页。

经济系统以增长为主要机制对自然资源需求具有无限性和生态系统以稳定为主要机制对自然资源供给的有限性决定了生态经济学研究的重点之一是生态与经济的协同发展。事实上经济学或者是生态经济学研究的最新成果也证实了生态环境与经济增长之间可以协调发展，如生态环境与经济增长协调发展的新古典增长模型、生态环境与经济增长协调发展的内生经济增长模型、生态环境与经济增长相互影响的实证研究等。①

3. 生态经济发展与生态文明建设相契合

经济发展的生态化（把生态理念融入经济发展，用生态理念发展经济）或者是生态化的经济发展（运用市场机制，体现环境容量资源的价值，实现生态保护的合理回报和生态投资的资本收益）要求在经济发展中遵循自然生态规律，使经济发展的同时注意保护生态环境与自然资源，以保持生命系统与生态系统的协调发展，使经济与环境处于一种协调可持续的发展之中。生态经济就是既追求生态效益又追求经济效益，使社会效益也凸显出来。“生态文明是指通过运用自然、经济和社会规律，保护和修复生态环境，不断增强资源承载力，构建节约能源资源和有利于生态环境的产业结构、增长方式、消费模式，推动绿色增长，从而实现社会发展与自然协调。”② 生态文明建设的一项重要内容就是构建有利于生态环境的产业结构、增长方式，推动绿色增长，实现社会、自然与人的协调发展，也就是生态经济发展是生态文明建设的一项重要内容。生态经济是实现经济腾飞与环境保护、自然生态与人类生态高度统一的一种具有可持续性的经济。

生态经济发展追求生态效益、经济效益和社会效益，强调经济的可持续发展。生态文明建设追求人、自然和社会和谐发展，强调人与人、自然、社会和谐共生、良性循环、协调发展、全面发展、持续繁荣，这是一种完全不同于工业文明的文化，是一种全新的文化伦理形态。

从生态经济或者是经济发展的生态化、生态文明建设的内涵与外延看，生态经济发展与生态文明建设内涵有很多地方有重合，生态经济发展

---

① 张瑞萍：《西部生态环境与经济增长协调发展研究》，兰州大学学位论文，2015 年，第 5—6 页。

② 胡长清：《建设生态强省 推进生态文明》，《林业与生态》2017 年第 1 期，第 4 页。

与生态文明建设密切相关并高度契合。生态与经济的密切联系最终促进生态经济一体化，生态经济与生态文明建设呈现出一体化的融合发展。

二、册亨县生态文明建设与经济发展的现状

（一）册亨县在生态文明建设与经济发展中取得的成就

册亨县近些年在生态文明建设和经济发展中取得了长足的进步。

1. 生态文明建设成就斐然

2007 年中央正式提出建设生态文明之前、贵州省步入大生态时代之前，册亨县原有的生态环境资源禀赋基础就很扎实，这种扎实的资源禀赋基础与布依族文化传统中的自然崇拜密切相关，这些自然崇拜历经数千年的孕育和积淀，对于布依族同胞在处理人与自然打交道的过程中出现的生态问题有着积极的、正面的意义。布依族是著名的水稻耕作民族，居住区的绝大多数地区适宜种植水稻，其自然崇拜或者是原始崇拜和水稻种植密切相关，与水稻种植无关的自然之物却很少在自然崇拜的范围之内。如天、地、太阳、雨、电，还有山、水、河流、树木、工具等都成为布依族崇拜的对象。当然和水稻耕作有关的耕牛也是布依族崇拜的对象，牛在布依族的文化传统中有着重要的地位，牛是重要和吉祥的象征。崇拜的对象开始具有了超自然的力量，当然也被神化。从事水稻耕作时间越久，布依族对以上之物的崇拜就越久和越剧烈，就越希望通过原始崇拜方式乞求神灵的保佑获得丰收。

布依族对树木的崇拜、对树神的崇拜一定程度上保护了绿色植被；对土地的崇拜，使人们更好地珍惜已有的土地资源并充分利用好现有的资源；对山神的崇拜，使人们能更好地保护山；对风雨雷电的崇拜，使人们对自己的行为“三省吾身”；对水的崇拜，使人们更好地利用和保护好水资源；崇拜牛使人们能爱护牛，进一步会善待和人类有关联的动物。像这样类似的崇拜还有很多，所有以上的崇拜用现在的眼光看不仅仅能保护好自然环境、维护好生态平衡，充分地利用资源，还可以使人们对自然产生一种敬畏之心，同时使自己的行为合乎布依族的道德原则。布依族对与水

稻耕作有关的自然物的自然崇拜，渗透着布依族传统意识中的万物有灵思想，在对自然敬畏的同时祈求风调雨顺、人丁兴旺、安康幸福等古朴的文化习俗，渗透着也体现着人与自然协调发展的原始的、古朴的思想。在此种原始自然崇拜的思想与文化熏陶、影响下，布依族人很早就开始原始意义上的生态保护和生态发展。就是进入知识经济时代的今天，这些原始的自然崇拜积淀对于人们在处理与自然打交道的过程中出现的生态问题依然有着积极的发自内心的内在约束作用。这是册亨拥有的生态文化底蕴基础，这些生态文化底蕴便于册亨更好地开展生态文明建设。

进入工业时代后，册亨县由于种种缘由没有进行大规模的工业化进程，其生态环境没有被大规模的破坏，很多还处于原生状态，当国家、贵州省全面推行生态文明建设以后，这些原生状态的生态环境成为册亨县进行生态文明建设最佳的资源禀赋基础。

荒山荒地造林的成绩斐然、森林覆盖率逐年提升，污水的处理率、饮用水源地水质达标率、生活垃圾处理率等指标越来越好，二氧化硫的排放量尽管有变动但是呈现向好的方向转化的态势。

表1　册亨生态环境部分指标表

年份	造林与育林	森林覆盖率	污水处理	垃圾处理	饮用水源地水质	环保资金	二氧化硫排放
2011	荒山荒地造林面积4750公顷。年末实有封山育林面积1666公顷，成林抚育面积2000公顷	森林覆盖率达到60.0%	城镇污水处理率52.8%，比上年提高2.9个百分点	生活垃圾无害化处理率32.7%，比上年提高2.6个百分点	饮用水源地水质达标率为100.0%	—	全年二氧化硫排放量为4189吨，比上年上升0.26%
2012	荒山荒地造林面积2741公顷。年末实有封山育林面积2517公顷，成林抚育面积819公顷	森林覆盖率达到61.0%，比上年提高1个百分点	全年城镇污水处理率95.0%，比上年提高42.2个百分点	生活垃圾无害化处理率41.5%，比上年提高8.8个百分点	饮用水源地水质达标率为100.0%	—	全年二氧化硫排放量为828吨，比上年下降19.77%

续表

年份	造林与育林	森林覆盖率	污水处理	垃圾处理	饮用水源地水质	环保资金	二氧化硫排放
2013	荒山荒地造林面积7418公顷，成林抚育面积1917公顷	森林覆盖率达到62.0%，比上年提高1个百分点	全年城镇污水处理率95.0%	生活垃圾无害化处理率42.0%	饮用水源地水质达标率为100.0%	—	全年二氧化硫排放量为395吨，比上年下降52.0%
2014	全县造林面积7.16万亩	森林覆盖率达到64.03%，比上年提高1.03个百分点	全年城镇污水处理率66.7%	生活垃圾无害化处理率70.0%	饮用水源地水质达标率为100.0%	—	全年二氧化硫排放量为390吨，比上年下降1.2%
2015	全年营造林面积12.69万亩	年末森林覆盖率67.56%，比上年提升3.53个百分点	污水处理率达到84%	城市生活垃圾无害化处理率89.08%	饮用水源地水质达标率为100.0%	全年节能环保资金投入5465万元	—
2016	—	森林覆盖率69.36%	全年污水处理率93.63%	城乡生活垃圾无害化处理率85.5%	饮用水源地水质达标率为100.0%	—	—

资料来源：2011—2016年册亨县国民经济发展和社会发展统计公报。①

表2 册亨县人民政府生态环境建设任务实际完成情况

年份	实际完成任务
2013	建成县城区空气质量自动监测站，完成垃圾填埋场和污水处理工程建设，在者楼镇东风村浪沙组、丫他镇坪位村新建19个垃圾收集池
2014	建成3000座农村无害化卫生改厕项目

① 每年有的项目统计口径不同，数据上有的变化较大。只能依据已有的数据统计结果制表。

续表

年份	实际完成任务
2015	新增造林面积7.16万亩，有林地面积达251.4万亩，森林覆盖率预计达64.5%。人工种草1.2万亩，改良草地1.02万亩
2016	过去五年，是生态环境持续改善的五年。加快国家主体功能区示范县和南部片区生态经济产业园区建设，加大生态保护和环境治理力度，大力实施“石漠化山头绿起来”三年攻坚行动、“以树为纲·绿色小康”行动和“153”工程，治理石漠化（岩溶）327.63平方公里，营造林44.8万亩，森林覆盖率达64.68%，比2010年提高7.91个百分点。大力实施节能降耗工程，单位地区生产总值能耗下降14%。推行环境保护“网络化”监管，深化“六个一律”环保“利剑”执法行动，推动生态建设法治化。推行“河长制”，强化领导干部环境损害责任追究，配合省、州完成自然资源资产责任审计试点工作。环境空气质量优良天数达标率、集中式饮用水源地水质达标率保持100%
2017	森林覆盖率提升至69%
2018	生态环境持续优化。划定全县生态保护红线，申报设立者楼、坡妹集中式饮用水源保护区，双江国家级湿地公园通过评审。编制《册亨县省级森林城市建设总体规划（2017—2025）》。启动县乡村三级“河长制”，整治南北盘江网箱养殖3323.8亩，县内7个集中式饮用水源地、7个州控河流断面水质优良率达100%。争取列为省整县推进农村生活垃圾污水治理示范县，建成坡妹镇、百口乡污水处理项目，加快丫他镇、巧马镇污水处理项目建设，做好5个乡镇污水处理项目前期工作。县城环境空气质量综合指数排全省第二、全州第一。荒山造林8.84万亩，退耕还林7.13万亩，森林覆盖率达69%。治理水土流失4.94平方公里。完成丫他板万传统村落保护和坡妹镇茶园村、四合村环境综合整治。完成农村土地确权登记颁证48902户。清理整治环境违法违规项目381个。办结中央环保督察转办案件5个，整改督察反馈问题10个，正在整改7个

资料来源：2013—2018年册亨县人民政府工作报告。

表3 册亨县发改局报告中生态环境建设任务实际完成情况

年份	当年完成任务情况
2012	经济作物种植面积大幅度增加，全县种植甘蔗9.3万亩，其中新种植6.5万亩。蔬菜种植面积11万亩，同比增长27.91%，产值达2.3亿元。花卉种植100亩，实现销售收入1000余万元。林业经济效益日益凸显，新增造林面积12.67万亩，实现林业产值1.6亿元，同比增长16.97%。完成石漠化综合治理、速生丰产林基地建设等500万元以上项目多个。完成垃圾填埋场和污水处理工程

续表

年份	当年完成任务情况
2013	生态环境保护力度明显加大。完成《贵州省册亨县生态文明示范工程实施方案规划》及《国家主体功能区建设试点示范县》编制并报国家发改委，中国国土经济学会将册亨县纳入“全国中小城市生态环境建设试验区”。退耕还林、石漠化治理等生态工程加快实施，新增治理石漠化面积 20.16 平方公里，治理水土流失面积 38.1 平方公里，生态环境明显改善。节能减排扎实推进，全面完成年度目标任务。甘蔗种植达 12 万亩，蔬菜种植达 11 万亩；新增造林 7.62 万亩
2014	生态建设取得新成效。2014 年册亨县获得国家发改委、环保部批复为“国家主体功能区建设试点示范县”，完成《册亨县国家主体功能区建设试点示范实施方案》编制，并经省评审转报国家发改委。退耕还林、石漠化治理、坡耕地治理等生态工程加快实施，新增治理石漠化 20.6 平方公里，治理水土流失 12.22 平方公里，新增造林 7.16 万亩，预计森林覆盖率达 65.5%，节能减排扎实推进，生态环境明显改善。新增造林 7.16 万亩、蔬菜种植达 12 万亩、甘蔗 12 万亩、新增水果 3067 亩
2015	治理水土流失面积 74.22 平方公里，完成农村安全饮水项目 479 个，解决了 10.58 万人的安全饮水问题
2016	生态文明建设积极有序推进。2014 年册亨县被列为国家主体功能区建设试点示范县以来，按照主体功能区建设试点的要求，加快建立生态文明建设制度、资源节约利用、生态环境保护等体制机制。加大资金投入力度，节能减排、循环经济和生态环境保护等各项工作不断得到改善。全县财政用于节能环保投入累计达 0.63 亿元；城乡生态环境不断得到改善，2016 年县城空气质量达标率为 99.28% 以上；全县城镇污水处理率达到 100%；退耕还林还草、石漠化治理等工作不断加强，完成新增造林 18.89 万亩，全县森林覆盖率达到 69%
2017	生态文明稳固提升。坚持“绿水青山就是金山银山”的理念，按照主体功能区建设试点示范县要求，完成生态保护红线的划定工作，全面启动县乡村三级“河长制”，成功申报双江国家湿地公园和万重山省级森林公园，编制者楼河道治理方案。退耕还林 7.13 万亩、退牧还草 4 万亩、石漠化治理 35 平方公里，全县森林覆盖率达到 69%。同时，推进生态文明建设制度、资源节约利用、生态环境保护等体制机制建设。结合册亨实际，在生态文明建设方面采取一系列重大举措，加大资金投入力度，节能减排、循环经济和生态环境保护等各项工作不断得到改善，全县城乡生态环境不断得到改善，2017 年县城环境空气质量综合指数排名全省第二、全州第一

资料来源：册亨县 2012—2017 年国民经济和社会发展计划执行情况与 2013—2018 年国民经济和社会发展计划草案的报告。

从以上三个表中的数据可以明确看出册亨县生态文明建设取得的成效显著。其一是打好污染防治的攻坚战，坚决整治环境方面的突出问题。对于中央环保督察组反馈的问题坚决整改落实。在认识上从守住发展与生态两条底线转向守好生态与发展两条底线，践行“绿水青山就是金山银山”的理念。对于重点领域的污染加强治理、强化饮用水质的监控、垃圾与污水的处理率逐年提升，加强空气质量的监控等。治理环境的综合效果好。其二是生态保护与修复的效果好。册亨继续推进石漠化、水土流失的综合治理，实施退耕还林工程并增加造林面积，积极提高森林覆盖率等。使册亨的生态环境继续保持较好的状态。其三是人居环境不断优化，特别是农村的人居环境不断提升，册亨基层的乡镇垃圾无害化处理率不断提升，整体推进农村污水的无害化处理，加大农村饮用水源地的保护。其四是册亨利用国家主体功能区试点示范县建设的推进、珠江上游保护建设等积极地进行生态文明建设。其五是积极地利用地方文化中的生态因素，培育有地方特色的生态文化。

2. 经济发展成就突出

近些年的经济发展速度加快，整体经济实力大幅度提升。

表 4　册亨县经济发展相关指标及数据

年份	生产总值（亿元）	生产总值增长率（%）	第一产业产值（亿元）	第一产业增长率（%）	第二产业产值（亿元）	第二产业增长率（%）	第三产业产值（亿元）	第三产业增长率（%）	人均生产总值（元）	人均生产总值增长率（%）
2011	14.38	15.3	4.57	6.9	2.03	23	7.78	18.5	—	—
2012	17.54	15.3	5.63	10.3	2.43	17.9	9.48	17.5	9146	21.04
2013	23.14	17.6	7.12	8.6	3.31	23.3	12.71	20.9	—	—
2014	28.97	14.1	9.30	5.9	3.64	19.6	16.05	16.5	15128	—
2015	36.81	14.6	14.24	6.9	4.08	16.4	18.49	17.4	19223	—
2016	45.14	13.6	17.56	6.0	4.51	13.9	23.07	19.4	23878	—
2017①	53.47	13.8	20.01	7	5.16	12.2	28.30	20.1	28284	18.45

资料来源：2011—2016 年册亨县国民经济和社会发展统计公报，册亨县 2017 年国民经济和社会发展计划执行情况与 2018 年国民经济和社会发展计划草案报告。

① 2017 年的数据采用的是《册亨县 2017 年国民经济和社会发展计划执行情况与 2018 年国民经济和社会发展计划草案报告》。《2017 年册亨国民经济与社会发展统计公报》还没有出来。这两份材料有些数据的统计口径有所不同。

从上表的数据可以看出（2017 年的数据主要来源于册亨县政府 2018 年政府工作报告），册亨县经济发展的主要目标实现了连续 7 年的两位数的增长，经济实力年年攀升。2017 年生产总值为 53.47 亿元，是 2011 年的生产总值的 3.72 倍，用 7 年的时间实现县域生产总值接近翻两番。2017 年第一产业产值为 20.01 亿元，是 2011 年第一产业产值的 4.38 倍，用 7 年的时间实现产值超过翻两番。2017 年第二产业产值为 5.16 亿元，是 2011 年第二产业产值的 2.54 倍，用 7 年的时间实现产值超过翻一番。2017 年第三产业产值为 28.3 亿元，是 2011 年第三产业产值的 3.64 倍，用 7 年时间实现产值接近翻两番。2017 年册亨县人均 GDP 为 28284 元，是 2012 年人均 GDP 的 3.09 倍，用 6 年的时间使人均 GDP 增加 3 倍。从以上这些经济发展数据可以直观地发现册亨经济增长的速度之快，令人叹为观止，这样的经济发展的高速度在国内、世界上都是极为少见的。这也是贵州经济高速发展的一个缩影，是贵州在国家大力支持与扶持下的结果，更是贵州建设者勤劳苦干、厚积薄发的结果。

册亨的经济发展速度快，总量用 7 年时间几乎翻两番。同时册亨的经济结构进一步优化。2011 年册亨第一产业、第二产业和第三产业产值占国内生产总值的比例为 31.78%、14.12%、54.1%；2017 年册亨第一产业、第二产业和第三产业产值占国内生产总值的比例分别为 37.42%、9.65%、52.93%。从第一、第二、第三产业的结构看，经济结构日趋合理。

产业结构继续优化，提质增效效果明显。山地农业发展成型，农业发展效率高。立足于自身的资源禀赋基础，在紧密契合国家、省的发展战略的前提下，利用最新的农业科技成果，合适地选择农业产业发展方向，选择合适的农业产业项目。围绕“北畜—中菜—南林—全旅”布局，如引进贵澳集团开发香蕉大数据产业园，加快推进羊博园二期、冗坪种羊养殖示范基地建设。在生态畜牧业方面，投入 1.17 亿元，建成 50 万头生猪产业化扶贫项目选育场、祖代场和 65 个家庭牧场。实现年末存栏羊 11.3 万只、牛 5.2 万头、生猪 12.1 万头、家禽 115.9 万羽，出栏羊 5.4 万只、牛 1.8 万头、生猪 12.8 万头、家禽 120.3 万羽，禽蛋产量 0.52 万吨。在种植业和果品蔬菜方面，新种香蕉 1.5 万亩、花椒 2 万亩、蔬菜 6 万亩，油茶低产林改造0.2万亩。申报“三品一标”认证12个、无公害农产品14个。[①] 完成“农校对接”交易额1244.9万元。申报无公害农产品产地认定29.23万亩、无公害农产品29个。[②] 依托奇松、林鑫等龙头企业，加快“一县一业”特色林业产业项目的申报以及册亨县林产品交易市场的谋划。稳步发展山地工业经济。丫他板万100兆瓦光伏发电站项目、贵州好之味4000吨油茶加工、家福门业等企业建成投产，改造提升德隆水泥等企业，积极为奇松木业增资扩大再生产规模，同时扩大林鑫木业、南华糖厂、灵芝酒厂等特色加工业生产规模。积极促进荣畅化工甲醛厂、年产50万吨纳米碳酸钙粉等项目达产达能。启动册亨县大顶柱风电项目建设，即将启动丫他板万30兆瓦光伏扶贫电站建设，积极谋划册亨县分布式光伏扶贫发电项目。完成第二产业投资5.16亿元，同比增长12.1%，完成工业增加值3.43亿元，同比增长12.2%。申请专利81件，申报省、州科技项目17个。亿元项目入库40个，实施2个。签订省外3000万元以上项目47个，总计47.45亿元，引进资金52.25亿元。引进6个企业入驻园区。完成工业投资8.57亿元，增长41.67%。[③] 加速推进现代服务产业发展。编制全县旅游扶贫规划，加快万重山旅游景区的建设和坪寨大榕树、羊博园山地公园和布洛陀的方案设计，加大岩架布依风情园、福尧、陂鼐、大寨等乡村旅游的建设力度与推广力度，围绕第一、第二、第三产业融合发展，不断壮大特色产业，以山地旅游引领现代产业体系构建，带动经济社会加快发展，全力打造万重山景区，加快万重山景区二期工程建设。建成岩架布依水乡渔港小镇和板万布依乡村博物馆。万重山、岩架布依文化风情园、陂鼐古寨获批国家3A级旅游景区，冗渡镇大寨村、威旁村入选“中国少数民族特色村寨”，大寨村被列为“全省乡村旅游扶贫示范点”。办好国际山地旅游大会系列活动。全县服务业主要经济指标继续稳步增长，其中，接待游客120万人（次），旅游总收入完成11.7亿元，同比增长50%。带动

① 张茂：《册亨县人民政府工作报告》，册亨县，2018年1月17日。

② 册亨县发展和改革局：《册亨县2017年国民经济和社会发展计划执行情况与2018年国民经济和社会发展计划草案的报告》，2018年1月17日。

③ 2018年册亨县人民政府工作报告、册亨县2017年国民经济和社会发展计划执行情况与2018年国民经济和社会发展计划草案的报告。

贫困群众3152人增收。大数据产业起步良好。利用“互联网+”开展电商扶贫，通过黔邮乡情、京东贵州扶贫馆、电商云到村里、网易考拉等平台，销售布依服饰、花糯米饭、岩架糯米蕉、八渡百香果等特色产品，实现网络销售额3700万元。用好林业产权大数据平台，提供销售、采购信息595条，成交量2.1万立方米，成交额2199.69万元。[①]

3. 生态文明建设与经济发展协调一致的特征突出

册亨县的生态文明建设中坚持发展山地高效农业，对于引进和发展的工业项目严格把住生态准入关的同时大力发展低污染、低耗能的产业，对于已有工业企业的污染加大治理，利用册亨县良好的自然资源禀赋基础和布依族人文风情大力发展特色生态文化旅游。册亨县在经济发展中注重生态效益、社会效益与经济效益均衡，牢牢把握发展与生态两条底线，将绿水青山就是金山银山的理念运用于发展的实践，实现了环境美与百姓富阶段性的目标，并沿着这条路径加快前进。生态文明建设与经济发展呈现协调一致的特征。

（二）册亨县在生态文明建设与经济发展中的不足

1. 生态文明建设中存在的不足

册亨县在生态文明建设中具有大量处于原生状态的生态资源禀赋基础，同时近些年在生态文明建设方面取得较好的成果，但是离生态理念深入人心、生态经济快速发展、生态系统稳定、生态功能齐全、生态生产方式确立、生态生活方式形成、生态消费方式占主导、生态宣导有力、生态文化繁荣的生态强县标准还有很大的差距。生态文明建设不仅要求“绿色的量”要足，而且“绿色的质”要高。

生态脆弱的局面未根本改变。册亨县地处珠江上游，生态区位十分重要，由于长期的自然资源与人口增长的矛盾，导致了生态环境十分脆弱，局部地区水土流失严重，尤其是部分地区石漠化面积还在扩大。由于人类的不合理的活动和行为日益增多，在一定程度上改变了人类赖以生存的生

---

① 张茂：《册亨县人民政府工作报告》，册亨县人民政府，2018年1月17日。

态与环境，导致植被退化，天然生态系统有恶化的可能。如册亨的桫椤生存的环境遭破坏，成片的桫椤群很少见。册亨的自然灾害频发，表现突出，生态环境高度敏感。生态系统对酸沉降呈中度敏感性，水土流失现象较为严重。册亨县生态环境仍十分脆弱，生态保护与建设工作任务仍十分繁重。

山绿的任务尚艰难。册亨县经统计，仍有较多的宜林荒山需要造林绿化，这些荒山和石漠化山地零星破碎、土壤瘠薄，造林难度大、成本高，管护困难，加上地方财力有限，群众贫困面大，让这些山绿起来的任务十分繁重。

水量丰沛但污染治理难度大。册亨县是珠江流域南北盘江水系重要的水源涵养区，全县多数村寨位于南北盘江流域，村民大多沿河居住，很多生活污水与生活垃圾直接对水体有污染。

贫困人口多，经济发展与生态保护矛盾突出。册亨是集多民族地区、革命老区和贫困地区于一体，且与广西壮族自治区交界面积较大，少数民族聚集多，贫困人口分布广的特困地区。贫困人口 2015 年达 4.8 万人，农村的贫困发生率高达 20.46%，脱贫攻坚任务艰巨。为了完成脱贫攻坚目标，必须大力发展经济，哪怕是发展生态经济，对于生态环境的承受压力增大。

森林覆盖率高，但是提高林木质量增加效益的路漫长。册亨县的林业不缺数量，但分布不均衡，关键是缺少质量。县内森林覆盖率地区分布不平衡，经济林比重不高。林相结构不合理，保水能力弱，同时林木自身防范能力差，存在外来有害生物入侵和火灾隐患较大。

境内的古树、名木多，得到有效保护的少。历史上欠发达的现实、交通的不便、适宜的亚热带温暖湿润季风气候，册亨境内有着众多古树、名木。如桫椤树、榕树群、榉树群落等。随着时代的发展，这些古树、名木多位于生态脆弱地区、人类活动频繁区，缺乏相应保护，容易受到破坏。

册亨县生态旅游资源丰富，需要保护性开发。册亨有着很多原生态的旅游风光资源。如原生态的喀斯特景观等，需要在保护中开发，不能进行破坏性旅游资源的开发。目前看这些旅游生态资源的保护性开发力度不够。

当然册亨县在生态文明建设中还存在资金、人才等方方面面的困难与不足。

2. 经济发展中存在的不足

册亨县是国家扶贫开发重点县，经济总量小，最新的数据显示，其在贵州10个国家扶贫开发重点县综合测评排名不是太理想。

经济规模小，发展动力有制约。册亨县经济总体规模小，自我进一步发展受到制约，这一现象短期内很难有大的改观。和全省县域经济、县域第三方阵乙类县比较不管是公有制经济还是非公有制经济，册亨经济规模小、经济基础薄弱，自我发展存在较大困难的现象将在一定时期内依然存在，一定程度上制约了册亨县的经济发展。

基础设施建设滞后。册亨县的基础设施依然薄弱，特别是林业产业发展需要的交通基础设施严重滞后，直接制约林业企业的发展。

主导产业缺乏，产业链短。册亨县在经济发展中没有形成自身的特色产业或是主导产业。其现有的企业产品主要是以初级原材料等资源型产业为主，技术力量薄弱，产业链条短，缺乏精深加工、高附加值和高技术含量的产品。由于全县现有工业产品主要是以初级原材料等资源型产业为主，尽管林业作为册亨"一县一业"产业，但是主导作用不明显。没有明确的主导产业或特色产业，无法进行上下游产业和产品延伸。产业链短、产业幅窄，园区未形成围绕重点产业延伸相关的产业，产业间基本没有联系，未能形成产业集群发展，失去了企业集聚带来的规模效应和外部效应。

人才短缺。册亨县在经济发展中面临的主要问题之一是人才短缺。地方经济的发展离不开优秀的专业人才，然而当下册亨县经济发展引进和自身培养的人才远远不能满足需求，随着册亨县的经济发展会需求更多的专业人才。

科技支撑能力弱。册亨县在工业、农业、林业等方面的发展缺乏科技支撑。其一是很多企业实力弱小没有精力进行科技投入和进行科技研发；其二是很多企业的产品多为缺乏科技含量的低端产品从而缺乏自主创新的意识，产品附加值低、缺乏市场竞争力、缺乏抵御市场风险的能力。

信息化建设成本高且滞后，同时信息化的资源开发与利用不高。册亨县信息化建设中由于部分居民分散在山中居住，使信息化基础设施难度增加、成本增加且相对滞后，有线电视和宽带的覆盖率离要求还有很大差距，对经济社会发展的贡献率低。就是已有建好的信息化工程，由于人才匮乏、当地信息意识淡漠，导致信息资源的开发与利用不够，形成了重视信息硬件建设轻视信息资源的软件、重视信息系统的建设轻视信息系统的运用，未能很好地开发大数据资源、运用大数据资源。

3. 生态文明建设与经济发展融合程度不高

册亨县尽管生态文明建设与经济发展呈现融合发展的态势，但是离发展生态经济的目标还有一定的距离，离生态文明建设与经济发展高度融合的要求还有很大的差距。

三、对册亨县生态文明建设与经济发展协调共赢的思考

1. 构建守住经济发展的生态底线与守住生态文明建设中的经济发展底线的新理念

“尽管从长期看，经济发展、社会进步、生态优美并不矛盾，但是在一定时期内，由于受到刚性目标的牵引和硬性资源的约束限制，顾此失彼的现象时有发生，我国也为此付出过沉重的代价。在转型后期，资源和环境的刚性约束已经开始制约我国全面小康目标的实现，坚守绿色发展、低碳发展、循环发展的理念，必须成为我国经济发展必须坚守的底线准则。”① 在我国历史上从“天人合一”到“人定胜天”思想转变及实践，人们已经认识到经济发展必须要坚守生态底线，人们开始在思想上复归“天人合一”并实践之。坚守经济发展的生态底线是以提升人的生活品质与幸福感为皈依、为终极目标，使经济发展的共享性突出。生态文明建设中经济发展是最重要的目标之一，只讲保护环境、让老百姓守着绿水青山

① 徐彬、吴蔚、谢天：《理性对待生态主义推进我国经济与生态的协调发展》，《学习与实践》，2017 年第 2 期，第 35 页。

过穷日子也不是真正的生态文明建设。生态文明建设中的经济发展是其要义，将生态理念贯穿经济发展始终，百姓要分享生态文明建设成果，当然涵盖经济发展成果。将生态优势转化为经济发展的优势、将绿水青山就是金山银山的理念转化为实践。坚守生态文明建设中的发展底线，真正实现生态美、百姓富目标。有研究者认为，“近些年贵州省生态文明建设发展成效斐然，并且对经济增长也有着积极的促进作用。环境污染逐年减少，生态建设投入资金逐年加大，经济生产总值也逐步提升。”① 册亨县的建设者要构建经济发展中的生态底线和生态文明建设中的经济发展底线的新理念，以便更好地推进生态文明与经济发展的和谐共赢。

2. 既要预防性的生态措施和技术，又要治理性的生态技术与措施，加大环境保护力度，建设绿色生态册亨

当下的册亨县生态资源禀赋基础好，拥有优质的空气、山绿、环境优美的生态较好的净土。那么需要大量预防性的生态科技和措施来保护大量原生态的自然资源与自然景观，对于已经有的生态污染需要治理性的技术与措施来恢复被污染和被破坏的生态环境，并加大对造成生态污染和生态破坏主体的处罚力度，实施最严格的生态环境保护措施。生态环境易毁难修，用之不觉，失之难续。册亨县在预防性的生态技术和生态措施方面有运用，但是不多；治理性的生态技术和措施有，但是由于种种缘由有些在实践上还存在问题，需要册亨县加大环境保护执行力，为更好地建设绿色生态册亨服务。

3. 转变经济发展方式，大力发展绿色经济

绿色经济是生态文明建设的重要内容，是一种在自然、生态环境约束下的追求经济效率，实现经济效益和生态效益协同发展的经济发展方式和经济发展模式。绿色经济发展中的生态环境约束倒逼人们改变生产方式和生活方式。这种倒逼体现在经济发展方式上就是避免走“先污染后治理”的老路、避免“以牺牲绿水青山换取金山银山”的粗放发展方式，而是走

① 郑茹纯：《贵州省生态文明建设与经济协调发展的实证研究》，《知识经济》2017 年第 8 期，第 37 页。

一条资源节约、环境友好、生态高效的经济发展之路。册亨县目前要加大经济发展方式的转型，大力发展绿色经济。

4. 利用后发优势，加速生态建设与经济发展的协同赶超

册亨县经济社会发展相对落后，但是不意味着会甘于落后。相反可以借鉴和学习其他地区和国家较为成功的发展经验和做法，避免走弯路，可加速发展。由于种种原因工业化进程刚刚开始、广大的农村地区多数处于原生状态，总体的环境污染程度较轻，经济发展与生态保护之间的矛盾不突出，完全可以利用后发优势，立足自身资源禀赋基础、借鉴国内外生态经济的成功经验与做法、大力发展生态经济，实现生态文明建设与经济发展的协同赶超。要大力发展生态农业、生态林业，发展生态工业，发展生态服务业。

5. 强化科技在生态文明建设和经济发展中的支撑作用

生态文明建设需要科技，这不仅体现在需要大量的生态化科技创新成果，不管是预防性的生态保护还是治理性污染整治都需要大量的生态科技创新成果，更体现在科学的求实精神、创新精神、理性精神，科学的思维方式等是从事生态文明建设的思想文化核心之一。经济发展也是如此，经济建设中生产人无我有、人有我特、人特我精的高附加值、高科技的产品，离不开科技创新。科学的求实、创新、理性精神，科学的思维方式等是从事经济工作必备的核心要素。在生态文明建设与经济发展中需要强化科技的支撑作用。时代领先的科学技术是第一生产力，是经济、社会、生态建设的最强劲、最持久的动力。

6. 大力发展生态旅游

册亨县的布依族人口占辖区人口的绝大多数，有着历史悠久的布依族特有的人文风情、人文文化和民俗；同时册亨又有着独特的自然风光，而且很多是原生态的自然风光，这些独特的布依族人文风情和原生态的自然风光结合，既可以最大限度地发展生态旅游经济，又可以保护性地开发原生态的自然风光资源，更可以弘扬布依族优秀的传统文化，可以实现生态文明建设和经济发展的协同双赢。

山地旅游业促进册亨县经济发展报告

杜双燕①

摘要： 山地旅游在册亨县发展时间不长，效果却较为显著，在促进县域经济的发展、产业结构调整和优化、推进基础设施建设、乡村振兴战略实施、助推脱贫攻坚、文旅结合促进文化产业发展、推动生态文明建设等方面都发挥着积极有效的作用，但是仍然存在接待能力有限、规模优势较小、通道旅游经济明显、区域空间竞争大、旅游带动经济发展动力不足等问题，建议未来册亨县山地旅游发展从“产品构建、产业融合、区域协作、服务提升”几个方面深入开展和推进。

关键词： 山地旅游　经济发展　册亨

山地是指海拔在500米以上的高地，起伏很大，坡度陡峭，沟谷幽深，一般多呈脉状分布。山地是一个众多山所在的地域，有别于单一的山体或山脉。中国是世界上第一的山地大国。据统计，山地、丘陵和高原面积占全国土地总面积的69%，因此山地在国家生态文明建设中以及国家可持续发展战略实施进程中具有极其重要的地位。一直以来，中国山地区域在地理属性上属于地形隆起区，在社会属性上多属于经济低谷区，山区的人均GDP值远低于平原、丘陵地带。然而，有趣的是，近年来素有“七山一水二分田”的浙江省，位于浙江西部山区的城市人均GDP反而比一些省内东南沿海城市的人均GDP还要高，例如2016年地处浙江西部的金华市人均

① 杜双燕，贵州省社会科学院社会研究所副研究员，贵州师范大学喀斯特研究院博士生。

GDP 为 65851 元，同期的台州人均 GDP 仅为 63203 元，温州人均 GDP 更是只有 54990 元，成为一个“山区逆袭沿海城市”的典型。原本处于绝对困难地位的山地区域迎来了良好的发展机遇，宜人的气候、丰富的资源、独特的民族文化、舒适的人居环境等优势条件促进了山区的快速发展。山地生态系统复杂，自然环境的差异性和生态环境的多样性都十分明显，本身即是国家生态安全的重要组成部分，特别是习近平总书记“绿水青山就是金山银山”的生态文明思想深入人心后，山地更是逐步超越了工业文明时代海洋的优势地位，成为生态文明时代最具价值的优势资源，同时山地开发利用和发展的模式也关乎着国家的生态安全和可持续发展大局。

山地旅游是山区人民在人地关系和谐共生理念下作出的优化选择，是人类利用山地的重要方式，更是促进山区发展的一种重要途径。我国山地旅游资源丰富，截至 2018 年 7 月，我国有世界自然文化遗产地 53 处，其中山地型遗产地（含与山地密切相关的遗产地）比重较大，超过半数以上；仅贵州省（八山一水一分田）就有 4 个世界自然遗产项目，分别是“中国南方喀斯特”——荔波和施秉、“中国丹霞”——赤水以及梵净山，至此贵州省成为我国世界自然遗产数量最多的省份。已公布的第九批国家重点风景名胜区 244 处，其中山地型风景名胜区（含与山地密切相关的风景名胜区）占总数的一半以上；山地旅游在我国旅游发展中具有重要地位，对山地发展具有重要作用。山地旅游是人类在山地独特的地貌类型上发展起来的以度假、休闲、观光、宗教、修学等为目的的旅游活动，发展山地旅游不仅对山区经济发展具有极大的促进作用，还与维护山地生态系统安全、持续利用山地资源具有天然的耦合作用。

一、山地旅游概念及内涵界定

据相关学者研究表明，目前关于山地旅游的研究已经进入“深化阶段”，也就是说研究成果较为丰富。且国内外研究差异较大，国外研究起步较早，多侧重于旅游影响、旅游地开发管理方面，着重点在于研究山地旅游中各利益群体作用的发挥，多采用案例研究方法并试图构建新的山地旅游理论框架体系。而国内更注重旅游地的开发评价和相关生态环境问题研究，对山地旅游地相关利益群体关注度较小，与国外的实证研究相比较，国内的理论构建相对滞后，概念体系也不完善，完整的理论体系与研究框架尚未形成。[①] 因此，对于山地旅游的内涵界定也仍未有个统一的认识。

国外关于“山地旅游”概念界定较少，其使用和描述的术语也并不统一。例如有直接使用“山地旅游”（mountain tourism）对环境影响进行评估的；也有使用“山区”（mountain region）对旅游与发展进行论述的；还有使用山区探险旅游（mountain-based adventure tourism）、山地生态旅游（mountain ecotourism）、登山探险旅游者（mountaineering adventure tourist）、山区旅游社区（mountain tourism community）等概念描述的，但是对于“山地旅游”（mountain tourism）概念的内涵和外延并未明确界定。[②] 目前山地旅游相关概念多集中于单一概念、框架的界定与构建等，山地旅游概念体系研究还有待于进一步深入。总之国外对“山地旅游”的概念界定皆是根据自身研究的侧重点和目的来进行描述和应用。

国内首次对山地旅游进行明确概念界定的是王瑞花（2005），她认为山地旅游是以山地自然环境为主要的旅游环境载体，以复杂多变的山体景观、各种山地水体、丰富的动植物景观、山地立体气候，区域小气候等自然资源和山地居民适应山地环境所形成的社会文化生活习俗，传统人文活动流传至今形成的特定文化底蕴等人文资源为主要的旅游资源，以山地攀登、探险、考察、野外拓展等为特色旅游项目，兼山地观光、休闲度假、健身、娱乐、教育、运动为一体的一种现代旅游形式。[③] 这个概念的定义也是后期研究中引用较多的一个。此外冯德显（2006）、银元（2012）分别对“山地旅游资源”和“山地旅游业态”进行了概念界定，而唐利文（2009）对山地度假旅游进行了定义，认为是以山地自然人文旅游资源为吸引物，以山地旅游基础设施和休闲度假设施为载体，为旅游者提供休闲

---

① 程进、陆林、晋秀龙、黄剑锋：《山地旅游研究进展与启示》，《自然资源学报》2010 年第 1 期。

② 胡叶星寒、陈晓红：《国内外山地旅游研究综述》，河北旅游职业学院学报，2013 年 9 月。

③ 王瑞花：《云南山地旅游资源特征及开发保护策略》，昆明理工大学，2005 年。

度假为取向的旅游活动方式。可见国内学者研究与国外偏重实证案例研究相比来讲，更加注重对概念的界定研究。①

笔者认为，随着国家“全域旅游”战略地位的确立和提升，旅游的外延不断地扩大，旅游形式、业态不断升级，原有的界定过于狭窄，所以将“山地旅游”界定为：山地旅游是以良好的山地自然生态环境为基础，以独特的山地人文生态系统为依托，满足旅游者对山地自然景观欣赏和地方文化体验需求，开展的一种以山地为载体的休闲观光、度假健身、运动娱乐、生态保护等为一体的获得身心愉悦的现代旅游方式。简而言之，即是一切与山地环境相关的旅游活动都能纳入山地旅游之中，山地旅游是全域旅游重要的组成部分，也是加强生态环境保护，促进生态文明建设的重要途径。

二、山地旅游与经济发展的关系

贵州是山的王国，山地资源优势突出，是贵州旅游发展的关键。贵州素有“九山半水半分田”之说，山地和丘陵占贵州土地面积的92.5%，山地旅游资源丰富，温泉、洞穴、瀑布、峡谷、湖泊、民族文化、户外运动、红色旅游、地学科普、非物质文化遗产、特色小镇、乡村旅游以及高速公路景观、桥梁景观等多种特色资源共同交织、相互融合。贵州主要是喀斯特地貌，平均海拔在1100米左右，是最佳的度假式、康养式山地空间，在当下更有价值，其优势不仅在于山地观光，而更有条件发展以身心健康为特色的山地避暑休闲、温泉养生、户外运动和民族文化体验等中高端山地旅游产品。“山地塑体、文化铸魂”战略必将使贵州因山而名、因山而特、因山而美、因山而贵。山地是多彩贵州最美的风景，也是贵州人民最美的乡愁。发展山地旅游，对于贵州守住发展和生态两条底线、推动旅游业转型升级、决胜脱贫攻坚具有特殊重要的意义。“中国温泉省、山地公园省”的打造必将贵州建设成为世界一流的山地休闲度假旅游目的地，助推脱贫攻坚，开创百姓富、生态美的多彩贵州新未来，实现建设

---

① 胡叶星寒、陈晓红：《国内外山地旅游研究综述》，河北旅游职业学院学报，2013年9月。

“世界一流的山地休闲度假旅游目的地”的战略目标。近年来，贵州旅游发展势头迅猛，“井喷式”增速加快，空间布局不断优化，旅游支柱产业逐渐形成且不断强化。2017 年，贵州省旅游总人数 74417.43 万人次，比上年增长 40.0%。旅游总收入 7116.81 亿元，增长 41.6%。全年共实现旅游增加值 1500 亿元左右，占 GDP 的比重提高至 11% 左右，占服务业增加值的 25%。入黔游客、入境游客、过夜游客保持较快增长，游客人均花费增至 952 元。2018 年 1—4 月，旅游总收入就达到了 2883.37 亿元，游客接待量达 2.87 亿人次（见表 1）。旅游总体发展势头持续良好，旅游支柱产业对全省经济社会的拉动作用更为明显。

表 1　2016—2020 年贵州省旅游产业主要发展指标

具体指标	2016 年	2017 年	2018 年 1—4 月	2020 年
发展目标旅游总收入（亿元）	5027.54	7116.81 *	2883.37 ※	10000
入境旅游总收入（亿美元）	1.83		—	4.0
游客接待量（亿人次）	5.31	7.44 *	2.87 ※	8.0
入境旅游接待量（万人次）	94.09	—	—	200
旅游人均消费（元/人）	946	952 #	—	1250
入境过夜游客停留天数（天）	1.89	—	—	3.0
旅游业增加值占 GDP 比重	10%	11% #	—	12
旅游带动脱贫人口（万人）	29.4	50 #	—	100
游客满意度指数	74.63	—	—	82

注：* 数据来源于《2017 年贵州省国民经济和社会发展统计公报》，# 数据来源于贵州省旅发委《贵州旅游 2017 年工作总结及 2018 年工作安排意见》，※ 数据来源于贵州省统计局 2018 年 4 月统计月报（下载版），2020 年数据源于《贵州省山地全域旅游发展规划（2017—2025 年）》。

黔西南州是“山的王国”“水的天堂”。南、北盘江形成的千里“水路”，与陆路交通路网连接，水陆互通、景区相连，能把全州的旅游资源、景区（点）纳入网格“一网打尽”。“全区域旅游景区建设、全产业旅游业态培育、全天候旅游市场开拓、全过程旅游服务提升、全社会共同参与开发”的旅游发展新模式将全力打造全域山地旅游新地标，加快全域旅游示范区的创建。[1] 在省全域旅游规划中，黔西南州作为全省七大山地旅游主体功能区之一，承载着“山地旅游+户外运动”的主体功能，黔西南州的总体定位是：世界级山地户外运动旅游目的地，要将“打造世界级山地户外运动第一区，提升国际山地旅游大会影响力，做实国际山地旅游联盟，推动各类赛事活动常态化举办，成为中国山地旅游先锋示范区”作为其工作重点，构建各种新产品和新业态，打造水墨金州，活力黔西南。用3—5年时间，黔西南州极有可能成功创建全国全域旅游示范区，成为全国全域山地旅游目的地。

2017 年全年旅游总人数 4303. 92 万人次，比上年增长 50. 2%。其中，接待国内旅游人数 4299. 81 万人次，增长 50. 5%；接待入境旅游人数 4. 12 万人次，增长 9. 2%。实现旅游总收入 342. 50 亿元，比上年增长 51. 4%。

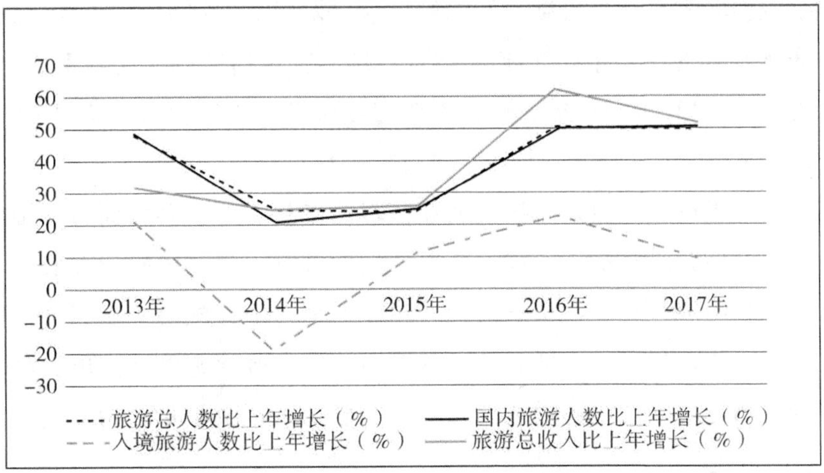

图 1　2013—2017 年黔西南州旅游增长情况

资料来源：2017 年黔西南州国民经济和社会发展统计公报。

册亨县作为黔西南布依族苗族自治州的下辖县，在全省“一核、七区、六带、多门户”的全域化山地旅游发展新格局中，处于南北盘江旅游带。可以南盘江与北盘江为纽带，形成山地户外运动与休闲旅游新典范和

① 全国人大代表、黔西南布依族苗族自治州州长杨永英：《生态文明时代山地最值钱》，《中国旅游报》2018 年 3 月 13 日第 A07 版。

国家级峡谷户外运动基地；丰富“峡谷户外运动+”业态，开发具有国际水准的低空跳伞、户外攀岩、扁带运动、翼装飞行、骑行越野等系列户外运动业态产品；借力国际山地旅游大会与“国际山地旅游联盟”平台，树立南北盘江赛会品牌，推动南北盘江旅游走向世界。另外，全域旅游规划涉及册亨县坡妹镇（69个主题型小镇之一）、岩架镇板弄村、纳福街道秧箐村（150个景区依托型村寨之二）、冗渡镇大寨村、纳福街道红旗村（88个特色产业型村寨之二）、册亨县幸福温泉溶洞旅游景区（55个温泉养生基地之一）、册亨县南北盘江水上康体休闲活动基地（52个运动康养基地之一）等旅游名镇、名村建设必将全县山地旅游整合带动起来，走向更加辉煌的明天。同时在全省旅游资源大普查中，册亨县确立了三级旅游资源共18个（包括已有的和新发现的），如秧坪丫坡洞、睡美人、洛凡燕子洞、八渡龙王石、平班湖、红旗村平寨大榕树群、洛央雾海、布依竹鼓舞、布依族刺绣、南北盘江流域野钓大赛·册亨站等；秧庆万重山景观、亿峰林、双江口、布依转场舞等7个四级资源；大寨民族村寨1个五级资源。

总之，无论是从贵州省级层面还是黔西南州、册亨县级而言，山地旅游业都是全域旅游经济最为优势和重要的增长点，是全省旅游发展中不可或缺的优长组成，省域经济、县域经济发展都与山地旅游密切相关，两者相互促进，相辅相成。山地旅游不仅能为全省全域旅游发展作出贡献，更是实现贵州建成全域旅游示范区、国家生态文明试验区的重要抓手。

三、册亨县山地旅游业发展历程及现状

册亨县旅游发展起步较晚，2008年以来，在全县“创建生态文明县，打造册亨绿色品牌”，建设“山水册页，幸福亨通”新册亨目标指引下，着力培育旅游支柱产业，进一步整合旅游资源、加快重点项目建设、推介布依文化旅游主题，全县旅游业取得了长足发展。自2010年11月被授予“中华布依第一县”名号后，册亨县美誉度不断扩大，加上“中国布依文化保护与传承研究基地”的挂牌，全县集旅游、文化传承于一体的重拳打造极大地推动了旅游进程。2012年启动了《册亨县旅游业发展总体规划》

编制工作，完成了者楼、岩架、丫他等乡镇旅游景点详细规划和重点风景名胜区开发建设专项规划，同年完成了《中华布依文化生态园旅游区》《幸福温泉溶洞景区》《“睡美人”旅游度假区》《“盘江民族风情园”旅游度假区》等四个生态文化旅游发展规划项目的编制和报送。2013 年编制了《册亨县岩架布依文化风情园旅游景区建设发展规划（2013—2022 年）》文本并通过专家评审。2014 年，以打造“中华布依第一县”为核心的《册亨县旅游发展规划》编制完成，为未来全县旅游业的良性健康发展提供了重要的指导依据。“十二五”时期，册亨县景区建设逐步完善，环境治理秩序井然；产业结构调整优化，社会经济良性发展。排除制约因素，实现旅游收入井喷式增长。“十二五”期间，全县旅游接待总人数 330 万人次，同比增长 46.6%；旅游总收入 18.5 亿元，同比增速 50.1%，全县进入山地旅游井喷式发展的新时期。

2015 年以来，册亨县在全州“全力实施大山地旅游战略行动，创建黔西南州世界知名山地旅游目的地、全国山地旅游发展示范区”的新思路新要求和县委、县政府“行走生态之旅，感受田园之美，享受布依之风，体验宜居之地”的发展策略指导下，正式掀起强大的山地旅游发展热潮，县域山地旅游进入快速增长期。

近年来，全县以提升“中华布依第一县”民族品牌为契机，以文化和生态资源为抓手，充分挖掘旅游资源，打造册亨旅游新名片。围绕特色农业抓旅游、围绕自然资源抓旅游、围绕特色城镇抓旅游、围绕特色文化抓旅游、围绕美丽乡村抓旅游。一批批具有地方民族特色的旅游景区陆续在册亨形成。当前册亨县旅游业已初步形成了集生态旅游、文化旅游、乡村旅游、山地旅游、休闲度假、康体养生等为一体的高品质综合性旅游胜地。以册亨·秧箐万重山景区、岩架布依文化风情园、陂鼐古寨、大寨布依文化体验区、羊博园农旅一体化示范基地、板万布依古寨及福尧乡村旅游区等景区（点）为龙头的“全域旅游”发展格局。

四、山地旅游业对册亨县经济发展的促进作用

发展山地旅游的主要目的之一是改善落后的经济条件，提高经济收

入。由于旅游业综合性极强，除直接增加旅游收入外，对当地基础设施建设、交通条件改善、促进劳动就业、生态环境保护等方面都有着重要的推动作用，可以产生良好的经济、社会和生态效益。但是由于旅游资源分布的空间差异性，山地旅游开发往往实现不了区域的均衡发展，总是具有资源优势的地域能够获得较为明显的经济效益，并且即使是同一旅游地，在其不同发展阶段旅游所产生的经济影响也不尽相同。根据旅游地生命周期来看，一般而言，探索阶段旅游收入主要为当地人所得，能够极大促进当地社会经济的快速发展，但是发展阶段经济利益往往被外来投资者剥夺，旅游业作为地区发展的经济力量具有局限性。也就是说山地旅游对经济发展的影响具有时空的差异，同时山地旅游对其他山地经济的影响以及未来的演化趋势也是值得关注的问题。

（一）山地旅游业对县域生产总值的直接贡献

一是从旅游总人数来看。2011 年全年旅游总人数为 18. 64 万人次，比上年增长 11. 5%，其中：一日游游客 3. 52 万人（含自驾游），入境、过境人数 6. 28 万人，过夜 8. 84 万人（含本县内游客当地游住宿）。2012 年全年旅游总人数 32. 5 万人次，比上年增长 74. 36%，是近年来册亨县旅游接待人数最多的一年。2013 年全年旅游总人数 62. 3 万人次，比上年增长 26. 8%；2014 年旅游总人数达 76. 7 万人次，比上年增长 23. 11%。2015 年全年旅游总人数 102 万人次，比上年增长 32. 99%。其中，接待国内旅游人数 102 万人次，增长 32. 99%。2016 年全年旅游总人数 103. 47 万人次，比上年增长 1. 24%。2017 年全年旅游总人数 152. 38 万人次，比上年增长 47. 27%。总体上历年的旅游总人数都是呈现上升趋势，其中 2012 年增长最快，达 74. 36%，而 2016 年增长最小，为 1. 24%，落差极大。尽管旅游人数稳定与否由诸多影响因素，然而从某种程度上仍然看出旅游市场的波动性是值得关注的。

二是从旅游总收入来看。2011 年旅游总收入为 2. 41 亿元（含宾馆、酒店、农家乐、旅游交通运输、旅游产品销售及各种购物等旅游服务行业总收入），比上年增长 12. 2%；2012 年旅游总收入 2. 64 亿元，比上年增长

10.0%；2013年旅游总收入3.16亿元，比上年增长19.6%；2014年旅游总收入4.07亿元，比上年增长28.8%。历年旅游总收入增长率都在10个百分点以上，同时相关旅游服务行业也实现了较快增长。而从2015年大山地旅游蓬勃发展开始，每年的旅游总收入增长率都在持续升高，2015年实现旅游总收入5.23亿元，比上年增长28.5%。2016年实现旅游总收入7.8亿元，比上年增长49.2%。2017年实现旅游总收入11.56亿元，比上年增长48.15%，基本与全省旅游发展保持较高的同步增长率。2018年第一季度，册亨县旅游接待总人数达49.87万人次，增幅达52.14%，实现旅游总收入4.17亿元，增幅为64.8%，[①] 势头迅猛。

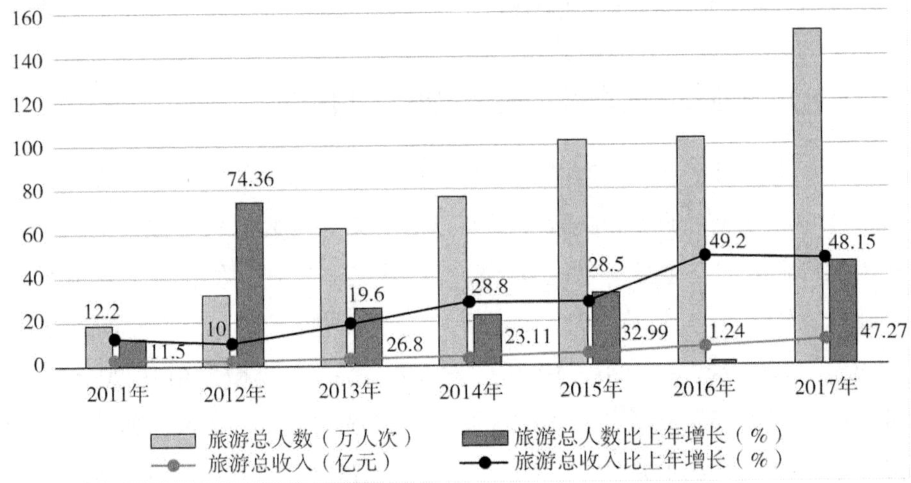

图2　2011—2017年册亨县旅游发展情况

资料来源：历年册亨县国民经济和社会发展统计公报。

三是从历年旅游收入占全县GDP总量的比例来看，旅游收入的比例不断提高，对全县经济发展的贡献率也在逐年增长，特别是2015年大山地旅游战略实施后，每年的旅游收益增加值和增长率都较高，2015年旅游收入占据GDP总量的14.21%，2016年这一比例上升到17.28%，特别是2017年达到22.28%，增加了5个百分点的贡献率。可见，随着册亨县山地旅游的推进，旅游业为县域经济发展的助力不断增强，后劲十足。

① 资料来源：册亨县旅发委提供。

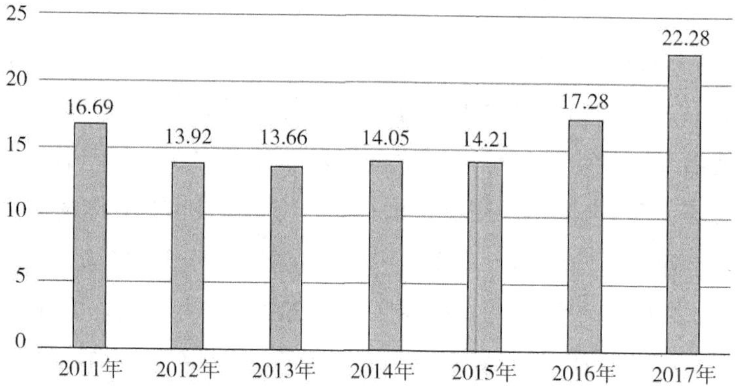

图 3　册亨县历年旅游收入占 GDP 总量的比例（%）

资料来源：历年册亨县国民经济和社会发展统计公报。

（二）山地旅游对产业结构调整的优化作用

近年来，册亨县一直遵循“北畜、中菜、南林”的区域经济发展思路和打造北部产业带的重要决策，牢牢守住生态和发展两条底线，适时调整和优化产业发展，全县特色优势产业加速成长，产业结构优化升级和经济发展方式转变稳步推进。2017 年全县三次产业结构比例由 2015 年的38. 70∶11. 10∶50. 20转型为37. 20∶10. 10∶52. 70。第一产业增加值从 2015 年的 14. 24 亿元增加到 2017 年的 19. 28 亿元，年均增长 16. 36%。第二产业保持稳定增长，增加值从 2015 年的 4. 08 亿元增加到 2017 年的 5. 26 亿元，年均增长 13. 54%。第三产业增加值从 2015 年的 18. 49 亿元增加到 2017 年的 27. 35 亿元，年均增长 21. 62%，[①] 现代服务业初具规模，城市综合体、商贸物流等成为新亮点。

如图 4 所示，册亨县一直以来在产业结构上相对稳定，第一、第二、第三产比例保持在比较固定的状态下，第一产业比例在 30%—32%，第二产业比例在 12%—15%，第三产业比例在 50%—56%；直至 2015 年产业结构有了较大的变化，第一产业比例明显上升，第二产业明显降低，第三产业比例也有些许下降。笔者认为主因应该是“十三五”期间全县发展战

① 根据历年数据计算所得。

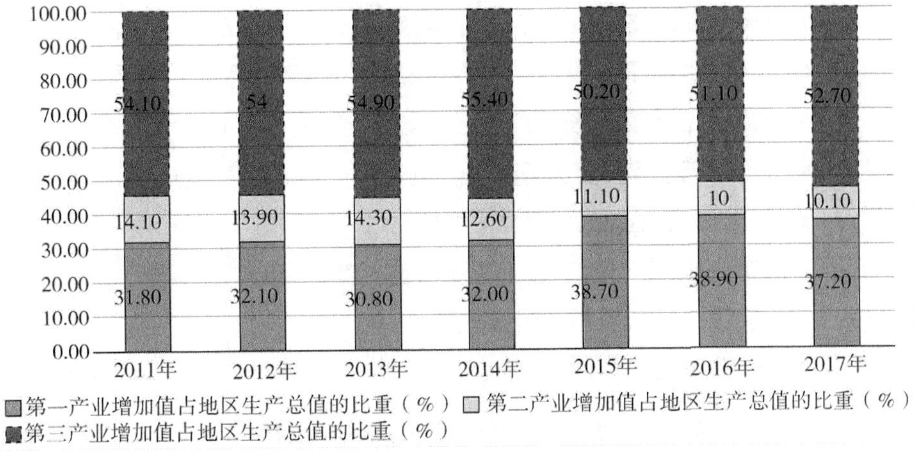

图4　近年来册亨县产业结构状况

资料来源：历年册亨县国民经济和社会发展统计公报。

略的调整以及“扶贫攻坚”战中册亨县“一县一业”特色林产业扶贫项目的推动作用，使得第一产业比例有所升高。仅以2017年为例：全年农林牧渔业增加值203035万元，比上年增长6.7%。其中，种植业增长7.2%，畜牧业增长4.7%，渔业增长8.6%，林业增加值26039万元，增长了9.0%，增长最高。[①] 且从2012年开始到2017年林业增加值以年均17.18%的速度增长，[②] 呈现出较为迅猛的增长趋势。

山地旅游业对全县经济发展产业结构的优化作用体现在：一是旅游业的综合性可以带动相关产业量的增长。如旅游饭店、旅游酒店以及旅游交通运营行业等会随着游客量的增长不断扩展，使得服务业增长速度加快，第三产业增加值提升。如图5所示，近年来册亨县旅游收入在第三产业增加值中所占的比重不断提高，从2012年的27.85%上升到2017年的42.27%，也就是说山地旅游业对全县第三产业发展的贡献率在持续加大，提供了源源不断的动力。

二是对与山地旅游相关产业质的提升。随着旅游发展层次的不断提高，游客需求品质也在不断提升，必然要求有能够与之匹配的品质产品，

① 资料来源：册亨县2017年国民经济和社会发展统计公报。

② 根据历年数据计算所得。

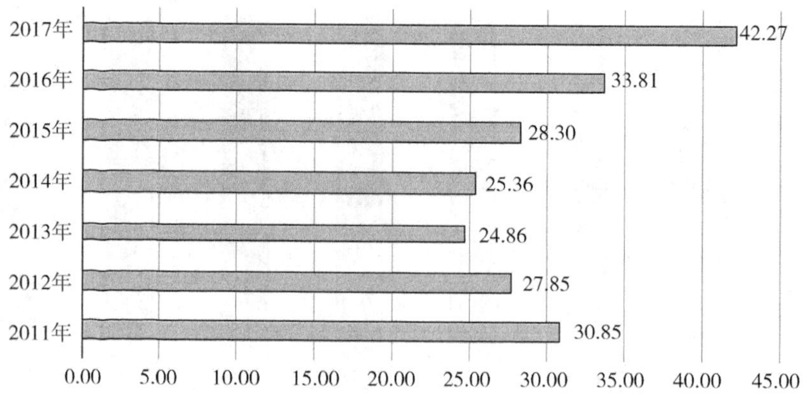

图5 近年来册亨县旅游收入占第三产业增加值的比重（%）

资料来源：根据历年册亨县国民经济和社会发展统计公报数据计算所得。

才能满足游客的各种旅游体验。例如当前火热的“民宿”需求绝不是传统的普通农家乐能够替代和满足的。其次册亨县大山地旅游要走全域旅游的“融合”之路，对相关的农、林、体、工等行业都会有旅游领域特别的要求，那么在很大程度上也会促进这些行业自身的优势发挥和转型，在量和质两方面共同推进产业结构的优化调整。

三是山地旅游业的发展能够最大限度地改变乡村传统的“农业比重大”的根本问题。旅游发展要求改变传统种植养殖方式，应根据市场需求而动，主动积极调整产业结构，使产业结构的调整适应并引导消费结构的变化和升级。如在威旁乡倾力打造集种羊基地、教育培训和乡村旅游观光于一体的农业科技示范园——“羊博园”，充分发挥龙头企业“羊博园”的产业示范作用，逐渐形成以大耳羊、胡羊养殖为主体、特色种植和乡村旅游为带动的产业结构，从而辐射带动周边群众发展。农旅的密切结合也获得了良好的旅游经济效益。节日期间万重山景区、陂鼐古寨、大寨羊博园、岩架布依风情园等景区日均接待游客约6000人次，滑草体验、香蕉采摘、刺绣体验、乡村生活体验等为当地农民带来了可观的收入，村民经营的餐饮店、农家乐、客栈、民宿、小吃摊位等都能为当地群众带来较好的经济效益。

四是山地旅游必须与本土特色优势相结合，可以促进多种新型业态的产生，从而优化产业结构。如册亨作为“中国布依第一县”，应重点打造“山地＋布依民族文化”，同时“山地＋避暑休闲”“山地＋生态观光”“山地＋养生度假”“山地＋户外运动”“山地＋科普研学”等“山地＋”旅游产品也是重要的增长点，“山地＋”乡村旅游、工业旅游、自驾车旅居车旅游、低空旅游、桥梁旅游、商务会展、购物旅游、文化演艺等其他新产品、新业态应运而生，更能够形成观光、休闲、度假并重的全域“山地＋”旅游产品体系。

（三）山地旅游对基础设施建设的促进

旅游发展对相关基础设施建设具有极大的依赖性，尤其是旅游交通是连通客源地与旅游目的地之间必不可少的桥梁，交通条件的好坏直接决定了景区景点的可进入性、游客的体验和舒适度。承载山地旅游的特殊的自然地理条件更需要交通条件改善的支撑，因此，山地旅游业对县域基础设施建设的促进不仅体现在旅游业本身相关建设上，还能惠及大众生产生活，在带来良好经济效益的同时实现良好的社会效益，提高人民的幸福感和获得感。

1. 相关景区景点旅游项目的建设

册亨县以打造特色山地旅游目的地和“贵州三亚”冬季康养中心为目标，整合美丽乡村建设、农村综合治理、乡村旅游发展等项目资金，启动万重山景区（一期）、岩架布依风情渔港小镇（一期）、陂鼐古寨、福尧福寨、板万古寨等景区景点建设，其中万重山景区、岩架布依风情渔港小镇、陂鼐古寨已通过国家3A级旅游景区评审。建设羊博园农旅一体化、香蕉大数据扶贫产业园、五彩布依谷等农旅、文旅项目，建成中华布依艺苑中华布依博物馆、中华布依锦绣坊等。以省道313和国道522公路为轴线，经陂鼐古寨布依文化体验区至万重山山地运动体验区，再到岩架冬季康养旅游区的旅游走廊已初具雏形。加快旅游交通设施建设，强化同周边知名旅游组团之间的交通联结，形成片区大容量、高安全、快速度、无障碍旅游环线。建设以高等级公路为主体的快速旅游线路，完善县域铁路、公路、水路相结合的旅游网络结构，使主要旅游景区景点间交通便捷，与干线公路有效连接。推进道路的旅游标识系统建设，规划一批汽车营地。增强景区配套设施及服务功能。建设景区道路、通信、供水、供电等基础设施和垃圾、污水收集处理设施。应用信息化技术，规划实施景区标识系统。建设安全防护设施，提高应急救援能力。加快覆盖主要旅游城镇、景区的游客接待中心建设，完善交通通信、旅游咨询、医疗卫生保障、旅游公厕等公共服务设施，支持有条件的乡镇建立旅游网站。

2. 山地旅游配套设施的建设和完善

全县紧紧围绕旅游的六大要素来夯实基础设施，全方位推进旅游配套。一是食之放心。积极引导支持县内餐饮企业经营本地特色餐饮，挖掘创新特色餐饮文化。引进中华布依美食坊等大型餐饮企业，引导群众开办乡村农家乐，实行规范化管理，2017 年按照省标评审授牌三星级农家乐 18 家，通过挖掘美食文化和实行规范化经营，让游客吃出特色、吃出健康，实现食之放心。二是住之安心。改造升级册亨大酒店、秧弄驿站等一批酒店，加快新锦国际酒店、中央花园酒店建设。加强以星级系列饭店为主体，以乡村旅店、家庭旅馆、生态木屋等为补充的设施建设，增强住宿接待能力和服务水平，让游客实现住之安心。三是行之顺心。依托汕昆、望安两条过境高速和安册二级公路为主动脉，以乡村道路为毛细血管，完善综合立体交通路网，全县已实现村村通硬化路，公路通车里程达 2140 公里，“组组通”工程稳步推进，将以便捷的交通条件，助推全域旅游发展，让游客感受到行之顺心。四是游之舒心。深入开展“平安册亨”创建活动，在核心景区、重要地段开展平安示范创建，建立健全旅游业诚信经营制度，山地旅游警察入驻景区强化保障。以“全国平安示范县”“省级文明城市”的形象让游客游之舒心。五是购之称心。推出布依刺绣、灵芝酒、茶籽油、五色糯米饭、生态香蕉等特色商品；加快推进在线服务、网络营销、网上预订、电子支付等旅游电子商务服务，实现购物的快捷方便。加强市场监管，严格实行明码实价，严厉打击宰客、欺客、短斤少两等行为，营造良好的全域旅游消费环境，让游客购之称心。六是娱之开心。积极推动节庆与地域、民族文化和旅游资源的深度融合，推出徒步、露营、野钓、滑草、布依转场舞等一批具有地方民族特色、山地特色的高品质娱乐项目，打造了《音画布依》《榕朵》等布依特色歌舞剧，引导娱乐活动向特色化、品牌化发展，让游客感受文化魅力，使游客娱之开心。在此基础上，重点推进县城和中心城镇旅游服务水平上一个新台阶，完善配套服务功能，修建者楼布依文化城，集住宿、购物、娱乐于一体，使者楼镇成为旅游综合服务中心和对外形象窗口，带动全县旅游整体服务能力提升，把者楼、岩架、丫他、巧马等建成省、州级优秀旅游城镇。

3. 山地旅游投资总量大、增速明显

册亨县2015—2018年服务业（文化和旅游）投资项目合计有28个，总投资33.32亿元，截至2017年前到位资金25.12亿元。在投资增速上，2015年服务业（文化和旅游）投资项目合计有13个，总投资19.95亿元，截至2017年前到位资金14.24亿元。2016年服务业（文化和旅游）投资项目合计有10个，同比减少3个项目，总投资7.22亿元，同比降低63.80%，截至2017年前到位资金7.16亿元，同比降低49.72%。2017年服务业（文化和旅游）投资项目合计有3个，同比减少7个项目，总投资3.45亿元，同比降低52.22%，截至2017年前到位资金2.66亿元，同比降低62.84%。2018年服务业（文化和旅游）投资项目合计目前暂有2个项目，同比减少1个项目，总投资暂为2.70亿元，截至2017年前到位资金暂为1.06亿元；大总量、快速度的文旅投资必将使全县的旅游基础设施更加完备，层次有所提升，旅游接待能力和服务水平提高，为山地旅游的发展奠定更加坚实的基础。

（四）促进脱贫攻坚的开展

册亨县通过编制《全县旅游扶贫三年作战计划》，从承接对标省州九大旅游扶贫工程，立足突出县域优势，补齐基础设施短板，对旅游基础设施、景区带动、文化+旅游、教育培训等九大扶贫行动精准细化到乡镇、到村、到项目；强化旅游扶贫云系统填报。对贫困村的乡村旅游发展情况调查，摸清底数，录入相关信息。加大旅游扶贫项目申报，确立乡村旅游扶贫重点村、旅游厕所革命、支持创建，规范管理；加强营销，拓展客源等方式全方位地对贫困地区进行旅游扶贫，取得了显著效果。

1. 超常规开展旅游精准扶贫

册亨县全力开展"乡村旅游扶贫工程",集中力量打造8个省级乡村旅游扶贫示范村,打造100个以上乡村旅游扶贫示范点(户),构建起县、乡、村三级联动的旅游扶贫机制,实现规划指导和培训"全覆盖",旅游宣传和线路组织"全覆盖"。把旅游扶贫作为做优乡村旅游增量、做大乡村旅游总量的切入点,在乡村旅游扶贫过程中挖掘新资源、开辟新空间、组织新线路、推出新产品,打造全民参与的乡村旅游扶贫产业链和山地旅游扶贫示范带,推行"农民变股民、资金变股金、资源变股权"的乡村旅游发展新模式,使扶贫成为全县旅游业新的经济增长点。

2. 紧扣脱贫攻坚,推进全产业融合

充分利用旅游业综合性强、带动力大、辐射面广的特点,积极推动"旅游+"战略。依托"中华布依第一县""国家主体功能区试点示范县"两张名片,打造以"锦绣计划"为代表的"文化+旅游"、以羊博园农旅一体化项目为代表的"农业+旅游"、以山地户外运动和滨江水上运动为代表的"体育+旅游"、以岩架渔港小镇等低温河谷地带冬季康养为代表的"康养+旅游"。通过大力发展全域旅游,引导群众通过景区建设、提供运输服务、住宿餐饮服务、农副产品种植加工、生产资料入股分红、"特惠贷"入股分红等形式参与到旅游产业中来,共享旅游产业发展红利。目前已通过发展旅游产业,直接提供就业岗位2760余个,直接解决贫困群众就业1690余人,辐射带动6800余名贫困群众实现增收。预计到2019年,可通过发展旅游业带动13800人增收脱贫。

2017年末,全县农村贫困人口37031人,全年农村贫困人口脱贫6230人,贫困发生率下降至16.54%,比上年末下降0.3个百分点。启动农村"组组通"三年大决战,建成"组组通"公路310.18公里。完成易地扶贫搬迁13675人,农村危房改造4746户,资助贫困家庭学生48241人次。按照"旅游发展带动扶贫开发,扶贫开发促进旅游发展"的工作总基调,脱贫攻坚三年行动计划下达册亨县的旅游扶贫目标任务是13800人,2017年度目标任务数为2140人。截至2017年11月20日,册亨县通过发展乡村旅游,共带动1926名建档立卡贫困人口增收,提供就业岗位22000个并带

动其增收。贫困劳动力全员培训任务数（建档立卡）188 人，其中旅游培训任务数 100 人，完成培训 54 人；文化培训任务数 88 人，完成 59 人。截至 2017 年 12 月上旬，全县通过发展乡村旅游，接待国内外游客 152.5 万人次，旅游综合收入 15.79 亿元（接待游客数与收入均为上报数据），册亨县 2017 年度旅游工作目标责任书全年完成旅游收入为 11.7 亿元，共带动 3152 名贫困人口增收，完成任务数为 147.3%。

（五）对乡村振兴战略实施的推进

实施乡村振兴战略，是党的十九大作出的重大决策部署，是决胜全面建成小康社会、全面建设社会主义现代化国家的重大历史任务，也是新时代“三农”工作的总抓手。实施乡村振兴战略，要按照“产业兴旺、生态宜居、乡风文明、治理有效、生活富裕”的总要求，让农业成为有奔头的产业，让农民成为有吸引力的职业，让农村成为安居乐业的美丽家园。册亨县紧紧围绕“北畜、中菜、南林、全旅”产业发展战略和建成经济繁荣、社会进步、生活富裕、生态良好、民主法治的幸福册亨的目标，建立健全城乡融合发展体制机制和政策体系，加快推进乡村治理体系和治理能力现代化，加快推进农业农村现代化，实现乡村振兴，让农村成为有吸引力的沃土和安居乐业的美丽家园。

首先，从产业兴旺上，山地旅游业能够调整和优化农村产业结构，改变传统粗放型的经营模式，增加农民发展产业的选择面，促进农民参与到旅游开发中来共享红利。其次，旅游必须依赖于良好的生态环境和文明有序的乡村民风民俗才能取得长足的发展，两者之间是相辅相成的。山地旅游的最终目标应该是经济效益、社会效益和生态效益三者的统一，必然能够推进乡风文明建设。事实上，“乡村振兴”的终极目标与旅游发展、生态文明建设目标完全是一致的，都是为了实现人口、资源、环境、生态等要素的和谐统一。

在册亨县乡村振兴三年行动计划项目表（2018—2020 年）中，涉及的文化旅游类项目一共有 15 项（其中，旅游类 7 项、文化类 5 项、文化旅游类 2 项、体育类 1 项），投资总计 142020 万元，包括万重山峰上云溪观景平台、万重山绕村公路建设、千条水地景跳台、万重山天空步道、万重山枫香温泉度假酒店、平寨古榕树群城区生态公园、中华布依文化产业园、册亨县乡村旅游扶贫工程、村级体育场地建设、乡镇级综合文化广场、村级文化活动广场等项目，这些项目的投资建设不仅能够为全县9个镇1个乡2个街道的村庄旅游配套基础设施添砖加瓦，更能极大丰富人民的休闲娱乐生活，更有利于册亨县非物质文化遗产的保护和传习。再加上册亨县农村生活污水处理工程、册亨县农村生活污水处理二期工程、册亨县农村“三改”项目等环境综合整治项目的开展，旅游对乡村振兴战略实施的推动作用会更加显著和具有成效。

（六）“文旅”结合推动文化产业发展

作为“中华布依第一县”，册亨有着不可替代的民族文化优势。册亨县在山地旅游发展进程中，紧紧围绕深厚的布依文化来打造旅游产品，共同促进了旅游和文化产业的协同发展。

一是依托“中国·册亨布依文化年活动”这一平台，多方促进册亨旅游形象的塑造和提升。本着“传承布依文化、弘扬民族精神、保护生态文化、促进文化交流、增进民族团结、构建和谐社会”的宗旨，充分展示了布依族文化魅力、人文景观、城乡新貌和旅游文化，塑造了良好的旅游形象，提高了册亨知名度和美誉度。二是通过各种各样内容丰富多彩的节庆活动的举办打造文化品牌。历年“册亨县布依情歌大赛”都为“中华布依第一县”和“布依文化保护与传承研究基地”知名品牌的打造和不断挖掘、保护和弘扬布依民族文化添砖加瓦。例如，2016中华布依文化年暨首届全国少数民族刺绣艺术节的举办就为“中国布依族刺绣艺术之乡”文化名片的打造提供了平台，效益良好，不仅使资源优势转化为经济优势促进百姓收入倍增，还能激发布依刺绣艺术的长久生命力，利于文化的保护和传承。2017年5月举行的“山水布依·手绣册亨”旅游推介暨旅游座谈会采取现场观摩的方式向外界推送册亨布依刺绣，促使其走向市场，与时俱进，将传统工艺与现代元素相结合，产出符合现代审美且具有市场占有率的旅游产品，给予布依刺绣的活力。三是大力打造和包装成型了一批具有深远影响力的文化作品：如现代生态舞剧——《利悠热谐谐》、大型布依戏剧——《谷艺神袍》、原生态布依戏——《罗细杏》、布依文化年活动等，从而充分发挥了山地旅游对文化产业发展的巨大推动作用。

（七）推动生态文明建设

作为石漠化发生率（58.43%）排全省第二的县，[①] 册亨在生态建设方面面临巨大的挑战，然而近年来全县的生态环境改善成效十分显著。如表2 所示：全县森林覆盖率从2012 年的61% 上升到2017 年的67.66%，提升了6.66 个百分点，一直处于持续上升的趋势。城乡生活垃圾无害化处理率从2012 年的41.5% 提高到2017 年的85.71%，整整上升了43.67 个百分点；全年的二氧化硫排放量在持续下降，饮用水源地水质达标率早已达100.0%。

表2　近年来册亨县生态建设指标变化情况

指标名称	2012年	升降幅度	2013年	升降幅度	2014年	升降幅度	2015年	升降幅度	2016年	升降幅度	2017年	升降幅度
森林覆盖率（%）	61.00	1↑	62	1↑	64.03	1.03↑	67.56	3.53↑	69.36	1.8↑	67.66	—
污水处理率（%）	95.00	42.2↑	95	—	66.7	—	84	19.3↑	93.63	9.63↑	88	5.63↓
城乡生活垃圾无害化处理率（%）	41.50	8.8↑	42	—	70	—	89.08	—	85.5	—	85.71	—
全年二氧化硫排放量（吨）	828	19.77↓	395	52↓	390	1.2↓	—	—	—	—	—	—

资料来源：根据历年册亨县国民经济和社会发展统计公报数据整理。

尽管生态环境的改善是城建、水保、林业、国土、企业、居民等共同促进的结果，但是笔者认为山地旅游业在生态环境的改善、生态文明的建设上同样具有较大的促进作用，主要体现在以下几个方面：

① 册亨县林业局：《滇黔桂石漠化片区贵州省黔西南州册亨县情况》，2016 年第3 期。

首先，山地旅游业本身具有强大的统筹功能。山地生态系统是一个集自然环境差异性和生态环境多样性于一体的复杂地理单元，承载着国家生态主体功能区作用，本身就是国家生态安全的重要组成部分；山地旅游能将周边山、水、田、园资源有机整合划分，有利于统筹处理好保护基本农田、保护生态和城镇建设、乡村振兴之间的关系，实现集约化土地利用与旅游、文化及相关产业的有机融合发展。在旅游空间优化中，全县能够将石漠化治理、荒山荒坡整治、开发建设用地的丘陵缓坡整治等有机结合起来，也能带动村庄并点布局的优化，为乡村振兴战略中的迁村并点、产业调整等提供参考依据。正是山地旅游强大的整合统筹功能能够使诸多复杂生态问题统一到旅游规划中实施，使问题迎刃而解。

其次，山地旅游是生态文明试验区建设中不可或缺的优长组成。《国家生态文明试验区（贵州）实施方案》的总体目标是建设“多彩贵州公园省”，山地旅游无疑是贵州守住发展和生态的两条底线，正确处理发展和生态环境保护的关系，在发展经济的同时利于生态环境保护的绿色产业，更是“多彩贵州公园省”建设中不可或缺的重要途径。山地旅游从始至终都是集环境保护和旅游经济发展于一体的绿色产业，在传播生态文明理念和提高生态文明意识、培育绿色文化、完善绿色制度等方面具有举足轻重的作用；当前形势下山地旅游发展路径正好是大生态、大数据、大旅游、大开放的高度融合，全方位全领域地发挥着积极作用，可见山地旅游是贵州生态文明试验区建设中不可或缺的重要一环，也是时效性最强、见效最快、最绿色、最环保、快速实现百姓富与生态美有机统一的关键领域；册亨县作为国家生态主体功能区，更是生态文明试验区中的重要组成部分，长足发展的山地旅游将会全力推进县域、省域层面的生态文明建设和发展。

最后，山地旅游能够促进生态山地城镇化建设。山地旅游发展规划必须是对土地利用总体规划、城乡建设规划、林地保护利用规划、山水田园民族风情体验区规划、农业产业园规划、水资源保护利用规划和生态保护建设规划等专项规划系统梳理和定位的基础上才能制订，在此过程中，山、水、田、园等资源的有机整合必须和村庄建设、城镇化发展等相互统一，优化产业布局和各空间功能定位，才能形成集综合性、多样性、观赏性于一体的生态景观带。全县旅游特色小镇建设目标应是集旅游、度假、会议、产业功能于一体的国际生态山地城镇示范基地和中国时尚旅游休闲度假示范区。打造“城在山中、房在林中、水在城中、人在绿中”的独特城镇，走一条土地节约集约利用，人民生活全面小康，基础设施和公共服务水平大幅提高，片区生态品质稳步提升的全域生态山地城镇化发展道路。

五、册亨县未来山地旅游发展构想

尽管册亨县山地旅游业的发展如火如荼，取得了巨大成效，但是仍然存在诸多制约因素。体现在：山地旅游景点分布较散，规模较小，未形成规模优势；各要素发展水平较低，客户满意度一般。旅游基础设施仍不够完善，接待能力受限，离国家级旅游度假区标准还有很大差距。旅游项目投资大、回收慢、市场风险大，社会资本投入旅游业的积极性不高，招商引资难度较大。民族旅游不够规范，接待水平有待提升，脏乱差现象依然严重。入境游客、过夜游客人数占比较低，旅游业对经济的带动作用没有充分发挥出来。目前的旅游线路简单，产品单一，项目吸引力不强，游客的选择性不多。项目大多还停留在观光游览层面，参与体验性不够，对游客的吸引力不强，也影响了旅游二次消费的收入。乡村游的人数虽然不断增多，但旅游消费依然不够理想，还处在“旺丁不旺财”的局面。旅游专业人才匮乏，严重制约旅游业发展。旅游线路的设置没有与周边县市形成资源互补，联动性不强。宣传力度不够，外界知晓率和影响力低，山地旅游业对县域经济发展的贡献率仍然较小。

册亨县属于10个县域第三方阵乙类县之一，在2017年市（县）综合测评中，以78.08分位居第四位，仅次于荔波县、关岭县和望谟县；然而针对旅游发展综合评价指数而言（见图6），则以73.43分位居第九位，仅比望谟县高0.41分，低于第一位的荔波县9.47分。说明册亨县受到其他县域的区域分流和制约相当严重，并且册亨县缺乏能够与之抗衡的具有国际知名度的旅游产品，荔波有世界自然遗产南方喀斯特，大小七孔旅游景

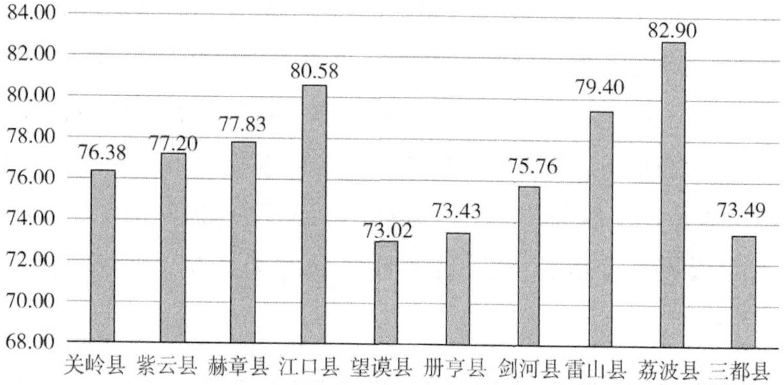

图6 2017年县域第三方阵乙类县旅游发展综合评价指数（分）

资料来源：册亨县统计局提供。

区；雷山县有西江苗寨，剑河温泉、江口梵净山（世界自然遗产、中国佛教名山等）、紫云格凸河等都已具有多年深厚的旅游知名度和影响力，册亨在同类县域范围内的空间竞争相当大且处于劣势。

基于此建议未来册亨县山地旅游发展从“产品构建、产业融合、区域协作、服务提升”几个方面入手。一是“山地+”旅游产品构建。册亨县应重点打造“山地+布依民族文化”“山地+避暑休闲”“山地+生态观光”“山地+养生度假”“山地+户外运动”积累旅游产品，积极发展“山地+”乡村旅游、城市休闲、自驾车旅居车旅游、低空旅游、商务会展、购物旅游、文化演艺等新产品、新业态，着力打造全年、全天候的旅游产品，将核心山地旅游资源转化为旅游精品，形成观光、休闲、度假并重的全域“山地+”旅游产品体系。重点推进布依族民族文化的旅游开发，深入挖掘布依民族生态博物馆的潜力，开发保护与传承旅游。大力开发布依刺绣等手工艺品、特色旅游纪念品等旅游商品。二是“山地旅游+”产业融合发展。全县高位推动、分类推进旅游与体育、扶贫、金融、大数据、大健康、水利、商贸会展、科普研学、山地高效农业、林业、新型工业化、新型城镇化等融合发展，形成有力的产业支撑。针对册亨县实际可重点发展“山地旅游+体育”“山地旅游+扶贫”“山地旅游+大健康”“山地旅游+高效农业”“山地旅游+林业”“山地旅游+生态城镇化”发展。在体育方面可依托山地户外运动资源，将体育设施融入景点、景区、公园、林区和水库，加强体育旅游基础设施建设，高规格办好国际山地旅游暨户外运动大会及各类国际山地体育赛事。培育民族特色体育旅游项目和体育旅游新业态鼓励传统与现代结合，丰富体育旅游新业态。在林业方面以生态公益林、国有林场、自然保护区、湿地公园、森林公园等为重点，充分发挥绿色发展优势，加强林业与旅游产业融合发展，开发一批特色鲜明的森林旅游产品，提高林业的综合价值。积极推进森林公园、森林康养基地、森林步道、生态廊道建设，鼓励“森林人家”“森林小镇”“森林城市”发展，实现森林资源保护和利用的有机统一，助推林业转型升级和林旅产业一体化发展。三是山地旅游的区域协作。继续抓住册亨县每年国际山地旅游暨户外运动大会、布依族文化年活动、“三月三”等传统固定的年节机遇，不断拓展其产品空间和客源空间，客观认识“过境通道”的现实，与各大旅行社、媒体、相关区域和部门合作，将更多的客源引流过来的同时积极融入黔西南州和其他具有旅游优势的县份，在做好“旅游通道”的基础上逐步转型为真正具有吸引力和竞争力的“旅游目的地”。四是山地旅游的服务提升。充分考虑旅游功能、旅游需求和旅游要素，进一步扩大交通运输有效供给，优化全县山地旅游业发展的基础条件，构建“快旅慢游深体验”的旅游交通体系。着力构建和提升旅游公共服务水平，重点建设旅游集散服务网、自驾车旅游服务网、智慧旅游服务网等，将册亨县融入全省旅游公共服务一张网中，细节处关注旅游标志标牌工程、旅游厕所革命工程、旅游公共服务标准化工程、旅游软环境服务工程等四大旅游公共服务工程，构建“满意在册亨”的品质服务，促进整体服务环境提升。

山地农业促进册亨县经济发展研究

游建民[①]

摘要： 册亨县地形以山地丘陵为主，农业资源丰富多样，具有发展现代山地特色农业的有利条件。党的十八大以来，册亨县牢牢守住发展和生态两条底线，正确处理发展和生态环境之间的关系，坚持走突出特色、集聚集约、绿色生态、增效增收的现代山地特色高效农业发展路子，以农业增效、农民增收、农村发展为目标，积极调整和优化农业产业结构，全面提升农产品市场竞争力，推动农业产业化纵深发展，农业综合效益大幅提高，现代山地特色农业发展步伐加快。本文立足册亨县农业发展实际情况，分析了册亨县发展山地农业的基础条件，并对其现阶段的发展状况进行了解析，如总体现状、产业结构、主要农业产业现状、供给侧改革现状等，在解析册亨县农业发展现状的基础上，指出了册亨县发展山地农业的问题，并有针对性地给予了可行性的对策建议。

关键词： 册亨县　山地农业　特色产业　产业结构

册亨县位于贵州省西南部，黔西南州东南端，地处云贵高原向广西低山丘陵过渡的斜坡地带，境内有珠江上游两大支流南、北盘江环绕，山高谷深，平地资源匮乏，山地资源较为丰富，适宜大力发展山地特色农业。党的十八大以来，册亨县根据党中央和国家的指示精神，按照“北畜、中

① 游建民，贵州省社会科学院工业经济研究所研究实习员。

菜、南林、全旅”发展规划和“民族特色、山地经济”发展路径，全力进行现代特色高效农业建设，扎实推进农业现代化与新型工业化、信息化、城镇化同步发展，农业发展取得了巨大成就，农村经济发展水平上了一个新台阶。党的十九大报告和2018年中央一号文件相继提出，坚持农业农村优先发展，按照产业兴旺、生态宜居、乡风文明、治理有效、生活富裕的总要求，加快推进农业农村现代化，实施乡村振兴战略，这不仅为册亨农业发展指明了方向，也提出了明确要求。由此，发展现代山地特色高效农业是全面贯彻落实党的十九大报告以及中央一号文件关于现代农业发展精神的重要体现，更是乡村振兴战略题中之义，对于推进农村改革发展、促进农业提质增效和提高农民生活水平具有重要意义。

一、册亨山地农业的基本特征

从当前看，册亨县发展山地农业，主要是为了转变传统的农业生产方式，推进实现农业增效、农民增收、农村发展，与全国同步建成小康社会。而推进册亨现代山地农业的发展，首先必须从认识册亨山地农业的基本特征入手。根据自然环境条件对农业生产活动的影响，特别是地形地貌的制约作用，农业可划分为山地农业、平原农业和水域农业等三种类型。按地质学分类，山地是指海拔在500米以上，由众多高山、丘陵、山谷连绵交错组合而成的呈脉状分布的地表形态，册亨县平均海拔皆在500米以上，是名副其实的山地县域。地形复杂，生态环境脆弱，耕地破碎，具有以下最基本的特征：区位边缘性、农业资源稀缺性、生态环境脆弱性、山地农业多样性。正是这些独有的基本特征使得册亨山地农业与其他地区的农业有所区别。

（一）区位边缘性

册亨县位于贵州省西南部，不沿江、不沿海、不沿边，远离区域性社会经济增长中心，山高路远，交通闭塞，区位上的边缘性突出，表现为：不可接近性和不可进出性，即距离遥远、交通设施落后、环境封闭和有限的流动性。区位上的边缘性导致了册亨在经济、文化和政治上的边缘化，与外界的商贸交流、信息交流和人才交流困难，在很长的时间里处于一种自我封闭式的自给自足的传统社会经济状态。这种状况限制了册亨县农业产业化经营水平的提高，又由于农户居住分散，交通不便，信息不畅，农产品生产成本高，规模化效应难以形成，致使农产品的商品化率较低，不具有市场竞争优势。近年来，虽然册亨农村交通条件得到极大改善，实现了“村村通”，但农产品从生产到销售的整个环节上的运输成本仍然高于其他平原地区。

（二）农业资源稀缺性

对于册亨山区而言，受区位边缘性和经济空间边缘化的制约，通过区域贸易方式来解决食物供给问题，有较高的成本，很大程度上只能依靠本地土地资源来解决食物供给问题。然而，受地形地貌和海拔高度的影响，册亨县宜于垦殖耕作、坡度相对平缓的土地资源十分稀缺。从册亨的实际情况看，全县国土总面积为2598平方千米，常用耕地面积为371.18平方千米，人均2.28亩，远远低于全省平均水平，加之耕地破碎分散、质量低，多数耕地生产力水平较低，工程性缺水严重，导致册亨农业综合生产力水平低下，农村贫困面广，贫困程度深，少数民族地区的贫困发生率高。农业资源的匮乏与不断增长的生产生活需求之间的矛盾日益突出，处理发展与生态环境之间关系困难，由此需要迫切发展现代山地特色高效农业，缓解这一矛盾。

（三）生态环境的脆弱性

山地农业生态环境的脆弱性，主要是指由于受海拔、陡坡以及地质、土壤和气候因素等方面的影响，山地生态系统承受外部干扰的能力极其脆弱，各种以山地资源为开发对象的物质生产活动，特别是以破坏地表植被为基础的农业垦殖活动，极易导致水土流失、滑坡、石漠化等环境灾害。[①]而这种生态破坏在多数情况下是不可逆的，修复过程漫长，成本较大。对

① 程厚思：《云南农业发展研究》，云南科技出版社，2001年版。

于册亨来说，在高原、山地和喀斯特三重脆弱生态环境的叠加作用下，农业自然环境极为恶劣，生态环境的脆弱性明显，土地破碎、土壤瘠薄、水土流失严重，石漠化面积大，自然灾害频发。生态环境的脆弱性必然导致山地农业经济系统的脆弱性，受复杂多变生态环境的影响，册亨山地农业的单位面积产值处于水平低、不稳定的状态。

（四）山地农业的多样性

山地农业的多样性既表现在作为其自然资源基础的物种资源及生态环境的多样性上，也表现在反映其社会文明程度的经济、技术、文化等体系构造的多样性上。[①] 册亨县有汉、布依、苗等 20 个民族，为多民族地区，在地貌上为低山侵蚀山地峡谷区，异质性突出，山区、高原和喀斯特构成了其独特的自然环境条件，一方面决定了册亨农业发展方向必须是现代山地特色农业；另一方面造就了册亨独特的农业生态环境和生物多样性，孕育出了大量的具有鲜明地方特色的品种资源和优质多样的农产品，如，五色糯米饭、野山茶籽油、布依特产灵芝酒，塑造出丰富多彩的文化，如布依戏、民族舞蹈、民歌对唱等。

二、册亨县发展山地农业的基本条件

（一）自然条件

册亨发展山地农业有着得天独厚的自然条件，先天优势明显。从地形地貌上看，册亨地处云贵高原向广西低山丘陵过渡的斜坡地带，为低山侵蚀山地峡谷区，境内山地多，平地少，耕地破碎，中田少土多，坡耕地面积大。地势西北高、东南低，平均海拔 830 米，西北大部分地区海拔在 900—1200 米，中部在 900 米左右，东南部在 400—600 米，适合立体农业的发展；从气候资源上看，册亨县境内气候属亚热带温暖湿润季风气候，光照充足，热量丰富，雨量充沛，雨热同季。年均日照 1514 小时，年均气

① 刘兆麟：《跨世纪的湖北农业生态环境》，中国农业出版社，2000 年版。

温 19.2℃，年均降雨量 1340.7 毫米，无霜期 345 天，素有“天然温室”之称，适宜各类作物生长；从水源分布上看，境内河流多，降雨充沛，水源丰富，流域面积在 20 平方千米以上的河流有 15 条，总长 363.3 千米，流域面积 2117.9 平方千米。年均径流量 13.66 亿立方米，这为农业灌溉用水提供了较好的水源条件。

（二）基础设施条件

册亨山地农业的发展在地理空间上具有一定的封闭性和孤岛性，而交通运输条件的改善则能弱化农业区位条件的制约作用。近年来，册亨交通条件大幅改善，以各类交通为载体的通道建设，促进了山地农业的良性发展，缩短了与区域范围内中心城市的经济距离，增强了周边经济发达区域对山地农业发展的辐射作用，城市带动力增强。目前，册亨人、财、物等进出通道更加方便，截至 2017 年末，公路通车里程 1512.317 千米，其中高速公路通车里程 73 千米。铁路总里程 50 千米，内河航道里程 226 千米。公路货物周转量为 14322 万吨·千米，公路旅客周转量为 11840 万人·千米。近年来，正在加快推进“一高二横三纵四连五通”公路网建设，建成了汕昆高速和望安高速册亨段，基本建成册亨至望谟二级公路，册亨至贞丰、高洛至平华二级公路也在开工建设，改写了册亨县没有高速公路的历史。农村出行条件得到彻底改善，行政村通畅率大幅提高，实现“村村通”目标。同时，岩架至平华产业路在有序推进，建成弼佑等 4 个乡镇客运站和一批便民码头、便民桥。从水利条件上看，册亨水利设施极大夯实，农村用水更加放心便利。正在加快推进“1+16”骨干水源工程建设，建成册亨水库主体工程，册亨水库蓄水至 726 米高程，三岔河、新花等 6 座水库建设和双江等 5 座水库前期工作有序推进。完成县城、秧坝、丫他等防洪工程及 7 条中小河流治理，治理水土流失面积 75 平方公里，治理病险水库、山塘 4 座，整治国土项目 96 处，新增耕地 1.29 万亩，农田灌溉面积由 6.36 万亩增加到 12.89 万亩。

（三）劳动力条件

发展山地农业，由于受地形地貌影响，高低落差大，地形较为破碎，机械化作业开展不便，对劳动力的需求量较大。根据2017年册亨县国民经济和社会发展统计公报数据得知，2017年，册亨常住人口18.66万人，户籍人口244079人，按城乡分，城镇人口48332人，乡村人口195747人，城镇人口占年末户籍人口的19.80%，乡村人口占年末户籍人口的80.20%。从数据上看，一方面册亨劳动力净流出仍然严重，净流出量达6万余人；另一方面，乡村人口占比较大，农村富余劳动力较多。不过，总体而言，册亨发展山地农业还是存在较为丰富的劳动力资源。

（四）市场需求

山地农业的发展需要紧跟市场，坚持以市场为导向，以市场需求为驱动力。当前，随着人民生活水平和收入水平的提升，人民对农产品需求的层次也在逐步提升，对农产品的品质、种类、样式提出更高的要求。这为册亨现代山地特色高效农业的发展提供了较大的市场空间。近年来，农村经济发展加快，农产品生产的规模化程度增大，数量增多，但市场供需之间的矛盾日益突出，普通农副产品供应量大，出现过剩现象，特色农副产品出现供不应求、短缺现象。由此看来，发展现代山地特色高效农业，不仅是为了农村经济发展和农民增收，更是为了适应和扩大市场需求，提升市场竞争力。

（五）政策条件

目前册亨山地农业的发展面临较好的政策机遇，从国家层面上看，一是《国务院关于进一步促进贵州经济社会又好又快发展的若干意见》（国发〔2012〕2号）文件的出台，加强了对贵州的特殊扶持，促进了册亨地区经济的发展，对农业的改革升级营造了良好的环境。二是对口帮扶以来，水利部和册亨县形成了对口帮扶结对，为册亨县的水利基础设施改善提供较大帮助。三是《左右江革命老区振兴规划》的编制，册亨县被纳入规划范围，国家将在基础设施、产业发展、生态建设、新农村建设、改革开放等方面给予极大的支持和帮助。从省、州层面上看，一是2015年《省委、省政府关于加快推进现代山地特色高效农业发展的意见》的出台，为全省山地农业的发展指明了方向，强调发展现代山地特色高效农业，要在现代、山地、特色、高效上做文章，并在财政、金融、用地等方面给予保障和支持；二是《贵州省关于加大改革创新力度加快推进农业现代化建设的实施意见》和《黔西南州关于加大改革创新力度加快农业现代化建设的实施意见》的出台，进一步强化发展现代山地高效农业作为农业现代化建设助推器的意识。

三、册亨县山地农业发展的现状

（一）总体现状

党的十八大以来，册亨农业加快发展，农业经济综合实力明显增强。从产值规模上看，农业增加值逐年增加。截至2017年末，全县实现农业增加值19.28亿元，为2012年的2.43倍，年均增长40%；从农业增加值占GDP的比重来看，自2012年以来，呈现整体上升的趋势，由2012年的32.10%上升为2017年的37.16%。从收入水平上看，农村生活水平普遍提高，农村居民可支配收入保持逐年增长的态势。截至2017年末，册亨农村居民可支配收入为7478元，比2012年增长88.36%，年均增长达14.73%。不过从农村居民可支配收入占城乡居民可支配收入的比重来看，比重呈现下降的趋势，由2012年的26.58%下降至2017年的22.21%，这说明册亨县城乡之间的收入差距在逐年拉大。

（二）产业结构分析

从产值比重上看，册亨县第一产业产值比重相对较高，占比达37.20%，远远高于第二产业产值比重，经济结构呈现“三一二”的模式。与全省和市（州）相比，第一产业产值比重也高于所在市州和全省平均水平，这说明册亨县农业在本地经济发展中仍然起到较大的作用，对本地经济的贡献率较高（见表1）。

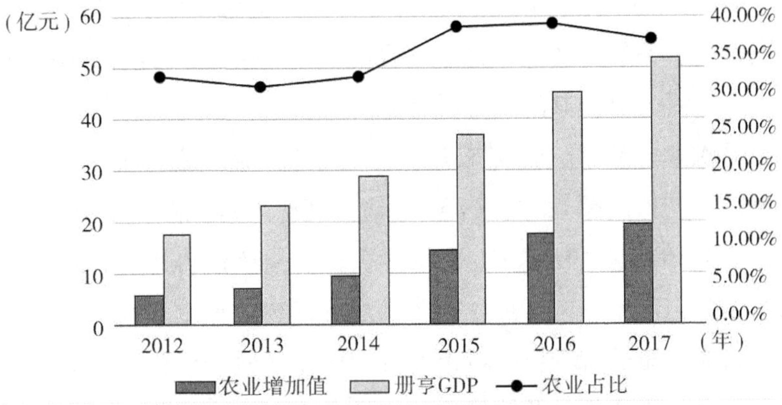

图1　2012—2017年册亨县农业增加值和地区生产总值趋势图

资料来源：根据册亨县2012—2017年统计公报及统计年鉴计算绘制而成。

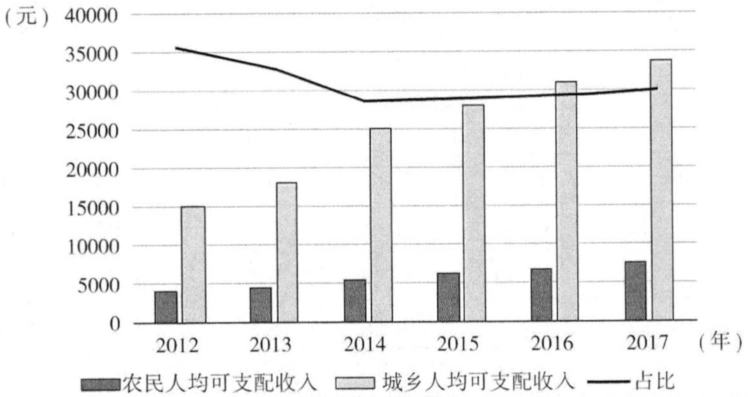

图2　2012—2017年册亨县农民人均可支配收入趋势图

资料来源：根据册亨县2012—2017年统计公报及统计年鉴计算绘制而成。

表1　册亨县2017年第一、第二、第三产业比重对比（单位：亿元）

地区	第一产业产值比重（%）	第二产业产值比重（%）	第三产业产值比重（%）
册亨县	37.20	10.10	52.70
黔西南州	19.12	31.91	48.97
贵州省	14.90	40.20	44.90

资料来源：册亨县、黔西南州、贵州省2017年统计公报。

根据农业发展规律，随着农业的发展，农业生产结构逐渐向高级化的方向发展，表现为种植业产值比重呈逐年下降的趋势。而对于册亨县的农业生产结构而言，高级化的发展趋势不明显，种植业产值比重自2012年以来仅下降0.8个百分点，其间，有所起伏。

从册亨县农业内部各产业发展状况来看，各产业产值每年都在逐年增长，其中种植业产值增幅较大，达3.76倍，其次为畜牧业、渔业、林业，增幅分别为3.52倍、2.50倍、1.82倍。在各产业产值占比上，农业内部各产业变化趋势表现不一，其中种植业、渔业和林业比重表现为缓慢下降的趋势，畜牧业比重呈现较快的增长态势，而作为服务业门类中的农林牧渔服务业比重也呈现逐年上升的趋势（详见表2、表3）。

表2　册亨县2012—2017年农业内部各产业产值状况（单位：亿元）

年份	农林牧渔业总产值	种植业	林业	畜牧业	渔业	农林牧渔服务业
2012	9.45	4.76	1.56	2.59	0.39	0.16
2013	11.47	5.76	1.93	3.10	0.48	0.20
2014	16.16	8.05	2.98	4.03	0.74	0.36
2015	23.39	10.97	3.23	7.51	0.87	0.82
2016	28.48	13.99	3.29	9.09	1.06	1.06
2017	32.10	15.91	3.85	9.99	1.14	1.21

资料来源：册亨县2012—2017年统计公报及统计年鉴。

表3　册亨县2012—2017年农业内部各行业产值比重（单位:%）

年份	农林牧渔业总产值	种植业	林业	畜牧业	渔业	农林牧渔服务业
2012	100.00	50.35	16.47	27.38	4.09	1.72
2013	100.00	50.19	16.82	27.04	4.18	1.77
2014	100.00	49.81	18.46	24.93	4.55	2.25
2015	100.00	46.90	13.80	32.10	3.70	3.50
2016	100.00	49.11	11.54	31.91	3.73	3.71
2017	100.00	49.55	12.00	31.11	3.56	3.77

资料来源：根据册亨县2012—2017年统计公报及统计年鉴计算得出。

（三）主要产业发展现状

近年来，册亨县按照优质、高产、高效、生态、安全的要求，积极发展山地主导产业和相关特色产业，取得了显著成效。在主导产业上，册亨县立足做大基地规模，提高生产水平，延长产业链条，做强三大主导产业。一是畜禽产业不断壮大。截至2017年末，畜牧产品生产情况为，猪出栏量9.13万头，存栏量8.62万头；牛出栏量1.18万头，存栏量3.07万头；羊出栏量3.47万只，存栏量9.23万只；禽出栏量77.89万羽，存栏量116万羽。二是蔬菜产业不断提升，积极推广“者楼模式”。蔬菜种植面积达12万亩，总产量18.76万吨，总产值5.6亿元。三是林业产业不断巩固，林业产品种植结构得到调整优化。2017年，全县完成营造林任务15.97万亩，林木及林产品加工企业75家，林业产值17.27亿元，通过积极努力，林业产业基地已初见成效，杉木种植面积达80万亩、桉树35万亩、油茶13.5万亩、核桃板栗等经果林13余万亩，育苗海南黄花梨30万株、种植3000亩。在特色优势产业方面，册亨县坚持以附加值高的农产品为重点，积极做好品种、品质、品牌建设，提高农产品市场竞争力。主要发展以下几个产业：一是油茶产业，利用荒山资源优势，以秧坝、弼佑、双江、八渡、百口等乡镇为重点区域，油茶基地建设成效显著。二是精品果业，利用气候优势，重点发展香蕉、杧果、火龙果等精品水果基地建设，目前建立香蕉种植大户18户，农民专业合作社15家，完成香蕉种植3.8万亩。三是渔业产业。立足利用南北盘江有效水域面积，发展水产养殖业，水产品产量逐年增加，“盘江鱼”品牌知名度逐渐扩大。

（四）供给侧改革现状

1. 农业绿色生产方面

在市场监管上，有效规范农资市场。近年来，册亨县在全县范围内开展农资市场检查，进一步规范农资市场，严厉打击农资经销商坑农害农行为，保障农民合法权益。同时，切实开展农作物病虫害绿色防控，在蔬菜、水果基地建立了面积达3000亩的绿色防控示范基地；在农产品质量上，定期对蔬菜、水果等农产品监督抽查，增强了全县农产品的质量，为全县全格农产品质量提供保障；在品牌建设上，册亨县不断加强“三品一标”农产品品牌建设，积极宣传相关优惠政策，鼓励企业积极申报、续展“三品一标”农产品，帮助企业规范标准化生产，完善申报资料，把“三品一标”申报工作作为创品牌、提品质、提效益的重要举措，不断提升农特产品的知名度，提高农产品质量和市场占有率，实现产业发展、质量安全和增收效益目标。截至目前，全县完成无公害农产品的产地认定 25 个，认定总面积共 11. 11 万亩，无公害农产品认证共 15 个。

2. 农业产业化经营方面

近几年来，册亨发展山地农业，十分重视产业化经营，积极进行农业发展模式的创新，着力培育新业态，壮大新产业，拓展农业产业链条，提升产业链价值，增加农产品附加值，进一步拓宽农民增收的渠道。一是推行“龙头企业 + 合作社 + 农户”“龙头企业 + 协会”等产业组织模式，强化龙头企业带动作用。以“培育一个，带动一带，壮大一业”为目标，不断加大龙头企业的培育。通过几年来的努力，册亨县在产业组织方面取得明显成效：在畜牧业方面，以华西希望集团、羊博园、领头羊公司为龙头；蔬菜产业方面，以册亨县蔬菜协会为载体；林业方面，以奇松木业、林鑫木业、好之味、马岭河茶籽油等为龙头。通过发挥各类龙头企业的带动效应，促进民族产业、特色产业加快发展，进一步带动相应产业发展，为农业产业化发展奠定了基础。二是加快农村电子商务发展，推进互联网和农业融合。目前，册亨拟建设 11 个乡镇体验馆与 123 个村体验店。现已完成 10 个乡镇体验馆，完成村体验店施工 102 个。电子商务的发展极大拓展了农产品的销售渠道，实现了实体市场销售向网络销售的转变，进一步推进“黔货出山”进程。三是注重科技对农业的支撑和引领作用。积极推广和利用新的科技成果，截至 2016 年，实现良种种植覆盖面积 100%，实现重大动物疫病防治 100%，农机使用率大幅提升，新增 670 户农机使用户；加强农业适用技术培训，292 人完成技术培训。

3. 农村产权改革方面

为推进山地农业发展，激活山地农业发展动力，近年来，册亨县在逐步构建归属清晰、权能完整、流转顺畅、保护严格的农村集体产权制度。一是开展土地确权。科学确认农村集体经济组织成员身份，明晰集体所有产权关系，促进土地的有效流转，为产业规模化发展奠定基础。2015 年，册亨启动农村土地承包经营权确权登记颁证工作试点，2016 年，先后在全县 12 个乡镇（街道）召开农村土地确权登记颁证工作动员大会，完成实测面积 50.3152 万亩，涉及农户 5.3 万户。从土地流转的情况看，全县土地流转 6996 亩，其中流转企业 1723 亩，大户 537 亩，合作社 3936 亩，一般农户 800 亩。二是加大林权改革力度。以集体林权制度改革为契机，积极深化林权制度配套改革，建立信息发布、政策咨询、产权交易平台，为林地规范流转、实施规模化经营创造了条件。2016 年完成林权抵押贷款 1706.5 万元，扶持林业企业及其他社会组织 86 个（次），扶持林农和林业职工 2381 户（次）。通过落实林业贴息贷款政策，发展工业原料林 8.37 万亩，发展木本油料等经济林 2.51 万亩，完成林业龙头企业技改项目 8 个。

4. 高效农业示范园区建设方面

在高效农业示范园区建设工作中，册亨县立足本地特色和优势，重点培育特色优势产业，丰富产业内容，延长产业链条，扩大园区产业规模，有效地发挥园区示范辐射带动作用。积极推进各类市场主体向园区聚集，形成了农业种养大户、专业合作社、龙头企业等参与园区建设的新格局。目前高效农业示范园区共计 4 个，主要情况见表 4：

表 4　册亨县高效农业示范园区概况

园区名称	园区范围	主导产业	产值	带动就业能力
现代农业示范园区	主要以丫他、者楼、坡妹、岩架、冗渡等乡镇为核心区域，总面积 208288.8 亩	甘蔗	2017 年半年产值:96005 万元	带动农户 24594 人，其中贫困户 4467 人
绿色蔬菜产业示范园区	分布在者楼河、庆坪河、乃言河和弼佑河沿河流域地带，辐射带动全县种植面积 12.5 万亩	无公害蔬菜（辣椒、西葫芦、西蓝花、茄子等）	2017 年半年产值:152990 万元	带动农户 17800 人，其中贫困户 1594 人

续表

园区名称	园区范围	主导产业	产值	带动就业能力
南部生态经济产业示范园区	分布在巧马者告、纳桃、板坝福尧一线和弼佑洛江、秧坝大伟一线，面积共计10万亩	杉木经济林、油茶	2017年半年产值:129100万元	带动农户125人
山地畜牧业循环发展示范园区	以坡妹、冗渡为核心区域，辐射全县10个乡镇，面积为3000亩	羊、猪养殖	2017年半年产值:124052万元	带动农户4562人，其中贫困户500人

四、册亨县发展山地农业存在的问题

（一）农业软硬件基础薄弱

农业软硬件基础是指从事农业生产的全过程中所必需的两大生产要素，随着册亨县农村经济的快速发展和山地农业的稳步推进，农业软硬件基础的短板日益显现，严重制约着山地农业发展。主要表现在以下几个方面：一是道路完善上，截至目前，册亨县农村地区虽然实现了“村村通”，但是农业道路网不完善，特别是高效农业示范园区中道路网，农业生产的产业路、机耕道等设施少，标准低，农产品进出不通畅。二是水利灌溉上，以水利为主的农业基础设施建设和管理滞后，现有的农田水利工程中存有老化失修的问题，效益衰减，靠天吃饭的现象依然存在。各类农业基地有效灌溉面积较少，如果蔬基地，供水设施不健全，里程短，远远不能满足农业生产和农民生活的需求，与发展现代山地特色高效农业还存在较大距离。三是防范风险上，农业抗风险机制不健全，防灾减灾能力不强，农业抵御自然和市场双重风险的能力较差，农业生产盲目性、短期性、脆弱性还没有得到根本转变。四是软环境上，册亨县农民的传统农业生产观念和生产模式根深蒂固，习惯于小而全、多而杂、粗放型的农业生产方式，对现代化农业生产方式不适应，对现代农业市场制度、理念不了解，致使农业规模化、产业化、标准化、机械化水平较低，农村市场环境急需改善。

（二）农业科技支撑能力不足

发展现代山地特色高效农业，需要农业科技的支撑。目前来看，册亨县农业科技支撑能力不足，助推农业发展动力不够，农业发展需要的科技各要素皆欠缺。近几年来，册亨实施了粮油高产创建、粮食增产、有机质提升、绿色植保等工程，开展了生猪、肉羊标准化养殖和水果、蔬菜标准园创建，虽然取得了一些效果，但农业科技水平并未取得实质性突破，农业科技贡献率依然较低，主要表现在以下几个方面：一是农作物良种覆盖率不高，覆盖率较高的仅限几种主要农作物，其余农作物良种并未全面覆盖。二是农业生产效率低下，单位面积产值比较低，推广测土配方施肥面积和农作物病虫害统防统治面积不大。三是农作物病虫害损失率相对较高，防灾控灾科技水平有待提升。

从册亨农业发展历程来看，导致农业科技支撑能力不足的原因复杂，既有体制机制问题，也有人才问题。从体制机制上看，科技机制僵化，服务水平不高，尚未建立完善的科技服务农业发展系统，科技成果推广转化困难重重，需要破除体制障碍，加大转化力度。从科技人才上看，册亨县科技人员数量少，农民科技文化素质较低，农村缺乏能够支撑现代农业发展的较高素质的劳动者。

（三）农业发展的人才欠缺

山地农业的发展离不开各类人才的支持，当前，册亨在农业发展上，制约农业发展的问题中，人才问题是一个重点。一是干部人才少，农业局总编制不足，影响正常工作的开展。二是技术人员不足。由于区位条件不好，总体经济水平不高，导致引进农业专业技术人才困难。同时，在乡镇招考过程中，未能考虑工作实际，所招人员与岗位不对口，新进人员非本专业技术人才，无法正常履行职责。三是农业科技人才的引进给予的资金支持少，留人率低。四是农村实用人才培养力度不够，如技术人员的培养，在过去，农业技术人才主要是来源于农村多年的种植养殖能手，随着农村人口的减少，培养者力度逐渐减弱，这种类型的人才也越来越少。

（四）产业化经营水平不高

1. 市场主体较少，发展不充分

一是龙头企业较少，全县有州级以上产业化龙头企业 13 家（其中省级 3 家、州级 10 家），总体来看，龙头企业数量少、规模小，产业链条短，农产品附加值不高，从业人员素质和管理水平低，市场开拓能力弱，产品市场占有率不高，盈利能力不强，发展后劲不足，辐射带动作用有限，没有形成规模效应；二是农民专业合作社自我发展能力不强。全县虽有农民专业合作社 293 家，但管理水平低，抵御风险能力弱，发展后劲不足，甚至有近 50% 成为“僵死合作社”或“空壳合作社”，未发挥合作社辐射带动作用；三是农业服务机构专业性不强，对农业产业化发展的牵引作用发挥不充分。

2. 农产品加工发展滞后

农产品加工企业少，产品加工粗浅，产业链延伸不够，农产品加工率低，辐射带动力不强。加工企业与农业生产之间联系不够紧密，制约了产业规模化发展。目前，册亨县虽然已初步形成主导产业雏形，但基地布局仍零星分散，基础设施建设严重滞后，没有形成区域发展、规模发展，产业集中度不高。在产品开发上，农畜产品开发较缺乏，有关的加工企业少，缺乏深加工企业。在深加工上，册亨农业尚处于生产阶段，所生产的产品直接以初级产品形式向外运输销售，没有进行产品深加工，以成品形式销售，无法提升产业附加值，未将产业利益最大化，不利于增加农民收入和产业提升。

3. 农产品商品化率低

主要表现在：一是营销体系建设不完善，外销平台建设滞后，农产品知名度不够，市场竞争力弱，导致农产品滞销积压；二是冷链系统不健全。册亨县目前尚未有一家冷链系统公司和大型冷库，使得蔬菜、水果等产品均是正季出售，没有形成季节价格优势，市场情形不好时，增产不增收，会对菜农、果农造成一定损失；三是产供销一体化未形成，蔬菜产业

虽已成规模，但外销主要由小商贩组织车辆外运，未形成订单式，农村电商发展缓慢，线上销售少。

（五）品牌建设滞后

1. “三品一标”认证不足

目前，册亨县无公害农产品产地认定面积29.2万亩，无公害农产品产地认定合作社32家，无公害产品认证29个，地理标志产品1个，水果、畜禽等产品均未能得到产品认证。由于缺乏产品品牌，农产品市场竞争力低。

2. 品牌建设能力不足，意识不强

主要原因表现在：一是近年来，由于个体农户和部分企业存在观念陈旧落后，科学文化素质较低，致使册亨县农产品品牌建设意识淡薄，创建品牌的主动性、积极性不高，欲望不强，特色农产品品牌建设仍停留在初级阶段。这在一定程度上，阻碍了特色农产品向更高层次进一步发展。二是受传统农业生产经营观念的影响，很多农业生产者缺乏对于品牌重要性和必要性的认识，没有长远的发展眼光，过于在乎眼前利益，对品牌能够提升农产品附加值和市场价值的巨大作用认识不到位，没有把品牌看作是一项推动农业发展的巨大资源。同时，由于资金有限，企业在品牌宣传、品牌包装、品牌推介等方面投入力度不够，知名度和美誉度较低，名牌效应没有得到充分发挥。

（六）农村一、二、三产业融合程度不深

目前，册亨农村第一、第二、第三产业融合发展正处于起步阶段，融合发展水平较低，面临不少问题和挑战。在产业发展上，存在功能单一、层次低、规模小，休闲观光农业发展缓慢，农产品加工业发展不足，三次产业之间关联不够；在协同推进机制上，政府各部门之间未形成合力，协同配合有待加强，体制机制尚不健全。在融合要素上，瓶颈制约比较突出，土地、资金、人才、技术等关键要素支撑仍不到位，融资难、成本高、用地贵、人才缺等问题还没有得到很好解决。在利益联结机制上，农

户与新型经营主体之间的利益联结机制还不够紧密，农户不能充分分享第二、第三产业增值收益；在融合层次上，产业融合层次仍然不高，农村产业融合企业数量小而散，农产品加工深度不足，农业产业链条延伸不够，产品质量和档次有待提高，产品品牌竞争力不强。另外，现代高效农业园区建设对第一、第二、第三产业融合的带动性不强，推动农业园区由农业种植养殖单一功能向农业种植养殖结合、农产品加工、信息服务、农业商贸物流、农业观光体验等多功能融合发展转变效果不明显。

（七）农业发展资金缺额较大

山地农业的发展以及农民收入的增加，离不开资金投入。但是，近年来，册亨农业投入资金一直不多，资金严重不足问题突出，严重制约了山地农业产业项目的投入，延缓了农业发展的步伐，也已成为阻碍册亨县农业发展一大瓶颈。从原因上看，一是财政紧张，册亨作为全国贫困县，贫困人口多，面积大，程度深，财政相对紧张，发展山地农业的配套资金严重不足，资金的供需之间缺口较大，致使相关项目进展缓慢；二是册亨山地农业正处于起步阶段，山地农业产业依然为弱质产业，利润较低，且投资大，周期长，而获利小，社会资本投入少；三是商业银行对农村和农业支持率下降。近几年，商业银行因受环境影响，效益不好，减少了对农村、农业的支持，新型市场经营主体融资困难，贷款成本较高。

（八）园区建设缓慢

目前，册亨县加快发展现代山地特色产业，正在大力建设高效农业示范园区，从五大现代农业示范园区发展情况上看，园区尚处于兴起阶段，园区功能还不完善，运营模式尚未成熟，经济效益还未充分显现，示范作用也未完全发挥，与现代农业发展的要求还有较大差距。主要原因有以下几个方面：一是园区建设资金投入严重不足，没有上级专项资金和项目支撑，财政用于示范园区建设的资金较少，导致建设标准和质量不高；二是园区组织化、产业化水平不高，缺乏龙头企业带动，产业链延伸不够，运营模式上需进一步完善。与现代农业的各项标准相比，园区所具有的规模化、标准化、品牌化等基本特征还未达到；三是园区从业人员科技素质较低，专业技术人员少，现代农业经营管理人才严重缺乏。四是园区建设管理力量薄弱，没有设立专门机构，管理监督滞后，服务不到位，园区日常工作机构正常运行支撑条件差，管理上简单、松散、粗放，岗位人员流动性大，换人频繁，工作脱节，延续性不足。

（九）农业结构不合理性突出

从册亨农业结构上看，目前，册亨种植业产值占比较高，接近50%，其余产业，如林业、渔业、畜牧业占比相对较低。粮经比较大，农民种植粮食作物的愿望依然比较强烈，种植结构没有得到很好的优化。经济作物的种植对于增加农民收入起到的作用相比粮食作物更大。但由于文化程度低，农民思想较为保守，种植经济作物的倾向不高，使得册亨县经济作物种植总面积与黔西南州水平相比仍然偏少。

五、册亨县发展山地农业的对策建议

册亨发展山地农业，既有优势，又面临着复杂多变的环境，问题多样。在发展过程中，要立足现有的优势和资源环境，顺应山地系统特性，科学合理开发山地资源，保障山地农业的可持续发展。册亨农业现代化的制约在山，潜力在山、希望也在山，依据册亨发展山地农业的问题，给予有针对性的对策建议，主要有以下几个方面：

（一）强化组织领导，协调各方力量

制订有关山地农业发展实施方案，并出台具体办法，对有关重大工程项目要抓紧启动，加快实施。积极推进有关山地农业改革的任务和试点工作，及时总结山地农业发展的可复制、可推广经验。完善山地农业发展工作的领导体制和工作机制，建立现代山地特色农业发展领导小组，切实增强部门协作，整合各方力量，明确各部门职责，统筹抓好山地农业产业发展工作，不断优化对山地农业发展的保障和服务。

（二）加强基础设施建设，夯实山地农业发展基础

为加快山地农业的发展，册亨需要不断进行基础设施建设，夯实山地农业发展基础。一是完善山地农业道路网，构建便捷的农业发展交通体系，大力推进现代山地特色农业示范园区、种养基地、农产品加工基地之间与高速公路、国省干道、城市路网的连通，加大机耕道、便民道建设力度，构成农业发展内畅外通的交通网络，大幅提高农产品出入的通畅率；二是加大农田水利设施建设的投入，补齐农业基础设施短板，因地制宜实行滴灌、喷灌、管灌等农业节水技术，集中建成一批高效节水灌溉工程，解决工程性缺水问题，实现山地农业灌溉水利全保障；三是推进农村输变电设施建设，为本地现代山地特色农业示范园区、种植和养殖基地、农产品加工企业发展提供充足用电，确保用电稳定、安全；四是按照田地平整、土壤肥沃、生态协调的要求，对中低产田地进行改造，改善田间生产条件建设集中连片、旱涝保收、稳定高产和生态良好、设施完备、有利于机械耕作的高标准农田示范点，把农业机械化率作为农业经营主体的重要扶持条件，提高耕地基础地力和生产水平；五是加强农业信息化基础设施建设，积极采用“山地农业＋互联网”模式，充分利用大数据、电子商务等现代科技发展山地农业，建立健全农业信息数据库，配置小型气象观测站、全程安装远程安防系统，提高农业信息服务的支撑能力。

（三）改变传统的生产方式，提高农民的思想意识

随着农业的发展，农民原有的思想观念已经跟不上时代的发展，传统的生产方式变得较为落后。因此，发展山地农业需要进一步提高农民的思想意识，采用现代生产方式。一是要切实转变农民思想观念，改变传统种植模式，调整农业种植结构，增加养殖业比重，学习现代农业科技。可依托农村专业合作社、龙头企业、农业服务机构等平台，形成多层次、多形式、多渠道的农业服务体系，利用“龙头企业＋合作社＋农户”的组织形式，为农民提供产前、产中、产后等系列配套服务，促进山地农业较快发展。二是立足本地优势，把调整优化产业结构作为发展重点，引导农民采

用现代农业生产方式，进行标准化、规模化种植，提高生产水平，实现农民增收致富。

（四）加大科技投入，强化科技支撑力度

要高度重视农业科技在山地农业发展中的支撑作用。发展山地农业要充分依靠科技力量，强化农业科技创新引领。继续推进农业科技创新和推广应用，立足本地山地农业发展水平，强化龙头企业的带动作用，鼓励和支持龙头企业进行技术研发，创造本地自主知识产权的名牌产品，提高农产品的核心竞争力。加强与农业科研单位的联系，鼓励企业与科研机构合作共建，推进产学研结合，大力推广新品种新技术，提高农作物良种种植的覆盖率。实施“科技入户”工程，提高科技服务山地农业的能力。加快科技人才的培养和引进，鼓励农业科技人才深入农村一线，推广示范新的农业科技成果，探索成果由市场检验的新机制，促进科技与农业的紧密结合，提高山地农业的生产效益。

（五）做好人才保障，推进山地农业发展

作为发展现代山地特色农业的关键，人才在其发展各个领域中，有着不可或缺的作用。培养和引入多元化的人才队伍，能够加快山地农业发展。一是要培养本地人才，善于挖潜技术能人、种养能人，培养更多爱农业、懂技术、善经营的新型职业农民；二是鼓励外出务工人员返乡创业，册亨县作为劳务输出的县域，外出务工的人员较多，其中不乏一批有文化、懂技术、会经营的农村青壮年劳动力，由此要积极营造良好的创业环境，宣传创业政策，引导务工人员返乡，实现“人才回流”；三是制定较好的政策，吸引大学生服务册亨，推动册亨农业的发展；四是增加农业部门工作人员编制名额，完善人员的配备。

（六）完善农业产业体系，提高产业化经营水平

农业产业化水平的高低，决定着山地农业发展水平的高低。在市场主体培育方面，加快构建现代山地农业产业体系、生产体系和经营体系，综

合运用多种政策工具，加快培育新型农业经营主体，引导各类新型农业经营主体由生产型向全面生产经营型转变，提升新型农业经营主体规模经营水平。一是积极引进和培育龙头企业，壮大龙头企业的规模，提升整体竞争力，提高从业人员素质水平，增强龙头企业对山地农业的带动力；二是发展各种类型的农民专业合作社，实现农民合作社规范化建设，提升其价值，使其充分发挥应有的职能，增强其抵御风险的能力；三是支持种养大户和家庭农场的发展，开展农户家庭农场认定和示范家庭农场引带工作，增加县域中家庭农场的数量，引导种养大户集约化、专业化、标准化、规模化经营，实现数量稳定增长。

在农产品加工方面，支持农产品精深加工，提高农产品的附加值，重点扶持龙头企业、农业产业化联合体和农民合作联合社打造品牌和开拓市场，提升农产品价值链。加强企业与山地农业生产之间的联系，实现产供销一体化发展，提高农产品商品化率。统筹各类原料基地布局，形成区域发展、规模发展，加大对基地建设的支持力度，重点扶持良种培育、育苗基地建设以及高效农业示范园建设。

在利益联结机制上，创新利益联结机制。引导和支持新型农业经营主体发展新产业、新业态，深入推进“三变”改革，鼓励和推动农民以土地经营权、集体以资产（资源）、财政扶贫和项目资金作为村集体或农户的股金自愿入股新型农业经营主体，积极推广“龙头企业＋专业合作社＋农户”的模式，实现第一、第二、第三产业融合发展，灵活运用“保底收益＋按股分红”和“风险共担、利益共享”的联结机制，让农民分享到产业链延伸和价值链提升所带来的红利。

（七）加快农产品品牌建设，提高其市场占有率

有序推进农业标准化建设，指导“三品”企业实施标准化生产，组织修订制定山地农业标准，建立健全覆盖农产品产地环境、生产过程控制、采收、储藏、运输、产地准出、质量追溯、包装标志等关键环节的农业标准体系。针对本地优势产品，鼓励申报认证绿色食品、有机农产品和农产品地理标志登记保护产品，增加农产品认证的数量。围绕本地的地理标

志，加大宣传力度，强化培育品牌力度。鼓励和支持新型农业经营主体参加“全国知名品牌示范区”创建和全国品牌价值测算，提高农产品知名度，对申请并获得专利、中国驰名商标、中国名牌农产品和“三品一标”认证的新型农业经营主体给予适当奖励。加大农产品品牌推介力度，拓展品牌农产品营销渠道，研究农产品市场消费需求，实行产品和品牌的差异化发展策略，突出区域品牌宣传推广，扩大册亨农产品品牌的影响力。积极开展电子商务销售，在第三方平台开设区域综合性农产品销售电子店铺，进行网上交易，提高本地农产品市场占有率。同时，创新品牌运营传播手段。推进品牌塑造，充分挖掘农产品品牌的历史渊源、区域特色、民俗文化等特征，赋予生态、绿色、优质的品牌形象，着力提升“山水册页、幸福亨通”的册亨美誉度。

（八）加大资金投入，破除山地农业发展瓶颈

1. 加大财政扶持力度

强化资源整合，统筹利用现有涉农政策，整合相关专项资金，按照“渠道不乱、用途不变，统筹安排、各记其功，优势互补、形成合力”的原则，加大农业、畜牧、扶贫、林业、国土、水利、科技等项目和资金整合力度，集中财力发展特色农业产业，针对不同新型农业经营主体，灵活运用直接补贴、政府购买服务、定向委托和以奖代补等方式。简化补贴程序，增强补贴政策的针对性和实操性。

2. 创新金融支持，改善金融信贷服务

一是搭建山地特色农业产业融资平台，采取“平台+金融机构+新型农业经营主体”模式运作。积极开展农业龙头企业、农民专业合作社、农户和金融、担保、保险机构共同参与的“四方合作+保险”试点，提高风险保障能力。二是鼓励金融机构进行产品和服务创新，综合运用税收、奖补等政策，加大对新型农业经营主体、农村产业融合发展的信贷支持。三是探索建立新型农业经营主体信用评价体系，对符合条件的根据需求确定贷款期限，简化审批流程，对正常生产经营、信用等级高的实行贷款优先等措施。

3. 加大招商引资力度

制定招商引资优惠政策。通过政府与社会资本合作、政府购买服务、财政担保费率补助、以奖代补等措施，引导和撬动工商资本、民间资本、外商资本投入发展农业产业。

（九）加快园区建设，搭好发展平台

充分发挥园区在集聚资金、技术、人才、产业等方面的平台优势，积极争取园区建设专项资金和项目支撑，完善园区配套设施功能，增加对册亨县绿色蔬菜园区、山地生态畜牧业循环发展园区、甘蔗产业园区、册亨南部片区生态经济产业园区、岩架香蕉产业园五大园区建设的支持力度，引进和培育各类新型经营主体，特别是龙头企业，做好人才引进工作，减少人才的流失率，提高园区管理水平，推进农业园区由农业种植养殖单一功能向农业种植养殖、信息服务、农业商贸物流、农业观光体验等多功能融合发展。

（十）优化山地农业产业结构，提高协调性

按照优势产业发展要求，认真分析资源特点，充分发挥资源优势，打破行政区划束缚，打破行业羁绊，优化产业分工，提高产业集中度，进一步调整册亨农业产业结构。同时把握农村产业结构调整“八要素”，用好用活“五步工作法”，紧紧围绕“农业增效、农民增收、农村稳定”的农业发展目标，进行山地农业产业结构的优化调整。广泛宣传产业结构调整政策和种植技术等方面的知识，提高农民政策知晓率和种植技术水平，改变农民传统的种植观念和生产方式。引导农民减少传统低效农作物种植面积，实施蔬菜产业、林业、生态畜牧业、精品水果业、油茶产业等特色主导产业替代，提高农业产出和经济效益在农民心中的认知度。合理规划布局，科学选择产业。根据各乡镇自然条件因素，科学规划，分别种植香蕉、甘蔗、辣椒等高效作物，以此辐射带动其他经果林产业发展。

社会建设篇

Social Construction

人口老龄化背景下册亨县老龄事业发展报告

陈玲玲①

摘要： 本报告重点分析了2017年册亨县老年人口结构以及老龄事业的发展状况。从册亨县老龄事业发展的现状来看，传统养老模式受到冲击、医疗卫生服务体系尚不健全、呈现老龄事业发展不均衡、老龄事业宣传力度不够等一系列问题亟待解决。人口老龄化背景下，册亨县可从建立科学合理的养老保障体系、新型完善的养老服务体系、构建老龄事业发展长效机制、切实加强农村养老服务建设、有效提升智慧养老服务水平、大力推进健康养老产业发展六个方面推动老龄事业发展。

关键词： 册亨　人口老龄化　事业

当代中国现代化进程中的人口转变也伴随着人口老龄化过程，人口老龄化是指总人口中老龄人口的比重，相对于年轻人口所占比重而言呈持续增长。对此，册亨县作为一个快速发展的西部县域，在2003年60岁及以上人口占总人口的11.6%，且该占比一直居高不下。2017年60岁及以上人口占总人口比重为11.7%，65周岁及以上人口占总人口比例达到8.03%，这两项指标分布均超过国际上公认的10%和7%的标准，表示册亨县人口结构进入老龄化。这与国家整体转型、社会发展的宏观背景相映照。自20世纪70年代我国实施计划生育政策以来，册亨县人

① 陈玲玲，女，贵州省社会科学院社会研究所助理研究员。研究方向：应用社会学。

口再生产实现了从高出生率、低死亡率和高自然增长率向低出生率、低死亡率和低自然增长率的转变。根据民政部发布的《2017 年社会服务发展统计公报》，截至 2017 年底，我国 60 周岁及以上老年人口 24090 万人，占总人口的 17.3%，其中 65 周岁及以上老年人口 15831 万人，占总人口的 11.4%。人口老龄化对社会运行和发展的冲击是广泛而深远的，一系列社会问题也随之而来。就其最基本的方面而言，首先，人口老龄化意味着老年抚养系数提高，越来越少的年轻人要养活越来越多的老年人口，由此影响到劳动就业和社会福利制度安排；其次，人口老龄化意味着社会需求发生变化，规模庞大的老龄人口有着特定的需求，由此影响到相关产业的发展，特别是围绕高龄老人的社会服务业；再次，人口老龄化使得老年人口逐渐成为劳动、投资的重要主体，而老年人本身倾向于保守、储蓄，有可能导致社会经济活力不足、创新不足；最后，日益严重的人口老龄化最终必然会导致人口再生产转型静止型甚至缩减型，由此带来人口不可持续发展的危机，直接威胁到社会的发展。因此，人口老龄化背景下，作为积极应对人口老龄化的老龄事业的发展越来越引起全社会的关注，逐渐成为人口政策的中心议题，解决得好方可从容应对老龄化带来的一系列风险，解决不好则会衍生出更多的社会问题。

册亨县是贫困县，经济欠发达，认识和应对人口老龄化是政府、公益团体及个人都必须面对的，也已经成为册亨县党委政府的一项重要工作任务。人口老龄化背景下，城镇化战略的推进，青壮年人口的大量外流，产生了大量的留守空巢老人，加速了册亨老龄化的进程，也使得传统的居家养老方式越来越难适应现代社会的发展，如何应对老龄化带来的诸多社会问题，在新的时代背景下，以新的理念、新的方式和新的策略推进册亨老龄事业发展，充分利用和挖掘经济社会发展和政策红利为人口老龄化带来的机遇，有效改进传统养老方式的诸多弊端，构建适应新时代发展特征的多元化、智慧化、科学化的养老模式，找到契合册亨老龄化特征和经济发展现状的老龄事业发展路径。

一、2017 年册亨县老龄事业发展现状

（一）2003—2017 年册亨县老年人口状况

随着我国经济的发展，医疗水平不断提高，人民生活质量不断提升，保健意识也不断增强，对健康的关注使得国民平均寿命不断延长，同时，死亡率下降，婴儿存活率大大提高，且生育意愿降低，人口再生产类型转变，人口老龄化是经济社会的必然产物。根据 1956 年联合国《人口老龄化及其社会经济后果》确定的划分标准，当一个国家或地区 65 岁及以上老年人口数量占总人口比例超过 7% 时，则意味着这个国家或地区进入老龄化社会。1982 年维也纳老龄问题世界大会，确定 60 岁及以上老年人口占总人口的 10%，意味着这个国家或地区进入老龄化社会。2003 年底，册亨县与贵州省同步步入人口老龄化社会，人口年龄结构由年轻型转变为老年型。2003 年册亨县常住人口 22.6 万人，60 周岁及以上老年人口 2.63 万人，老年人口占总人口比例达到 11.6%。到 2017 年底，册亨县常住人口 24.15 万人，60 周岁及以上老年人口 2.82 万人，老年人口占总人口的 11.7%。与 2003 年相比，14 年间全县 60 周岁及以上老年人口增加了 0.2 万人，老年人口占比提高了 0.1 个百分点。2017 年全县 60 周岁及以上老年人口与 2016 年相比增加了 0.02 万人，增长了 2.5%，人口老龄化程度进一步加重，表 1 展示了 2003—2017 年册亨县老年人口规模变动情况。同时，应该注意到的是册亨县人口老龄化进程远远快于经济发展进程，属于典型的“未富先老”类型。册亨人均 GDP 在贵州排名靠后，与全国平均水平差距较大，经济发展滞后的同时老龄化程度较高，无疑给册亨县老龄事业发展工作带来较大的挑战。

表 1　2003—2017 年册亨县老年人口规模变动情况

年份	总人口（万）	60 岁及以上人口（万）	占总人口比重（%）
2003	22.6	2.628	11.63
2004	22.1	2.6415	11.95
2005	22.81	2.655	11.64

续表

年 份	总人口（万）	60 岁及以上人口（万）	占总人口比重（%）
2006	22.92	2.6685	11.64
2007	23.09	2.6820	11.62
2008	23.19	2.6955	11.62
2009	23.28	2.7099	11.64
2010	23.39	2.7225	11.64
2011	23.49	2.7360	11.65
2012	23.60	2.7495	11.65
2013	23.71	2.7630	11.65
2014	23.82	2.7765	11.66
2015	23.93	2.79	11.66
2016	24.06	2.8035	11.65
2017	24.15	2.8174	11.67

（二）2017 年册亨县老年人口结构分析

对老年人口结构进行分析和梳理，有利于摸清老年人口的分布状态，把握老年人口的发展趋势。据统计，2017 年册亨县 60 周岁及以上老年人口共计 2.82 万。

按老年人口户籍所在地来划分，城镇老年人口 0.19 万人，占 6.75%，农村老年人口 2.6 万人，占 93.25%。可见，农村人口老龄化程度明显高于城镇。一方面由于新型城镇化的推进，促进了农村人口的流动，大量的劳动力人口外流，导致农村留守老人、空巢老人比例较高。另一方面城乡医疗资源分配不均，农村经济发展和医疗卫生水平较城镇落后，无论是农村的医院数量和医疗设备的更新和维护，还是医护人员的数量和专业能力都和城镇存在较大差距，使得农村老年人受到的医疗服务水平低于城镇老年人口，也就不难理解农村老年人口的高龄化和失能以及半失能老年人的增多了。

按老年人口的男女性别比例来划分，2017 年男性老年人口为 1.2 万

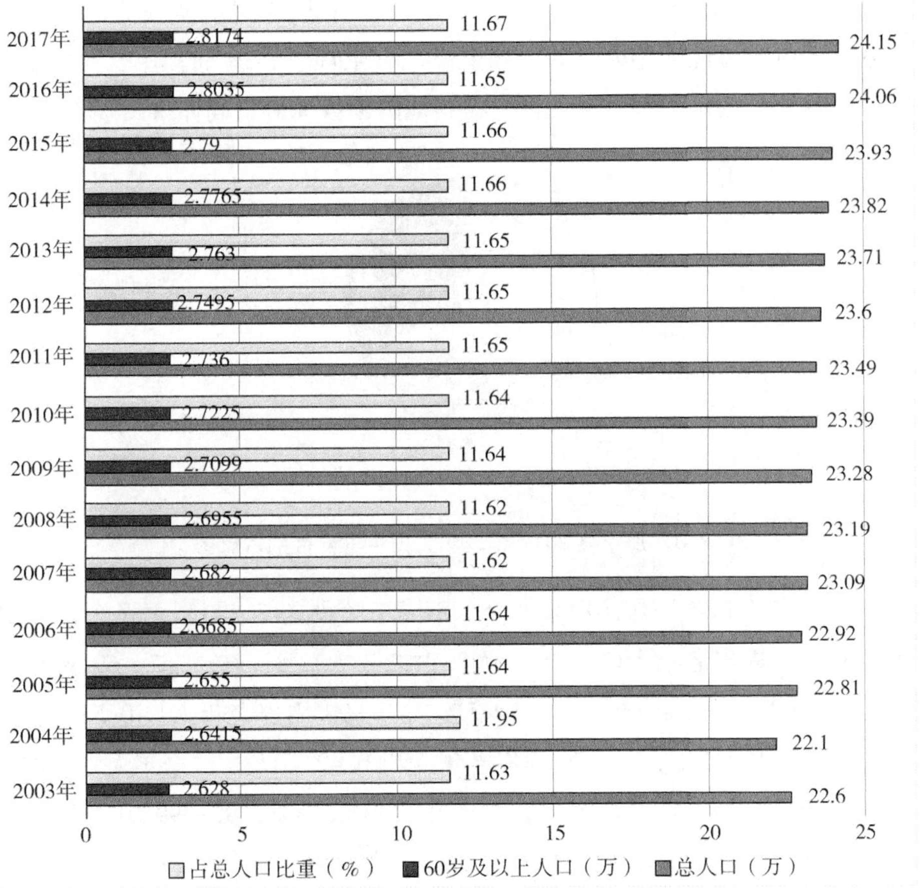

图1　2003—2017 年册亨县老年人口规模变动情况

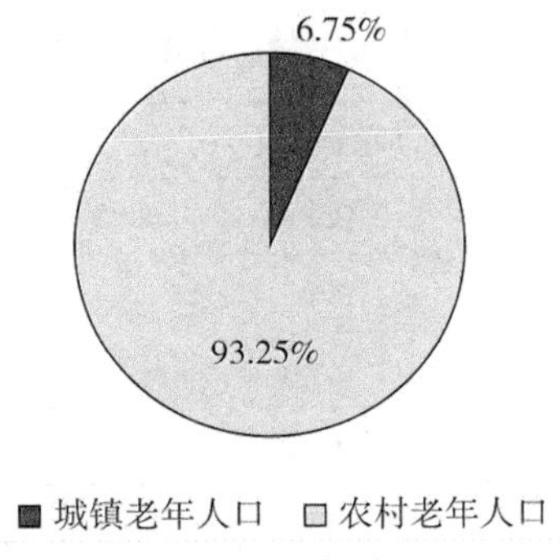

图2　册亨县 2017 年农村和城镇老年人口占比图

人，占42.86%，女性老年人口为1.6万人，占57.14%，如图3所示。女性老年人口比男性老年人口的比例要高，有生理、心理和生活习惯各方面的原因导致，这是一种普遍现象，在其他国家或地区也同样得到了验证。

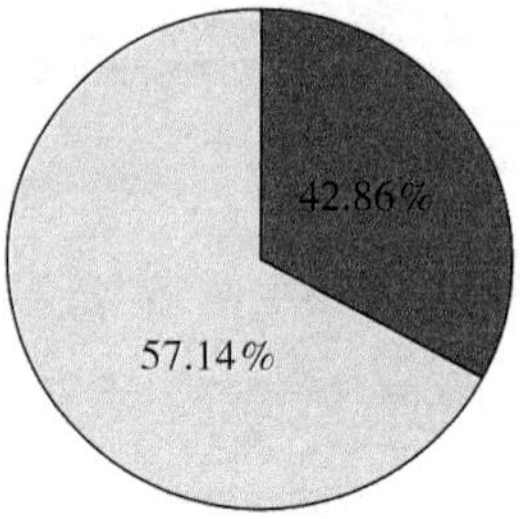

图3　册亨县2017年老年人口中男女性别占比图

按老年人口不同年龄段来划分，不同年龄段老年人口数据及占比分别为：60—64周岁老年人口0.88万人，占老年人口31.4%；65—69周岁老年人口0.63万人，占老年人口22.5%；70—74周岁老年人口0.54万人，占老年人口19.15%；75—79周岁老年人口0.42万人，占老年人口15%；80—89周岁老年人口0.3万人，占老年人口10.6%；90—99周岁老年人口0.04万人，占老年人口1.42%；100周岁及以上老年人口13人，占老年人口0.04%。如表2和图4所示。从数据可以看出，老年人口的数量与所处的年龄段成反比，年龄越大，老年人口越少。

表2　册亨县2017年不同年龄阶段老年人口数量及占比

年龄段	人口数量（万）	占老年人口比重（%）
60—64周岁	0.88	31.4
65—69周岁	0.63	22.5
70—74周岁	0.54	19.15
75—79周岁	0.42	15
80—89周岁	0.3	10.6
90—99周岁	0.04	1.42
100周岁及以上	0.0013	0.04

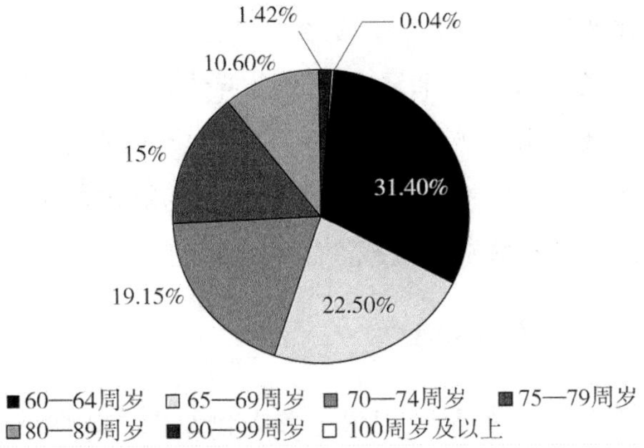

图4 册亨县2017年不同年龄段老年人口占比图

按老年人口低龄、中龄、高龄三个年龄段划分，册亨县2017年低龄（60—69周岁）老年人口占53.56%，中龄（70—79周岁）老年人口占34.28%，高龄（80周岁及以上）老年人口占12.46%。

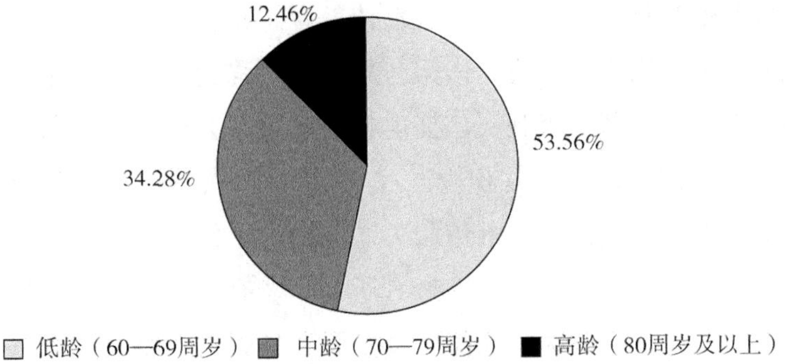

图5 册亨县2017年三大年龄段老年人口占比图

高龄老人分布状况：全县80周岁及以上老年人口3462人，占老年人口12.35%，其中男性1183人，占高龄老年人口的34.2%；女性2279人，占高龄老年人口的65.8%。

百岁老人分布状况：全县100周岁及以上老年人口13人。其中男性3人，占百岁老年人口的23.07%；女性10人，占百岁老年人口的76.93%；城镇无百岁老年人口，农村百岁老年人口13人，农村百岁老年人口占全县百岁老年人口的100%。

人口老龄化快速发展的趋势，是经济快速发展、人民生活水平不断提高的重要标志。老年人是一个复杂的社会群体，由于他们的年龄、学历、职业、职务、经济收入、居住环境等不同，需求差别也很大。在经济欠发达、城乡居民还不富裕的情况下就出现了人口老龄化加速发展的趋势，势必对经济社会的发展和脱贫攻坚战产生深刻影响。

（三）老龄事业发展状况

截至2018年6月，册亨县建成运营农村互助幸福院42个，床位168张。累计拨发福利彩票公益金10万元用于资助农村互助幸福院建设，当年安排农村互助幸福院1个。2017年，册亨县65周岁以上老年人健康管理率达到30%，实施老年人家庭无障碍改造户，2017年册亨县建成老年协会4个，全部为农村老年协会，入会老年人625人，基层老年协会建会率城镇社区达到50%，农村社区（行政村）达到35%。近年来，册亨县利用重阳节及其他节日，组织老年人的宣传教育工作，特别是对老年人权益保护条例的宣传做到家喻户晓，人人皆知，通过强化宣传，营造了浓烈的敬老养老氛围。充分利用报刊、广播电视台、政府公众信息网等媒体，广泛宣传老龄工作方针政策，并积极开展文化、教育、科技“三下乡”活动，宣传反邪教知识，宣传预防电信相关诈骗知识，使广大老年人的合法权益得到有效保护。充分发挥老年人老有所为、老有所乐作用，组织老年人参加社会调研工作，积极为县老龄事业发展和县脱贫攻坚工作发挥决策参谋的作用。通过开展敬老爱老先进集体和先进个人评选表彰活动，树立了敬老养老典型，弘扬了尊老敬老养老的传统美德。涌现出的先进模范人物，掀起了全社会敬老爱老的新风尚。组织举办了老年人运动会、老年人健身行动、老年书法摄影等文化体育活动，组织文艺演出、电影、讲故事等下乡活动，既丰富了老年人的精神文化生活，又营造了敬老爱老的良好社会舆论氛围。形成了较为完备的老龄工作体系。一是老龄事业发展纳入全县发展规划。把老龄事业发展纳入了全县国民经济和社会发展规划，制订出台了县老龄事业发展“十三五”规划。明确并突出了老龄委的工作核心作用，同时区级各部门、乡镇（街道）、企事业单位都明确一名领导分管老龄工作，落实相关科室和民政办负责老龄工作日常事务。基本形成了“党政加强领导，老龄委组织协调，有关部门齐抓共管，全社会共同努力”的老龄工作格局。养老保障水平不断提高。老龄事业发展纳入财政预算。将敬老院建设管理、贫困老人援助和高龄老人、空巢老人入住敬老院补助等经费纳入财政预算，并逐年增加。

二、册亨县老龄事业发展面临的问题

（一）传统养老模式受到冲击

随着人口老龄化的发展和人口流动性的增强，原有的家庭结构发生了巨大变化，使得家庭作为养老主阵地的功能逐渐削弱，传统家庭养老模式受到巨大冲击，与此同时，适应现代化需求的新型的养老模式尚未建立。在传统的数代同堂的大家庭中，老人是家庭的核心，凡事以“孝”为先，老年人掌握着家庭的话语权。但是，由于国家权力对家庭的渗透，传统家庭逐步瓦解，核心家庭大量出现，同时，由于外出务工人员的大幅增加，倒三角形家庭格局普遍形成，空巢老人逐渐增多，老人赡养老人、隔代赡养老人家庭大量存在，传统的“居家养老”“养儿防老”的家庭养老功能正在逐步弱化。家庭规模的小型化使得老年人在家庭生活中的影响力和控制力大大削弱，摆脱了传统伦理束缚的个人往往表现出极端功利化的自我中心主义取向，在一味地主张个人权利的同时拒绝履行自己的义务，代际冲突加剧，老年人成为困难群体，特别是在农村贫困地区的老年人，老年人由于积蓄有限，年老后丧失劳动能力，无经济收入来源，农村养老保障水平又相对较低，保障体系不健全，只能依靠儿女养老的老年人生活条件差，其老年生活更是难以保障。同时，子女外出打工，与父母之间的感情交流大大减少，老年人普遍感到孤独寂寞，缺乏精神慰藉，造成精神和心理上的空虚，甚至出现老年人自杀的悲剧，可见传统养老模式在现代社会中遭遇的巨大冲击，给老龄事业的发展带来巨大的挑战。

（二）医疗卫生服务体系尚不健全

由于“未富先老”的社会现状，现代化的社会养老保障制度未实现全覆盖。老年人都不同程度地患有慢性病，据有关数据统计，我国老年人的平均发病率在54%左右。可见，随着人口老龄化、高龄化的发展，老年人对医疗、卫生、健康、养老的需求也将同步提升。医疗条件的发展对于应对人口老龄化至关重要，但目前来看，“就医难、就医贵”等问题尚未真正得到有效解决，老年专科医院、医护人员数量和专业水准与老年人的需求还存在极大的差距，如每千名老人拥有的床位数还不能满足社会发展需求，出现诸如该住院的由于没有床位而无法住院的情况。同时，城乡医疗资源分布不均，使生活在农村的老人特别是一些高龄老人和失能、失智老人的养老问题尚未得到有效解决。由于医疗改革滞后，医疗保险标准低，老年人看病就医费用高，大多数老年人特别是生活在农村的贫困老人，仍然存在看病贵、看病难、小病拖、大病扛、看不起病、进不起医院的突出问题。

（三）城乡老龄事业发展欠均衡

一是基础设施差，养老经济支持不足。全县90%的老龄人口生活在农村，因此册亨老龄事业发展的工作重点和难点也在农村。长期的城乡二元结构导致公共财政在农村老年基础设施建设上投入不足，部分乡镇（街道）敬老院、五保家园存在功能不配套、基本生活设施不完备、服务管理不到位等问题，入住率较低。一些基层老年协会没有必需的工作经费，没有开展工作的场所，多数依靠会员自筹会费维持运转。二是老龄事业专业人才缺乏。有的乡镇（街道）老龄工作没有专人负责，现有从事老龄服务的人员配备等方面不能适应新形势老龄工作需要。乡镇（街道）敬老院服务人员专业水平差，服务质量亟待提高。村、社区在帮助空巢老人解决焦虑感、孤独感、空虚感等方面创新不够，办法不多，作用发挥不明显。由于老年人是个特殊的生理群体，社会就业人员尚对老年服务行业不认同，劳动强度较大、工作环境较差、劳动报酬较低，且具有一定的风险性，多数人都存在一定顾虑，这是导致专业队伍人才缺乏的主要原因。随着大部分年轻人外出务工，农村老人家庭空巢化日益严重，留守老人除了一定的农事劳动外，业余生活空间较窄，缺乏家庭温情，没有有效的精神生活消遣，长此以往对身心伤害很大，这就需要有专门的服务人才进行专业的疏导，改善他们的精神文化生活。

（四）老龄事业发展缺乏保障

一是政府对老龄工作投入尚欠力度。面对日趋严峻的人口老龄化形势，政府没有设立老龄事业发展专项资金，老龄工作经费自然增长幅度与经济社会发展还不相适应。部分乡镇、街道没有将老龄工作经费纳入财政预算，老龄基础设施建设、养老服务业人员培训、基层老年协会开展工作等缺乏资金保障。册亨县目前有老年人口 2.8 万余人，加之属于深度贫困县，财政收入低，没有足够资金投放到老年事业发展上来，严重制约了养老服务业的发展与改革。二是鼓励支持社会资金投入养老产业不够。县政府尚未制定扶持社会力量投资老年产业的优惠政策。易地搬迁、城镇棚户区改造、城乡危房改造等保障性工程中，尚未超前规划适老化设施配套建设。尚未健全民政部门与相关部门协调配合监督机制，养老机构设立和管理配套办法未出台。全面放开养老服务市场，提升养老服务质量的组织机构未建立，相关配套实施意见未能出台。导致相关部门职责不明确，开展工作难度比较大。

（五）老龄事业宣传力度不够

老龄事业是全社会的事业，牵涉面大，影响力广，需要全社会的共同参与。当前，对老龄事业发展还没有引起有关部门的足够重视，老龄事业发展和养老改革的宣传推广力度比较弱，效果也不尽如人意，群众知晓率和社会参与率不高，导致群众社会化养老参与人数不多，社会资本在养老机构的建设投入方面也不大，对老龄事业的进一步发展产生了一定的制约。

三、册亨县老龄事业发展的对策建议

（一）建立科学合理的养老保障体系

养老保障体系的健全和完善需要依托经济的发展，而经济的发展决定着养老保障的发展思路，在老龄化背景下，册亨县依托脱贫攻坚、同步小康的机遇，大力发展经济、改善民生，逐步建立起科学合理的养老保障体系，推动册亨老龄事业的全面进步。一是尽快建立健全组织实施机构，完善制度设计，出台加快全面放开养老服务市场，提升养老服务质量的实施细则，推动老龄事业的常态化、长效化发展。二是健全社会保障体系。建立完善城乡特困老人救助制度，对特殊困难群体给予适当资助，扩大城乡居民养老保险覆盖面，提高社会养老保险参保率，真正实现老有所养。三是提高集中供养老人保障水平。改善公共养老福利机构居住条件，提高服务质量，扶持民营资本参与建设养老院、护理院，建立空巢老人集中供养补贴长效机制，提高集中供养率和集中供养保障水平。四是实行配套医保改革。逐步提高老年医疗保险补贴标准和老人重大疾病救助标准，建立完善县、乡镇（街道）、村（社区）三级卫生服务网络，有效解决老有所医的难题。

（二）构建新型完善的养老服务体系

立足册亨县情，应着力构建“以居家养老为基础、社区养老服务为依托、机构养老为补充”的养老服务体系。随着人口老龄化的不断发展和家庭规模的逐渐变小，我国沿袭千百年的“养儿防老，家庭养老”的养老方式受到了严重冲击。为加快老龄事业发展步伐，政府部门应大力提倡和鼓励“三世同堂”为主的温馨家庭生活方式，满足老年人对亲情和日常生活照料的需求，实现老有所养、老有所乐。逐渐推广建立老年康复和护养结合的医院，满足老年人对健康支持的需求，同时，由于相当多的空巢老人生活无法自理，需要他人照顾，这部分老年人的养老服务需求是刚性的，也是迫切的，对这类老年人的养老服务体现了老龄事业发展的初衷，理应成为养老服务体系发展的重点和突破口。以发展老年福利事业为重点，全面推进社区居家养老服务，制定出台各类养老服务优惠政策，鼓励扶持民办福利机构发展，逐步形成以国家兴办的社会福利机构为示范、其他多种所有制形式的社会福利机构为骨干、社区福利服务为依托、居家供养为基础的社会福利服务网络。到 2020 年，建立起城乡社区居家养老服务基本覆盖，市场化运行机制更加完善，不同层次的居家养老服务的需求得到较好满足的养老服务网络；城市所有社区、农村10%以上行政村普遍开展为老年人提供生活照料、陪护、医疗康复等居家养老服务；通过调研得到的共同反映是，在对老年人的生活照料和精神慰藉方面，居家养老具有其他养老方式所无法比拟的特定优势，在目前养老制度尚不健全、养老经费不足的情况下，强调居家养老的地位和作用，有利于动员全社会的力量来解决老年人的养老问题，有利于平稳应对老龄化高峰对社会造成的冲击。

（三）构建老龄事业发展长效机制

一是建立老龄事业发展专项资金。借鉴其他地区做法，根据财力，由县财政、乡镇、街道分层统筹，60岁以上老人每年每人以适当的标准提取，并在每年福利、体育彩票的公益金中提取一定金额纳入老龄事业发展专项资金。由县老龄办牵头，制定资金管理办法，确保专款专用。二是积极推进基层老年基础设施建设。乡镇（街道）要将老龄工作经费纳入本级财政预算，加大对村、社区老年活动场所和设施建设的资金投入力度。三是鼓励扶持社会力量参与和兴办养老服务产业。制定出台扶持老年产业发展的优惠政策，吸纳更多的社会资本投入老龄事业，推动老龄事业科学发展。老龄化带来的是相当复杂的社会问题，老龄事业更是一个相当复杂的系统工程，需要政府、民间团体和普通群众共同参与，共同努力，事关每个个人、每个家庭，只有解决好了，才能保证家庭的幸福，社会的稳定，需要我们在实践中不断地改进提高。四是制定拓宽投融资渠道优惠办法，鼓励金融机构、社会企业资金投放到养老服务机构有偿服务行业，加大政府资金的投入力度，完善好相关基础设施建设。

（四）切实加强农村养老服务建设

当前农村养老服务建设尚处于发展的初期，而农村人口老龄化程度高于城镇，且发展速度快于城镇，如何完善农村养老服务，构建城乡均衡的养老服务体系，是老龄事业的关键点。依托贵州省正在实施的大扶贫战略，从册亨县老年事业发展实际出发，切实加强农村养老服务。一是加快服务设施建设。大力实施农村脱贫攻坚战略，加大对农村贫困地区养老设施建设支持力度，建立城乡县际交流合作机制，鼓励农村集体建设用地优先用于发展农村养老服务，加强以农村五保供养机构为重点的农村养老服务设施建设，支持将有条件的乡（镇）五保供养机构扩建提升成为区域性养老服务中心。加强行政村、较大自然村的农村幸福院等互助性养老服务设施建设。二是建成农村基本养老服务网络。以乡镇为中心，依托行政村、较大自然村，充分利用农家大院等，建设日间照料中心、托老所、老年活动站等互助性养老服务设施，建立具有综合服务功能、医养相结合的养老机构，与农村基本公共服务、农村特困供养服务、农村互助养老服务相结合，形成农村基本养老服务网络。三是建立长效运营机制。加强养老服务设施的规范化管理和运作，健全规章制度，落实运营资金。充分发挥村民自治功能，在督促家庭成员承担赡养责任的基础上，组织开展邻里互助、志愿服务。鼓励农村基层老年人协会参与照料中心的服务与管理。四是拓宽融资渠道。进一步贯彻落实《中华人民共和国老年人权益保障法》有关规定，可将未承包的集体所有的部分土地、山林、水面、滩涂等作为养老基地，收益供老年人养老。鼓励城市资金、资产和资源投向农村养老服务。各级政府用于养老服务的财政性资金应重点向农村倾斜，鼓励引导民间资本参与农村居家养老服务照料中心的建设和运营。

（五）有效提升智慧养老服务水平

当前养老服务业发展存在的突出问题是管理和服务碎片化而导致的低效化，导致养老服务水平低、效果差，而大数据产业的发展为养老服务业智慧化发展提供了可能，紧紧抓住全省大数据战略机遇期，从册亨县老年事业发展实际出发，切实强化智慧养老服务。一是加强信息管理。建立基于大数据的养老服务信息管理系统，利用大数据强大的挖掘、存储和计算能力，基于历史的数据分析，对老年人的身体状况进行预测或排查，推断老年人的身体健康状况，逐步实现对老年人健康信息的动态管理，为老年人提供更为精准的服务。以乡镇为单位，依托社会公共服务信息平台，建设全县居家养老服务信息系统，对接老年人服务需求和各类社会主体服务供给，为老年人提供紧急呼叫、家政预约、健康咨询、物品代购、服务缴费等适合老年人的服务项目。有条件的地方要为高龄老人、低收入失能老人免费配置“一键通”等电子呼叫设备。推进养老机构数字化建设。推广使用高智能化信息技术仪器，重点支持老年人呼叫服务系统建设，推广使用具有紧急救援、自动报警等功能的养老服务信息呼叫终端。二是为老年人提供智慧健康养老服务。运用互联网、物联网、大数据等信息技术手段，推进智慧养老应用系统集成，对接各级医疗机构及养老服务资源，建立老年健康动态监测机制，整合信息资源，为老年人提供智慧健康养老服务。发展健康养老数据管理和智能分析系统，实现健康养老大数据的智能判读、分析和处理，提供便捷、精准、高效的健康养老服务。三是加快智慧养老产业发展，培育新产业、新业态、新模式，促进信息消费增长，推动信息技术产业转型升级。丰富智能健康养老服务产品供给。针对家庭、社区、机构等不同应用环境，发展健康管理类可穿戴设备、便携式健康监测设备、自助式健康检测设备、智能养老监护设备等，满足多样化、个性化健康养老需求。四是推进智慧养老商业模式创新。充分发挥市场主体作用，探索民办公助、企业自建自营、公建民营等多种运营模式，鼓励社会资本投入，推进基本、保障性服务由政府保底购买，高端、个性化需求由市场调配的运作机制，推动用户、终端企业、系统集成平台、健康养老机构、第三方服务商等实现共赢，形成可持续、可复制的成熟商业模式。

（六）大力推进健康养老产业发展

当前册亨县养老服务体系还处于医养分离的状态，社区养老服务中心以及社会化的养老机构将重点放在养老服务的供给上，忽略了老年人的医疗卫生需求。随着人口老龄化和高龄化的不断提高，以及失能和半失能老年人口比例的上升，老年人的医疗卫生需求大大增加，可以预见，未来养老服务的发展将向集供养、护理、医疗、健康于一体的综合性的、全能型的养老产业模式推进。近年来，贵州省大力实施大生态、大健康发展战略，册亨县可以抓住这一重要的战略机遇期，依据经济发展基础和老年事业发展实际，切实促进健康养老产业发展。一是充分发挥册亨生态、环境、林业、交通等综合优势，大力发展中药材种植，培育一批社会化、综合性健康养老服务机构，完善老龄健康支持体系，做优以医养结合为重点的健康养老产业。二是加快发展健康养老服务产业。依托生态资源、医疗资源等，把医疗、气候、康复、休闲等多种元素融入养老产业，大力发展老年体育、保健疗养、旅居养老、休闲度假型“候鸟”养老旅游等新业态。三是加快开发一批集休闲旅游、度假养生、康体养老于一体的综合养老项目建设，积极向国际著名健康养老机构开展招商引资，加快培育和引进一批创新能力强、信息化应用水平高、品牌知名度广、辐射示范性大的创新型养老服务企业，开展省级养老服务创新示范企业评选认定，鼓励企业向经营方式灵活化、服务品种多样化、服务形式特色化、服务质量精细化的方向发展，建立“住、养、医、护、康”五位一体的养老服务新模式。

深化改革背景下册亨县“三保障”研究报告

王义飞①

摘要： 教育、医疗、住房是最基本也是最大的民生问题。册亨县作为贵州的深度贫困地区，全面落实教育扶贫政策，加快推进农村贫困劳动力全员培训和上岗就业，对因病致贫群众加大医疗救助、临时救助、慈善救助等帮扶力度，大力实施农村危房改造，确保稳定实现农村贫困人口不愁吃、不愁穿，着力编织好义务教育、基本医疗和住房安全的三重保障网。

关键词： 教育扶贫　健康扶贫　农村危房改造　“三保障”

40 年前的改革开放开启了中国历史一个崭新阶段。40 年来，从农村到城市，从试点到推广，从经济体制改革到全面深化改革，中国人民用双手书写了国家和民族发展的壮丽史诗②。党的十八大以来，在推进经济转型升级的大背景下，医疗、教育、社保、就业、文化等改善民生领域的改革从人民群众最关心、最期待的问题入手，不断推出一系列改革举措瞄准促进社会公平正义，增进人民福祉，努力让改革发展成果更多更公平地惠及全体人民。当前，改革进入了“攻坚期”，步入了“深水区”，面临的都是难啃的“硬骨头”。尤其是在国家财政收入增速明显放缓的背景下，如

---

① 王义飞，贵州省社会科学院社会研究所副研究员。

② 何毅亭：《在习近平改革思想指引下继续推进全面深化改革》，《学习时报》2018 年 7 月 9 日第 1 期。

何把有限的财政资金用到最需要的地方，最大限度地促进社会公平正义，更是保障和改善民生的重中之重①。

对于全国脱贫攻坚主战场之一的贵州而言，全省上下干部群众脱贫攻坚、同步小康的紧迫感越来越强，任务也越来越重。中共贵州省委、省政府发布的“2018 年脱贫攻坚春风行动令”指出：2018 年是贵州省经济社会发展至关重要的一年，是决战脱贫攻坚、决胜同步小康、迈上乡村振兴新征程的关键之年，脱贫攻坚“四场硬仗”是关键之年的关键之仗，而“教育医疗住房‘三保障’”就是“四场硬仗”中的关键一仗。

一、册亨县“三保障”工作的主要做法及成效

教育、医疗和住房保障一直被视为民生事业的根基，也是重中之重，是否做好了这三个方面的保障工作，是一个地区脱贫与否的重要指标。对于册亨而言，如何在这场“硬仗”中打得漂亮、赢得精彩，关系到 20 余万册亨百姓的福祉。近年来，册亨深入推进大扶贫战略行动，遵循以问题为导向的原则，不断为农村贫困人口创造更有尊严的生活和追求美好生活的机会，用精准强化教育扶贫、精准兑现医疗扶贫和精准实施住有所安，构建住房、教育、医疗“三保障”，让贫困人口真正实现学有所教、病有所医、住有所居。

（一）教育保障与教育扶贫的主要做法及成效

教育扶贫是指针对贫困地区的贫困人口进行教育投入和教育资助服务，使贫困人口掌握脱贫致富的知识和技能，通过提高当地人口的科学文化素质以促进当地的经济和文化发展，并最终摆脱贫困的一种扶贫方式②。

1. 着力抓好教育资源扩增，保障教育资源供给

一是抢抓作为省教育厅精准脱贫试点县的机遇，按照《教育精准脱贫册亨试验区“1 +9”配套方案》，围绕“提升教育质量和服务同步小康”，

---

① 韩洁等．全面深化改善民生改革成效综述［EB/OL］．http：//www. xinhuanet. com/fortune/2015 -09/17/c_1116596618_2. htm，2015 -09 -17.

② 谢君君：《教育扶贫研究述评》，复旦教育论坛，2012 年 10 月，第 3 期，第 66—71 页。

强化“办学条件、贫困资助、校园安全”三个保障，着力抓好“校长队伍、中层干部、班主任、教师队伍”四支队伍建设，突出“留守儿童精准关爱、教育综合改革、制度配套建设、职业教育扶贫、推进信息化应用”五个重点，全面推进教育精准扶贫[①]。二是整合力量，保障教育机构和师资力量。册亨县委、县政府及教育部门多措并举，加大投入力度，2016 年教育支出 47992 万元，比 2015 年增长 18.0%，增幅较大，2017 年教育支出 48374 万元，比 2016 年增长 0.8%，增幅有所放缓（见图 1）；从学校数量、教师、学生情况等方面来看，2017 年末，全县各级各类学校 99 所。各级各类学校在校学生 45077 人，比上年末增长 0.45%；各级各类学校专任教师 2588 人，比上年末增长 4.35%。学龄儿童入学率 99.05%，初中阶段毛入学率 112.01%，高中阶段毛入学率 86.78%；从抓好基层教师培训来看，充分发挥省、州、县骨干教师、名师示范引领作用，与教师教育精准扶贫紧密结合，组织开展了农村中小学教师学科专题全员培训，按照黔西南州教育局的统一安排，2018 年 3 月，遴选 10 位中小学校长到深圳参加岗位培训。三是科学规划，扎实推进教育项目建设。借助于“全面改善贫困地区义务教育薄弱学校基本办学条件项目”（以下简称“全面改薄”）的政策利好，册亨县积极落实省州政策、资金和项目，努力加强教育资源供给，改善办学条件。根据册亨县“十三五”校点布局规划方案，积极争取项目资金，积极协助各乡镇（街道）及时落实土地，保障建设用地。建立项目专班，倒排工期，实行“日调度、周小结、月考核”，并加大督察力度，全面抓好中小学（幼儿园）项目建设。加强监管，确保工程质量，组织城建、财政、安全等部门对工程建设质量、安全生产及工程监理开展检查，督促工程建设各方落实责任主体，严格遵守工程建设强制性标准。2017 年“全面改薄”等教育续建项目竣工 47 个、主体完工 4 个、主体施工 2 个、完工待验收 9 个、基础施工 8 个；2018 年“全面改薄”项目建设，现已进入基础施工 6 个，主体完工 1 个，竣工验收 2 个，其余 16 个正办理前期手续。公益金幼儿园项目 8 个，正在办理前期手续。四是部门联

① 宋洁．精准施策办教育 贫困学子圆梦想——黔西南州教育扶贫成效显著［EB/OL］．http：//szb.gzrbs.com.cn/gzrb/gzrb/rb/20170302/Articel11003JQ.htm，2017－03－02.

动，狠抓“控辍保学”工作。教育协同公安、市监、司法等部门认真抓好春节期间控辍保学和中职招生宣传工作，锁定辍学生数据，在车站设立外出务工学生劝返点，各乡镇（街道）和教育部门加强协作，组织乡镇（街道）干部职工和教师开展家访活动，各乡镇（街道）依法落实控辍行为，全面抓好“控辍保学”工作。全县小学六年巩固率96.41%，初中三年巩固率93.5%；小学辍学率为0.02%，初中辍学率为0.27%。

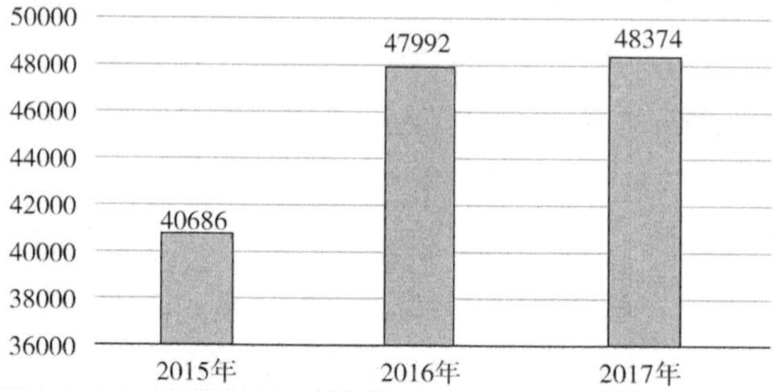

图1　2015—2017年册亨县教育支出情况（单位：万元）

资料来源：2016年、2017年册亨县国民经济和社会发展统计公报。

2. 着力抓好“校农结合”，保障学生餐食供应安全

全县各级各类学校与“册亨县农产品销售平台”商谈并达成统一意见，签订购销协议，完成粮油定点采购工作。学校负责人通过走访，了解当地农产品种植养殖情况，采取“学校下订单”+“合作社提供种植菜单”两种模式，满足供需双方采购和种植、销售需求，分别与“公司、基地、合作社、农户”签订购销协议；目前，册亨县冗渡镇中学、中心小学、丫他镇中学、中心小学食堂食材的订购和配送工作已得到落实，县教育局正与“册亨县秧坝镇板用村农业合作社”“册亨县黔龙科技种植园——册亨县四合村种植养殖农民专业合作社”等机构商谈合作，进一步保障全县各学校学生的营养餐食供应，同时也助推了助农增收，让贫困农户实现精准脱贫。截至2018年3月底，全县各级各类学校完成“校农结合”交易额315.646万元。

3. 着力抓好学生资助，保障学生不因贫困而失学

全面落实教育精准扶贫学生资助政策。一是督促县域内两所高中对符合条件申报免学费的学生全部免收学费入学，不存在“先收后退”现象，

并督促学校与县扶贫办、民政局、残联完成符合免学费学生名单审核工作。二是进行各学段精准扶贫建档立卡学生数收集工作，以便优先保障建档立卡贫困学生全面享受各类资助，杜绝因贫失学。三是督促各学前教育机构完成中央奖补资金和助学金资金发放相关工作；完成县中职学校国家免学费、助学金资金系统数据审核工作及学费、助学金的发放；进行义务教育阶段家庭经济困难寄宿生数据收集工作，以便进行寄宿生生活补助的名额分配。四是为继续做好全县农村义务教育学生和农村学前教育儿童营养改善计划，县教育局营养办建立了“学前营养餐”微信群、“义教营养餐”QQ群，要求所有实施营养餐的校（园）每天必须把提供的营养餐拍照发在群里面，营养办安排专人负责收集、核实，以监督营养改善计划的实施成效。完成各计划实施学校的学前营养改善计划和义务教育营养改善计划，确保资金落实到位，实施成效明显。

4. 着力抓好职业教育和脱盲再教育

一是保障职业教育稳步发展。县人社局和县教育局联合统筹，协调各乡镇（街道）、县中等职业学校共同抓好职业教育精准脱贫班，制定开班时间表、任务数，组织师资力量抓好开班和培训工作，确保贫困家庭人口中有一人掌握一门以上实用技术，实现精准扶贫。二是抓好特殊群体的脱盲再教育。县教育局分配好2018年的脱盲再教育目标任务，由各乡镇（街道）根据目标任务锁定对象，做好动员工作，全面抓好少数民族、老年人、农村妇女的脱盲再教育工作。

（二）医疗保障与健康扶贫的主要做法及成效

根据黔西南州统一安排部署，册亨县对精准建档立卡贫困户，在医疗保障、大病医疗保险、医疗救助、医疗扶助“四重医疗保障”后依然不能实现脱贫的，增加了“重大疾病保险”和“二次报销100%”两重医疗保障，达到“六重医疗保障”，从而遏制贫困群体因病致贫返贫，助力全县脱贫攻坚。

1. 做好机构和政策保障

册亨县先后成立了医疗健康扶贫作战执行组和医疗保障、医疗救助、医联体建设、家庭医生签约、健康教育宣传、卫生人才能力培养、深度贫困村远程医疗全覆盖、农产品进医院、督察、考核评估11个工作专班，在县卫计局设立了脱贫攻坚医疗健康扶贫作战执行组办公室，从县卫计局、县疾控中心、县医院抽调工作人员，专职负责医疗健康扶贫调度、协调等工作，确保工作顺利推进；同时印发了《关于加强册亨县脱贫攻坚医疗健康扶贫工作的通知》《建档立卡贫困人口因病致贫返贫患病筛查诊断工作实施方案的通知》《医疗健康扶贫秋季攻势作战方案》《册亨县健康扶贫工作实施方案》等文件，有效推进医疗健康扶贫工作。

2. 全面实施“六重医疗保障”

一是提高基本医保报销比例。普通门诊报销、门诊特殊慢性病报销不设起付线，年支付限额分别为400元、3.5万元。住院报销不设起付线，在乡镇卫生院、一级医院、二级医院、三级医院、州外公立医院的政策范围内的医疗费用报销比例分别为100%、100%、90%、80%、65%，比黔西南州人社部门规定的分别高5个百分点①，起付线相应减半。二是实施重大疾病保障。根据《黔西南州城乡居民基本医疗保险25类重大疾病实施方案》（州人社局发〔2016〕22号）的规定，对儿童“两病”、妇女“两癌”、终末期肾病、精神疾病等25类重大疾病给予报销，报销不设起付线，不受医保目录、转诊转院、定点救治医院、定额、限额等限制，且多次治疗均按重大疾病比例报销，报销比例最低为85%，贫困人口报销比例相应提高5%。三是提高大病保险报销比例。册亨县根据黔西南州文件要求，结合本地实际，规定大病保险起付线3000元，年支付无封顶线，分段报销比例为：3000—15000元报销60%；15000—25000元报销65%；25000—35000元报销70%；35000元以上的报销85%；对在州内二级（含二级）以下医疗机构就医，符合大病保险报销政策的，分段的报销比例再

① 黔西南州规定，城乡居民住院在乡镇卫生院、一级医院、二级医院、三级医院、州外公立医院合规医疗费用报销比例分别为95%、95%、85%、75%、60%。参见黔西南州人力资源和社会保障局．医疗保障放大招：“六重保障”助脱贫［EB/OL］．http：//www.qxn.gov.cn/View/QxnGov.LBJ.Info/206032.html，2017-09-12.

提高10%，每个段位均比黔西南州级规定的再提高5个百分点[①]。四是抓好医疗救助保障。落实好“一站式”结算医疗救助，基本医疗保险（或重大疾病保障）、大病保险报销后剩余的政策范围内医疗费用，由医疗救助资金按70%的比例给予救助，年度封顶线3万元，抓好大病医疗救助政策全覆盖，将因病返贫、因病致贫家庭全部纳入医疗救助范围，进一步减轻困难群众就医费用负担，对参加基本医疗保险个人缴费存在困难的医疗救助对象，分类别按不同标准资助其参加基本医疗保险，确保医疗救助对象100%享受基本医疗保障，有效遏制因病致贫、因病返贫，切实解决群众的困难问题。五是实施住院再次报销保障。建档立卡贫困人口住院产生的医疗费用，经基本医疗保险（或重大疾病保障）报销、大病保险报销、医疗救助后的政策范围内医疗费用，由基本医疗保险基金兜底确保100%报销。六是落实医疗扶助制度保障。册亨县人民政府划拨了100万元建立了册亨县医疗扶助基金，出台了《册亨县医疗健康扶贫医疗扶助实施方案》，对建档立卡贫困人口医疗费用通过城乡居民医疗保险、大病保险、重大疾病保障、医疗救助、住院再次报销后，个人自付医疗费用仍然过高，影响其家庭基本生活的，由医疗扶助基金给予专项扶助，实现县域内就医自费费用兜底，县域外就医自费费用报销比例不低于90%。通过以上各项政策保障，确保了建档立卡贫困群众看得起病、看得好病、减少生病，从根本上遏制因病致贫、因病返贫现象的发生。

3. 加强基层医疗服务能力建设和公共卫生服务保障

一是积极推进“卫生人才计划”。完成5名订单定向聘用和29名订单定向医学生招录工作的目标任务，通过统招录用7名医技人员。目前正在组织人员到百色右江医学院、贵州医科大学、贵阳中医学院等地开展人才

---

① 黔西南州规定，大病保险起付线3000元，分段报销比例为3000—15000元的报销55%，15000—25000元的报销60%，25000—35000元的报销65%，35000元以上的报销80%；在州内二级（含二级）以下医疗机构就医，符合大病保险报销政策的患者，分段的报销比例再提高10%；年支付无封顶线，基本医疗保险报销超过住院费用年支付限额的，直接进入大病保险报销，精准扶贫对象每段位报销比例相应提高5个百分点。参见黔西南州人力资源和社会保障局．医疗保障放大招：“六重保障”助脱贫［EB/OL］．http://www.qxn.gov.cn/View/QxnGov.LBJ.Info/206032.html，2017-09-12.

引进，大力实施“千人支医”计划，顺利完成从县医院抽调18名有资质的医护人员到各乡镇卫生院服务一年的目标任务。二是加强在职医护人员学历提升和岗位培训，派送业务骨干医护人员到省外、省内及州级综合医院进修学习达58人次。举办了乡村医生业务知识培训和中医药适宜技术培训，参训人员达420人次，完成了3名全科医生转岗培训的目标任务，实施农村中小学校医能力建设。三是加大投入，强化卫生基础设施建设，2016年全县医疗卫生与计划生育支出10840万元，比2015年下降41.0%，2017年医疗卫生与计划生育支出19116万元，比2016年增长76.35%，呈现出“过山车式”的涨跌态势（见图2）。继续实施38所中小学医务室标准化建设全覆盖，统一医疗设备配置，并筹备医务室医疗设备采购。县中医院、县保健院、县疾控中心、部分街道（乡镇）的卫生院设施等项目正在建设中，同时加强远程医疗体系建设，启动深度贫困村远程医疗服务平台建设，完成了36个深度贫困村卫生员配备和培训，12个乡镇的卫生院“五室”已建成并通过验收，完成了相关科室技术操作人员培训。四是加强重点疾病防控，积极开展的贫困人口健康管理。建成了14个乡镇卫生院（社区卫生服务中心）规范化数字预防接种门诊；实施妇幼健康优质服务，全面落实妇幼重大公共卫生项目，推进出生缺陷综合防治。全面实施华大基因监测工程，对新生儿进行疾病筛查，对罹患36种慢性病贫困人口实施健康管理，完成家庭医生签约10715户，42860人，签约率达100%，实现居民健康档案建档率89.54%，老年人健康管理率67.55%，中医药管理率45.25%，慢性病管理率66.7%。五是积极开展创卫工作，不断改善农村人居环境，继续巩固省级卫生县城称号以及丫他、秧坝、冗渡3个省级卫生乡镇创建的成果，并以此为契机，积极组织申请巧马、双江、岩架、八渡4个省级卫生乡镇的创建工作。

截至2017年底，全县共有建档立卡贫困人口10241户，40965人。城乡居民贫困人口基本医疗保险参保率100%，实现全覆盖。全面宣传贯彻执行“六重医疗保障”措施，落实“一站式”即时结算，2017年贫困人口享受“六重医疗保障”政策9023人次，总费用3272.55万元，报销费用3014.33万元，其中基本医疗保险（包含重大疾病保障）9023人次，报销2509.10万元；大病保险619人，报销18.03万元；医疗救助865人次，报销455.56万元；医疗扶助350人次，扶助费用31.64万元，住院报销实补比92.11%。全县有2529名慢性病患者全部实现签约服务保障，贫困人口家庭医生签约覆盖率达到100%。

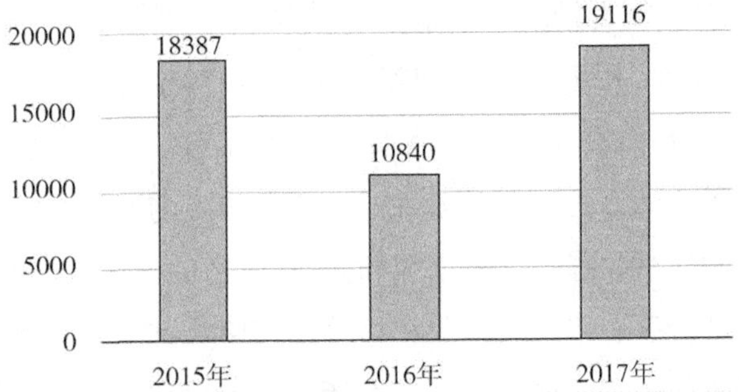

图2　2015—2017年册亨县医疗卫生与计划生育支出情况（单位：万元）

资料来源：2016年、2017年册亨县国民经济和社会发展统计公报。

（三）住房保障的主要做法及成效

2008年初，贵州省遭受了百年不遇的冰冻灾害，大量农房受损严重，给贫困农民的居住安全带来很大威胁，引起了中央政府对农村危房改造工作的高度重视。以此为契机，中央在贵州省投入2亿元资金用于农村危房改造试点工作，并计划在该试点取得成功后4年内逐渐扩大至全国。

2017年8月，省人民政府办公厅印发了《贵州省农村危房改造和住房保障三年行动计划（2017—2019年）》（黔府办发〔2017〕33号），对加快推进全省农村危房改造和住房保障的总体要求、基本原则、工作目标、主要任务、政策措施等予以了明确要求，保障贫困农户住房基本居住功能和卫生健康条件，贫困农户“住房安全有保障”目标的重要举措。按照计划，贵州省于2017—2018年底，对全省尚存的建档立卡贫困户、低保户、分散供养特困人员和贫困残疾人家庭等四类重点对象共27.31万户农村危房分批进行改造，同时对未列入四类重点对象的其他农村危房改造户按属地管理原则，由市、县两级结合整体改善农村人居环境“10＋N”行动计划，“四在农家·美丽乡村”基础设施建设六项行动计划等工作统筹组织实施。此外，通过改造后的农房，要达到贵州现行农村危房改造工程验收标准，同时也要满足贵州“住房安全有保障”的脱贫标准。

自2008年启动危房改造工程以来，册亨县委、县政府把握农村危房改造试点县的机遇，把农村危房改造工程作为改善民生的大事来抓，明确设立专门机构，专人负责处理日常事务，采取“点、线、面”相结合的模式，逐步在全县12个乡（镇、街道）123个村994个村民小组实施危房改造工程。截至2017年底，投入补助资金45542.23万元，不断改善农村群众居住条件，优化人居环境，工程共惠及农户41556户。与此同时，坚持公开、公平、公正的原则，严格按照“农户申请、村级把关、乡镇审核、张榜公示、行文批复、签订协议、组织实施”程序分步实施，并组织技术人员对危房改造全程跟踪问效，确保危房改造工程取得实实在在的成效①。按照脱贫攻坚“春风行动”统一部署，2018年，册亨县计划完成剩余存量农村“危房改造”“改厨、改厕、改圈”（以下简称“三改”）工作任务约2232户，其中：四类重点对象1182户（贫困户一级1148户、贫困户三级34户），非四类重点对象1050户（困难户一级803户、困难户二级247户），预计所需各级政府补助资金4748.8万元，其中，危改3724.6万元，“三改”1024.2万元。

表1　册亨县危房改造适用对象

项目	贫困户			困难户		
危房等级	一级危房	二级危房	三级危房	一级危房	二级危房	三级危房
属于省级建档立卡贫困户	五保户一级 低保户一级 困难户一级 一般户一级	五保户二级 低保户二级 困难户二级 一般户二级	五保户三级 低保户三级 困难户三级 一般户三级	—	—	—
不属于省级建档立卡贫困户	五保户一级 低保户一级	五保户二级 低保户二级	五保户三级 低保户三级	困难户一级 一般户一级	困难户二级 一般户二级	困难户三级 一般户三级

资料来源：《册亨县2016年度农村危房改造工程实施方案》（册府办发〔2016〕100号）。

① 韦刚．册亨县十年危房改造惠及41556户［EB/OL］．http：//www.gz.xinhuanet.com/2018－05/15/c_1122836272.htm，2018－05－15.

2018 年，农村危房改造进入第十个年头。根据《贵州省农村危房改造精准服务脱贫攻坚工作实施方案》文件要求，册亨县结合实际，将推进农村危房改造工作作为全面打赢脱贫攻坚战的一项重要工作，经过十年的不断实践总结，逐渐形成了农村危房改造工作的“1234”模式。

“1”即“一个中心”：围绕脱贫攻坚工作中心，在农村危房改造调查摸底、宣传动员、方案制订及项目实施中，牢固树立“抓危改就是抓脱贫，抓脱贫必抓危改”的工作意识，将危改工作纳入脱贫攻坚“一把手”工程统筹实施。一是强化组织领导，根据工作需要，及时调整农村危房改造领导小组，对农村危房改造工作进行统筹调度，并对工作中存在的困难和问题进行动态跟踪，实时整改，确保工作高效推进，符合脱贫攻坚总基调。二是开展全面排查，抽调业务骨干按照“县不漏镇、镇不漏村、村不漏户”的原则，对全县农村危房进行拉网式排查，建立档案资料 8.3 万余册，切实做到底子清、情况明、对象准。三是强化宣传动员，组织调度镇村两级干部，通过入户发放政策明白卡（告知书）和召开群众座谈会等方式，向计划内改造对象宣传农村危房改造有关政策内容，多措并举调动群众参与农村危房改造工作的积极性。

“2”即“两个注重”：一是注重民族文化传承。册亨被誉为“中华布依第一县”，布依族人口占总人口的 76%。布依文化底蕴深厚，极具民族特色，一些布依族古寨的布依族干栏式建筑保存较多。在实施农村危房改造中，注重民族文化的保护与传承，册亨县住建部门强化规划设计引导，以注重地方特色和尊重民意为原则，结合《贵州省农村小康房建设指导》和《贵州省农村小康房典型设计图集》，编制完成了《册亨县布依民居设计图集》，积极征求当地群众意见和建议，结合《贵州省农村危房改造工程建设管理暂行办法》，采取就地取材、传统设计等方式，引导农户按原布依吊脚楼建筑风格建设安全住房，确保村寨风貌不因危改而遭受破坏。二是注重效益链接。为最大限度发挥农村危房改造在脱贫攻坚中的助推作用，册亨县先后整合“四在农家·美丽乡村”、六项小康行动计划、农村生活垃圾污水治理、新农村建设、传统村落保护和发展等资金约 4.5 亿元，在冗渡大寨、陂鼐等村寨同步实施房屋亮化、环境美化、山头绿化、串户路、农村生活垃圾污水收集处理等基础设施建设，进一步美化亮化村庄，完善主体功能，为推进特色民族村寨旅游发展提供了良好的保障。目前，在大寨、陂鼐、福尧等旅游村寨，部分危改户开起了农家乐和农家旅馆，脱贫渠道得以进一步拓宽。通过“危改”和“三改”，原先一些破旧、凌乱的房屋得到较大改善，农户的生产生活环境得到了较大改善，村庄整体形象大为提升，2017 年 6 月，册亨县荣获“全省农村生活污水垃圾治理整县推进示范县”称号。

“3”即“三项常规”：一是严格按照规定进行动态调整。根据贵州省、黔西南州《关于规范农村危房改造四类重点对象动态调整有关事宜的通知》文件精神，册亨县不断完善相应动态调整农户认定程序，对存量农村危房改造对象开展再核查工作，确保农村危房应统尽统、应改尽改。严格按照规定，对因易地扶贫搬迁、家庭成员有国家公职人员、购买商品房、小轿车、经商办企业等统计后新增“四有人员”进行调减共计 3184 户。二是开展技能培训确保技术过硬。先后编制完成了《册亨县农村危房改造和住房保障政策业务培训教材》《册亨县农村危房改造档案信息系统操作手册》《册亨县农村危房改造和住房保障技术指导手册》等培训材料，积极组织各镇、街道开展政策业务技能及技术指导服务 3150 余人次。同时，组建工作组定期协助各镇、街道抓好工作材料收集、时间节点把控、竣工验收、信息录入等相关常态化工作开展。三是坚持问题导向强化督促督察。将农村危房改造和住房保障工作纳入全县脱贫攻坚考核体系，通过周调度、月督察、季考核的方式强化“五主体、四到场”工作制度，落实村镇规划建设办公室、国土所、村“两委”、乡土技术工匠、危改农户五方责任主体在基础放线到场、基础验收到场、主体封顶验收到场、总工程竣工验收到场的职责。对督促中发现的建设质量安全隐患、档案不规范等问题，由督促组督促现场整改或限时整改，切实保障工程质量、安全和进度。

“4”即“四种成效”：一是助推乡村旅游发展。采取农村危房改造与山地旅游发展、传统村落保护等相结合的方式，谋求生产空间集约高效、生活空间宜居高效、生态空间山清水秀，为传统村落保护、山地旅游、民族特色村落等乡村旅游发展奠定了坚实的基础。例如对冗渡镇威旁村陂鼐古寨、秧坝镇福尧村等民族特色村落进行山地旅游资源开发。二是助推贫困群众就业减贫。册亨县在实施农村危房改造工程的过程中，致力培训有意在建筑领域务工的贫困农户，通过开展集中培训、施工现场师傅带徒弟等方式，帮助贫困群众拥有“一技之长”，经考核合格后发放结业证书，从事农村危房改造施工，2017 年以来，贫困人口中获得资质并从事农村危房改造施工人员约占总人数的 30%，让贫困群众获得了减贫摘帽的致富技能，实现自力更生。三是助推人居环境建设。在危房改造过程中，强化规划建设指引，因地制宜，引导农户建房从注重房屋面积向注重完善内部居住功能转变，从粗放式建设向注重节地、节能、节材、节水和提高抵御自然灾害能力转变，实现内部功能完善、设施齐备、生活舒适、居住便利，房屋周边环境美化、庭院硬化、卫生净化、村寨亮化的人居环境，进一步提升农户居住品质，逐渐改善农村群众的生产生活条件。四是助推农村经济社会发展。通过实施农村危房改造，带动了基础物资和物料等直接投资。据统计，2008 年实施危房改造以来，册亨农村危房改造拉动直接投资 14. 5 亿余元，促进就业约 24. 5 万余人次，同时，促进了党群干群关系融洽、社会和谐稳定，使贫困群众对生产生活有了更大的信心。

二、册亨县“三保障”存在的主要问题

（一）教育保障及教育扶贫存在的问题

1. 教育扶贫工作量大，部门之间难以形成合力

由于资助涉及申请、审核、认定、发放等多个环节，在具体操作过程中，学生申报免学费、教育精准扶贫学生多，而教育部门及各学校相应的工作人员较少，致使学校未将申请表、公示材料、发放资料等档案分年度、分类别整理并归档备查，一些工作未及时跟进；加之教育精准扶贫涉及的学生资助工作涉及面广、程序复杂，需要财政、扶贫、人社以及各学校通力合作，才能确保实现应助尽助，各成员单位之间的配合还有待于加强。

2. 信息掌握不精准，沟通渠道不畅

对于省外高校就读的建档立卡贫困学生的补助资金，因县教育局没有基数做参考，无法比对资助情况，导致有遗漏资助的情况发生，同时由于少数家庭举家外出务工，电话号码更换频繁，联系较为困难，导致少数建档立卡贫困学生未能及时知晓和了解贵州省的教育精准扶贫惠民资助政策，仍有个别学生因实习申请表不能及时盖章等原因，致使学生错过当年申报时间；对于在省内高校就读的学生，因申报、审核、发放等环节均在学生就读学校完成，县教育部门无法掌握其受助情况。

3. 统筹配套滞后，管理亟待加强

一是贫困地区教学基础较为薄弱。一方面体现在教学基础设施设备不足，长期经费短缺，农村中小学办学条件不达标，寄宿制学校任务难以实现，“全面改薄”等项目的资金投入按照“费随人走”的原则进行匹配，由于生源的逐渐外流，导致贫困地区的学校学生数量少，经费进一步缩减，造成了不同地域、不同学校之间的差距加大；教师队伍建设薄弱，尤其是乡村教师的工作及生活条件较为艰苦，从而导致教师资源的流失情况较为突出。另一方面，控辍保学难度较大，职业教育面临困境。较多贫困学生受到家庭环境、学校考评体系、同辈群体等的影响，对通过读书改变命运的内生动力不足，“读书无用论”、早点出门赚钱打工的思想较为普遍，造成贫困与家庭缺乏文化、缺乏基本技能、缺乏精神支撑①的恶性循环，虽然教育局联合相关部门在车站设点劝返，但成效不大，厌学中学生通过其他途径在春节过后已陆续外出务工；同时，中等职业教育的发展面临较多困境，专业设置缺乏特色，学习和就业存在脱节，职业教育培训人员难召集，培训效果不够理想，社会认同和经费投入不足，师资队伍较为薄弱等都阻碍了中等职业教育的进一步发展。二是资金配套不及时。册亨县经济总量小，财政收入有限，县财政对教育项目地方配套资金无法进行配套统筹，教育贷款不到位，项目资金拨付不及时，重大项目建设缺口资

① 赵红霞、谢红荣：《义务教育均衡发展中的精准扶贫研究》，《湖南师范大学教育科学学报》2016年第5期，第84—88页。

金较大，校园规划设计欠科学，部分项目存在建设推进慢，影响项目推进进度，施工现场管理亟待加强。三是营养改善计划食堂管理难。营养计划实施的最大困难在于食堂食品安全监管。册亨县实施营养计划的校（园）分布在全县各乡、镇、街道办，最远的学校离县城有近60公里，点多面广，在采购、配送、餐食制作等环节难于标准化统一管理。很多村小、教学点没有专职食堂管理员，从业人员流动性大、管理难，校（园）学生饮食安全控制监管难度大。

（二）医疗保障及健康扶贫存在的问题

1. 健康扶贫精准度有待提高

一是精准扶贫、精准识别贫困人口的工作量大、任务重，虽然有扶贫部门建档立卡资料作为依据，但建档立卡贫困户处于动态之中，卫计、扶贫、民政、人社等部门配合协作不够，导致提供数据不及时、数据质量控制有待提高，有漏报或重复报现象，导致仍然存在健康扶贫对象分类不精准、部门之间体制障碍等因素，扶贫过程中“瞄不准”的问题依然存在。二是专职人员有限，部分兼职工作人员不熟悉业务，扶贫工作开展滞后，同时造成“因病致贫、因病返贫”和“农村大病患者”核实认定工作不到位。

2. 医疗机构服务能力仍然不足

一是县域内医疗卫生服务体系不完备，难以满足一些患者的就医需求。一些患者不敢、不想也不愿就地就医，县级及以下医疗机构由于医疗条件和水平并不高，也难以满足一些患者对医疗卫生服务的需求，县外就诊住院人数多，医疗开销大，加重了患者的经济负担，同时也难以达到“大病不出县”的目标。诸多政策的导向是加强县级医疗机构改革的步伐，引导群众分级诊疗、就近看病，但现实的效果却不尽如人意。二是乡村医疗服务机构条件有限，医疗队伍服务能力有限。部分乡（镇、街道）对建档立卡精准扶贫户居民健康档案落实不力，村医医技水平不高，导致与贫困户签约的家庭医生服务不到位。三是医务人员的引进、培训、激励等存在困难。一方面，医疗人才流失严重。尤其是基层卫生院医生流失较为严重，影响了医疗质量和服务水平的提升；另一方面，招聘门槛过高，有的当地医疗人才却进不来。当前医疗人才引进还是高起点高标准高门槛，和实际岗位需求不符，没有形成有效的引进学科带头人和实用人才的办法和措施，加之县财政投入不足，县级及以下的医院硬件设施落后，对医务人员的吸引力有限。此外，用人体制机制不活，薪酬激励效果不明显，收入与工作强度不成正比，无法体现出工作的荣誉感，影响了医务人员工作的主动性和积极性。

3. 健康观念和意识较为淡薄，宣传力度不够

由于一些群众防病的意识和健康观念不足，未养成健康的生活方式和良好的生活习惯，造成了一些贫困群众原来的小病变成了较为严重的大病，一些慢性病缺乏科学有效的管理及控制手段，延误了病情。在工作中，部分建档立卡贫困户在进行初次诊疗后，没有及时复诊，导致精准扶贫家庭“因病致贫、因病返贫”家庭人员复诊率低，对于部分患者的预后不利。在具体操作中，由于政策设计的起点高、报销比例低，流程较为复杂，加之“一站式”即时结报、“先诊疗后付费”“六重医疗保障”等惠民政策宣传不到位、群众理解等方面的原因，致使医疗救助难以充分发挥其应有的作用。

（三）住房保障及农村危房改造存在的问题

1. 协调管理亟待加强，群众满意度有待提高

2018 年是册亨县农村危房改造的收官之年，时间紧、任务重。一是部门间协调管理亟须加强。在实际工作中，存在“两头热、中间散”的局面，地方有关部门之间协调配合不密切，未形成工作合力，改造过程中的生活垃圾、污水处理等相关技术方案、可研性论证等均需通过具有资质的第三方来完成，耗时较长，导致工程迟迟不能按期动工，延误了工期。二是危房改造量大面广，资金压力大。一方面，县财政资金压力大。因中央和省财政资金只针对“四类重点对象”进行补助，“非四类重点对象”由州、县两级财政自行承担，且州、县匹配资金比例为3∶7，悬殊过大，导致县级财政压力加大；另一方面，“危改”群众承担资金压力大。根据

《贵州省2017年农村危房改造精准服务脱贫攻坚工作实施方案》补助标准，“四类重点对象”一级危房户户均补助3.5万元、二级危房户户均补助1.5万元、三级危房户户均补助1万元；“非四类重点对象”一级危房户户均补助0.5万元、二级危房户户均补助0.3万元、三级危房户户均补助0.2万元。由于不同对象之间的补助差距较大，县住建等部门虽对相关政策进行积极宣传，但部分群众对现行补助政策仍然持不同意见，导致农村危房改造工作的群众满意度不高。

2. 危房改造对象识别不精准，政策重叠难选择

农村危房改造是惠民利民的一项民心工程。在调研过程中也发现，在对象的识别上，对于省级建档立卡贫困户来说，主要可以通过扶贫部门的数据进行认定，但对于不属于建档立卡贫困户的“非四类重点对象”的认定上，执行操作者的主观性判断占据主导，仍然存在优亲厚友、冒名顶替等问题，价值信息更新不及时，导致危房改造对象身份确定存在人为操作空间，政策实施效果上存在“改富不改穷”的现象。由于部分待改造农村危房地处较为边远，建筑改造材料的运输成本高，多数农户的贫困程度深、家庭经济条件有限、农户自身发展能力不足，限制了他们参与危房改造的积极性和主动性，导致危房改造工作的推进难度大。相反，家庭条件较好的农户，危房改造的意愿反而较强。再加上正在实施的易地扶贫搬迁工程，在推进过程中，仍然存在农村危房改造与易地扶贫搬迁政策统筹规划不合理，资金使用安排不合理等政策重叠情况，例如，危房改造政策规定：对于建档立卡贫困户、五保户、低保户等“四类重点对象”一级危房户户均补助3.5万元、二级危房户户均补助1.5万元、三级危房户户均补助1万元，而易地扶贫搬迁的补助政策为建档立卡贫困户人均补助2万元，旧房拆除后每人奖励1.5万元，且危房改造政策和易地移民搬迁政策存在时间节点差异，许多任务内农户在“是改还是搬”这两者之间难以取舍、摇摆不定，还有存在危房改造和易地扶贫搬迁政策双重享受的情况，工作推进的不确定因素较多。

三、进一步做好“三保障”的对策建议

教育、医疗和住房“三保障”作为民生领域的三个基本点，发挥着基

础性、先导性和根本性的作用。对于贫困群体来说，对教育、医疗和住房的匮乏和刚性需求，直接影响到与全国同步小康的进程。教育、医疗和住房三者虽看似属于不相关的扶贫领域，但却有着内在的相似和关联。从相似点来看，都要求精准性。教育、医疗和住房三保障的前提都是在掌握精确的贫困户信息基础上的，这要求在贫困户的精准识别上，需要扶贫部门具体、准确的信息，这样才能实现应保尽保，不漏掉一个贫困户，与此同时，对于不再符合保障条件（已脱贫）的对象来说，要及时、动态地行进更新和调整，让有限的扶贫资源投入到更多需要帮助的贫困群体身上。从关联性来看，都是你中有我、我中有你，相互之间的相互促进、共同发展，更能够为贫困地区早日脱贫提供基本支撑和未来动力。在具体实践中，农村中小学校舍危房的改造，中小学卫生室实现全覆盖、医院基础设施的建设和改造等工程项目，都需要住建部门整合资金，协调相关部门开展建设工作，住建部门通过“危房改造”和“改厨、改厕、改圈”，为贫困地区的农村营造了良好的生产生活环境，通过在学校进行卫生知识的教育宣传以及中小学卫生室开展的预防保健工作，又能让广大在校青少年从小养成良好的生活习惯，预防和杜绝一些疾病的发生，从而为健康扶贫有所助益。因此，教育、医疗和住房三重保障既各有侧重，又是高度相关联的。在具体的工作中，既要做好各部门的规定动作，又要有所合作、有所创新，为更好地实现“三保障”目标，为贫困群体早日脱贫作出贡献。因此，有了对三保障之间内在关联的认知，让我们更加了解到，这三者不能偏废其一。为此，我们提出进一步做好“三保障”工作的对策建议。

（一）教育保障方面

《中共中央 国务院关于打赢脱贫攻坚战的决定》指出，着力加强教育脱贫。加快实施教育扶贫工程，让贫困家庭子女都能接受公平有质量的教育，阻断贫困代际传递。习近平总书记也多次强调：扶贫先扶志、扶贫必扶智，让贫困地区的孩子们接受良好教育，是扶贫开发的重要任务，也是阻断贫困代际传递的重要途径①。阿马蒂亚·森说，教育的缺失是“能力剥夺的贫困”，是比收入贫困更深层的贫困，它会引发“贫困的代际传递”②。册亨县地处贵州三大集中连片贫困地区——滇桂黔石漠化片区，面临的不仅仅是经济发展的贫困，更基本的则是人力资本的匮乏。教育的发展关系到人民文化素质的提高和人力资本的提升，关系到社会精神文明建设和发展，是全面小康建设的重要方面，因此，增加人力资本投入，提高人力资本的质量和存量，通过教育扶贫实现脱贫是最根本、最长远的选择。

一是构建部门联动机制，加大资金投入。在教育精准扶贫过程中，要注重教育、财政、扶贫、民政、人社等部门的协调配合，明确工作职责，建立分工协调体系，定期召开部门间联席会议，及时沟通解决工作中遇到的重点、难点问题，并予以妥善解决。教育扶贫作为一项民生事业，需要进一步加大人、财、物的投入力度。在有限的财力条件下，继续集中力量，实现精准投入，同时针对城乡间投资失衡，重视城乡间的教育经费分配比例，可根据生均教育花费提高农村义务教育投入，改善经费投入结构。

二是合理布局教学点，加大基层教师培训力度。在教学点的布局上，要根据当地的生活条件、交通状况、教学需求等，进一步完善中小学布局调整规划，对大众强烈要求恢复的教学点，适当予以恢复。针对种种教学的制约性因素，教育精准扶贫须精准发力。首先要基本满足义务教育学校教学设施和寄宿生生活设施需求，深入推进“全面改薄”项目，优化薄弱校的教学需要，进一步巩固义务教育均衡发展的硬件保障。全面消除中小学大班额现象，确保学生的优良受教育条件和环境。其次，在寄宿制学校改善寄宿生的住宿条件，留足生活空间。最后，应建构合理高效、系统完善的乡村教师培训体系，加大基层，尤其是乡村教师的培训力度，通过变

---

① 张艳玲．习近平扶贫新论断：扶贫先扶志、扶贫必扶智和精准扶贫［EB/OL］．http：//politics.people.com.cn/n1/2016/0103/c1001－28006150.html，2016－01－03.

② 柴葳．教育是最根本的精准扶贫［EB/OL］．http：//dangjian.people.com.cn/n1/2016/0308/c117092－28181106.html，2016－03－08.

革培训理念、关注乡村教师实际的发展需求、轮岗培训、引进“互联网＋教育”的信息化培训方式，逐步提高乡村教育质量[①]。

三是加强宣传引导及职业教育。只有让贫困家庭子女接受高质量的教育，拥有人生出彩的机会，才能切实提高贫困家庭脱贫能力，阻断贫困代际传递。首先，继续加大教育精准扶贫政策的宣传力度，多渠道进行宣传，并加强与相关部门的合作，特别是借助乡镇（街道）的力量，使教育精准扶贫学生资助政策做到家喻户晓；其次，继续稳步推进“营养餐集中配送”工作，降低学校开餐带来的食品安全风险及隐患；最后，建立完善职业教育精准扶贫支持体系，精准对接建档立卡贫困家庭的脱贫需要，实施“定向招生、订单培养、精准脱贫”，保障未升入普通高中的初中毕业生都能接受中等职业教育。与贵州省及黔东南州教育部门对接，启动高/中职院校定向招收贫困家庭学生专项计划，单列招生指标，定向招收建档立卡贫困家庭的学生，安排培养质量较好的示范型、骨干型高/中职院校，选择就业形势好、适合技术技能型人才培养的专业，强化课程设计，增强他们的就业创业能力。

（二）医疗保障方面

当前，册亨县健康扶贫工作已经进入深水区和攻坚期，贫困群体的总数在下降，但因病致贫人员基数仍然较大；医疗卫生事业的财政投入出现较大幅度波动，制约了医疗卫生事业的长足发展，医疗卫生事业发展总体情况平稳，但存在一定风险。因此，应进一步加大医疗扶贫力度，提升医疗保障水平。

一是提高工作精确性，强化健康管理。以扶贫部门识别和认定的建档立卡贫困户为主，统筹人社、卫计等部门的数据，通过脱贫攻坚医疗健康扶贫作战执行组和卫生人才能力培养、医疗救助等11个工作专班，进一步核准农村贫困人口中因病致贫、因病返贫家庭数及患病人员情况，摸清帮扶底数，采取精确的靶向治疗手段。在完成乡镇卫生院远程医疗网络体

① 俞建芬：《精准扶贫视域下乡村教师培训的困境与出路》，《教育科学论坛》2018年第5期，第59—62页。

系、规范化数字预防接种门诊、医药监管平台、县级医院统一预约挂号平台、人口健康信息平台建设，实现卫生信息互联互通和资源共享的基础上，继续加大各乡镇居民健康档案规范化电子建档率，提升贫困乡镇、村慢性病健康管理以及空巢老人健康管理水平。

二是提升基层医疗卫生服务水平及加强医疗卫生人才队伍建设。在提升医疗服务水平方面：首先，加强基层医疗卫生机构建设，继续构建“15分钟城市社区健康服务圈”和“30分钟乡村健康服务圈”，着力构建方便群众的医疗卫生服务体系；其次，加强疾病预防控制中心、妇幼计生机构、精神卫生机构，以及急救中心（站）等的标准化建设，着力改善就医环境，并继续加大对贫困地区卫生院、村卫生室的建设力度；最后，推行分级诊疗和分病诊疗，区分急症重症和慢性病，确保精准、规范的诊疗治疗方案，最终实现精准健康扶贫，同时做好未病预防及慢性病管理。大力开展疾病的预防和筛查，重点做好预防医学工作，做到未病先防、小病先治，加强贫困乡镇、贫困村日常疾病预防监测，控制传染源头，切断传播途径，保护易感人群，突出做好慢性病的三级预防，将一些常见多发慢性病治疗药物列入特殊慢性病门诊管理。在加强医疗卫生人才队伍建设方面，医务人员是医疗体系建设的灵魂。对于基层来说，如何补齐人才短板，如何让基层医务人员下得去、留得住、干得好，是未来基层医务人才队伍建设体系应该重点考虑的问题。一方面，要提高激励机制。投入更多的财政资金并向基层一线倾斜，完善激励制度，让医务人员更有成就感；继续巩固深化县级公立医院综合改革工作成果，扭转以药养医的局面，进一步加强绩效考核分配的权重，通过目标管理奖等方式，强化医务人员的绩效分配制，提高医务人员的工作积极性和认同感；另一方面，要不断完善基层医疗人才培养、引进和留住机制，畅通人才引进渠道，从源头抓起，注重导向性宣传，适当降低人才引进门槛，进一步打破编制束缚，根据基层实际，建立职称评定制度体系，突出临床技能考核，同时结合贫困群众的反馈进行综合评价，让更多业绩好、有医德的基层医务人才有较快实现向上流动的机会。加快推动优质医疗人才服务基层，大力发展全科医生，建立吸引医疗卫生人才到贫困地区工作的机制，充实乡镇卫生院卫生技术人员，做好基层承担预防保健、常见病多发病诊疗和转诊、病人康复和慢性病管理、健康管理等一体化服务工作。此外，充分运用好“援黔医疗卫生对口帮扶计划”的政策利好，做好帮扶培训工作，同时选派有潜力的医务人员进修学习，帮助开展特色专科建设，例如将中医学专业纳入技术人才发展规范，将中医学人才纳入订单定向免费医学生培养项目，加快推进中医能力建设，提升技术水平。

三是培养健康生活习惯，提升健康管理观念。册亨县卫计等部门应继续加大预防教育宣传力度，并充分利用与建档立卡贫困户签约的家庭医生，深入一线、深入贫困群体之中，针对一些贫困群众缺乏疾病预防观念，体检意识不强，无谓地增加医疗成本等现状，加强健康教育工作，通过大力宣传、广泛动员，大力开展健康科普和健康促进工作，让贫困群众养成健康的卫生习惯，培养健康的生活方式，提高防病治病意识和能力，防病于未然，尽早治愈普通疾病，真正实现让贫困群众少生病、不生病。此外，继续巩固省级卫生县城建设成果，深入开展爱国卫生运动，实施贫困地区农村人居环境改善计划，继续大力推进农村旱厕改造等工作，全面推进厕所革命，切实提升贫困群体的居住环境质量，减少疾病发生的外部环境因素。

（三）住房保障方面

认真贯彻省、州要求，切实把“危房改造”和住房保障工作作为全县脱贫攻坚的重大政治任务来抓紧抓实，加强工作调度和协调配合，确保完成农村危房改造和“三改”工作任务。

一是摸清危房改造对象底数。在实践中，加强档案资料的收集整理和信息系统录入工作的动态管理，保证一户一档资料和档案信息系统同步录入，数据科学、准确，将错误率、存疑率控制为零。册亨县还规定，各乡（镇、街道）要组织本乡（镇、街道）干部、村干部和驻村“五人小组”形成若干工作队伍，深入村组不落一个村寨、不漏一户，对农村危房改造对象、易地扶贫搬迁对象拉网式地开展“回头看”摸底调查和识别工作，建立工作台账，确保对象精准，为做好农村危房改造与易地扶贫搬迁政策有效衔接奠定基础。

二是加大资金筹措力度，补贴资金不足是危房改造实施过程中普遍反映的问题。一方面，积极争取更多中央和省级补助资金支持；另一方面，引导和鼓励社会力量，提供捐赠和资助，并通过制定贴息、担保等政策措施，促进金融机构为农户提供贷款，提高贫困农户危房改造的参与意愿，提高积极性。

三是搞好政策和资金的配套和衔接，协调财政部门将农村危房资金纳入年度预算计划，调整支出结构，增加农村危房改造所需配套资金。要整合资源，统筹规划，将危房改造工程与易地扶贫搬迁工程等项目有机衔接，县住建局要加强同县移民局、县民政局等相关部门以及乡镇、街道的沟通协调，进一步精准锁定对象，在工作中严格执行省、州关于农村危房改造与易地扶贫搬迁政策衔接相关规定，守住政策红线，做到统筹规划合理、资金安排合理，避免出现农村危房改造政策和易地移民搬迁政策重复享受的现象。册亨县规定，从即日起凡是已列入易地扶贫搬迁但未搬迁的对象，一律不得纳入农村危房改造对象补助范围，进一步提高政策效应和资金使用效益。

四是建立技术保障体系。首先，建立一个科学有效的技术保障体系，按照城乡统筹的原则，由县政府牵头，创新技术服务机制，建立片区农房建设技术服务站、派驻村社协管员；积极探索采取垂直监管、分片监管、委托监管、协助监管相结合的方式，建立健全覆盖镇（乡）、村两级的农房质量、安全、技术监管网络，帮助农民监督危房改造过程各关键技术环节，进一步落实好领导包片制度，强化现场督查，使“五主体”“四到场”要求落实到位，确保农房建设质量和水平。其次，要抓好农村建筑工匠培训。采取班级授课及现场培训等多种形式，切实加强业务培训和农村建筑工匠的培训，大力推进农村建筑工匠队伍建设和社会化服务，同时按照“以城带乡、以城补乡”的指导思想积极动员社会各方面力量参与农村危房改造，组织建筑设计、施工企业技术人员以多种方式补充农房建设技术队伍，鼓励和允许有资质的建造师、建筑师、结构师、监理工程师以个人名义参与农村危房改造技术服务指导。实行包干负责、责任到户，把农村危房改造技术服务指导工作落到实处①。

五是注重各种规划、民族特色延续及建筑的实用性相结合。在危房改造过程中，应从长远角度考虑，与村落总体发展规划和城镇化建设规划、乡村振兴战略规划等内容相结合，实现共同发展，共同繁荣进步。建筑是凝固的历史，在册亨县布依族村寨危房改造过程中，要注重传承传统建筑风貌特色，尽量保留布依族民居建筑的传统风格、形制和景观意象，沿用传统材料，保护景观基因②和民族特色，有条件的布依族村寨，可以从乡村旅游着手，打造危房改造、民族风情与乡村振兴的"样板村寨"。与此同时，农房改造应具备卫生厕所、人畜分离等基本卫生条件，做好房屋改造与绿色健康的生活环境相结合，倡导健康的生活方式和理念。

① 高宜程：《农村危房改造取得的成效、存在问题及工作建议》，《小城镇建设》，2013 年第 1 期，第 92—98 页。

② 张剑、隋艳晖：《农村危房改造扶贫的问题与对策研究——基于山东、河南的督导调研》，《经济问题》2016 年第 10 期，第 73—76 页。

乡村振兴背景下册亨县乡村治理研究报告

——基于自发秩序的视角

丁 胜[①]

摘要：党的十九大将实施乡村振兴战略作为开启全面建设社会主义现代化国家新征程的重要内容，同时提出健全自治、法治、德治相结合的乡村治理体系。2018 年中央一号文件《中共中央国务院关于实施乡村振兴战略的意见》强调“乡村振兴，治理有效是基础”，对新时代的乡村治理提出了目标和要求。册亨县是贵州省社会治理创新示范县，乡村治理实践亮点频现，一些有效举措具有重要的借鉴意义。其中，以秧佑村为典型的乡村更是因为良好的自发秩序在乡村治理中的独特地位和作用发挥而备受尊崇。总的来看，党领导下的权力分工治理是册亨县乡村治理的主要结构，价值共识、自然权威和权力让渡则是册亨县乡村治理中的重要依靠，也是册亨县乡村始终保持活力秩序、合作秩序和有效秩序的关键维度。

关键词：价值共识　权威结构　自发秩序　乡村治理

如果一种秩序是可计量的，那么这种秩序必然是生命力脆弱的秩序。或者说，如果一种秩序只是依靠外力型投入才能维系，那么这种秩序的内生机制必然羸弱，内生的规范性要素已然缺失或正被撕裂。在这种秩序

① 丁胜（1976— ），男，贵州织金人，贵州省社会科学院副研究员、政治学博士。研究方向：政治理论与政府治理。

里，人和人之间的相互承认或认可变得较难，治理结构不稳定，当冲突发生时，人们紧绷神经，充满焦虑，害怕外力带来的未知；权力主体同样如此，担心解决冲突和维系秩序的资源不可持续，从而给稳定带来冲击，维稳的刚性考核机制更是加剧了这一担心；而自治组织作为权力代理和群众性组织，也会在化解矛盾冲突中变得无所适从。可以说，这种长不大、不能自立的外力型秩序，不是一个健康社会所需要的，理论和实践都呼吁自发秩序的回归①。在册亨县，党领导下的权力分工为乡村治理奠定了坚实基础，围绕价值共识、自然权威和权力让渡所形成的自发秩序确保了乡村的活力与有序，对中国的乡村治理有着重要的启发借鉴意义。

一、乡村振兴背景下册亨县乡村治理的新时代要义

理论上，中国的乡村治理既不是简单的“国家中心论”，也不是单纯的“社会中心论”，而是中国共产党领导权之下的权力分工治理，其目标是实现自治、法治与德治相结合的治理新体系。其中，确保乡村社会充满活力、和谐有序是乡村振兴战略的目标追求。总体上，乡村振兴战略的提出为册亨县的乡村治理规划了目标路径，一直以来的治理创新为册亨县新时代的乡村治理奠定了实践基础，而经历史沉淀和现实检验的自发秩序则赋予了册亨县乡村治理内生活力。可以说，乡村振兴战略为册亨县自发秩序的回归孕育了土壤，同时为其在乡村治理中的作用发挥创设了环境。

（一）顶层设计为册亨县乡村治理指明了目标规划了路径

中国共产党第十九次全国代表大会提出“实施乡村振兴战略”，并把健全乡村治理体系作为乡村振兴的一个重要内容②。事实上，乡村振兴战略提出的“有效治理体系”是长期酝酿和现实检验的结果。2013 年中央“一号文件”就已经提出要建立健全符合国情、规范有序、充满活力的乡

① 丁胜：《乡村振兴战略下的自发秩序与村庄治理》，《东岳论丛》2018 年第 6 期，第 140—148 页。

② 习近平：《决胜全面建成小康社会，夺取新时代中国特色社会主义伟大胜利》，人民出版社，2017 年版，第 32 页。

村治理机制。2014 年的中央“一号文件”提出了“改善乡村治理机制”问题，对加强农村基层党的建设、健全基层民主制度、创新基层服务管理等问题进行了阐述。2015 年的中央“一号文件”提出“创新和完善乡村治理机制”，明确要激发农村社会组织活力，重点培育和优先发展农村专业协会类、公益慈善类、社区服务类等社会组织。2016 年的中央“一号文件”指出“创新和完善乡村治理机制”，明确要完善多元共治的农村社区治理结构，发挥好村规民约在乡村治理中的积极作用等。2017 年中共中央国务院颁布《关于加强和完善城乡社区治理的意见》，指出要建立健全基层党组织、购买社会服务、统筹发挥社会力量协同治理以及提高信息化治理水平等。2018 年中央“一号文件”指出“乡村振兴，治理有效是基础”，明确要建立选派第一书记工作长效机制，吸引各类人才到村任职，推行村级小微权力清单制度，积极发挥新乡贤作用以及推动执法力量下沉等；同时明确到 2020 年，以党组织为核心的农村基层组织建设进一步加强，乡村治理体系进一步完善；到 2035 年，乡村治理体系更加完善。总的来看，中央的顶层设计为册亨县构建乡村治理新体系指明了目标和路径，为最终实现党委领导、政府负责、社会协同、公众参与、法治保障的现代乡村社会治理体制奠定了基础。①

（二）基层社会治理创新为册亨县乡村治理积累了经验

治理现代化对基层社会治理提出了目标和方向，民主协商、政社互动、“三社联动”、网格化治理等成为农村维护社会稳定和提升群众参与性的创新实践。总体上，党领导下的多元治理结构日趋完善，但个别地方基层政府借参与之名进行管控或嵌入治理的情况也还存在，乡村秩序有时也还表现为权力整合型秩序，自发秩序并没有引起地方的高度重视。其中，江苏太仓的“政社互动”、贵州贵阳的“新型社区”和四川成都的“三社联动”等，逐渐成为中国基层社会治理的典型，在探索政府与社会协同共治、理顺公权力条块关系和植入现代信息技术等方面取得了重大的突破。

---

① 本书编写组：《中共中央 国务院关于实施乡村振兴战略的意见》，人民出版社，2018 年版，第 5—24 页。

贵州各地也依托保存较好的传统元素和尚未被现代化完全撕裂的乡土结构开展了治理创新，诸如遵义市余庆县“制度建设+群众自主”的“四在农家”、安顺市平坝区“资源确权+治理赋权”的“塘约道路”以及铜仁市“村两委+乡贤会”的“铜仁样本”等，不断丰富乡村治理的理论和实践内涵。这些基层社会治理创新实践无疑为新时代背景下册亨县构建乡村治理有效体系提供了借鉴和启发。但纵观这些基层社会治理创新实践，都可以发现权力主导或外力介入的痕迹，传统要素尚存但自发力量式微，属于建构秩序的范畴，倚重培育价值共识、重视自然权威作用和引导形成自发秩序的内生型治理也还未引起地方高度重视。值得一提的是，这些方面却是册亨县的优势和独特之处所在。以秧佑村为典型的乡村治理实践，正是基于自发秩序、内部规范、政社互动基础上的有效治理。因此，进一步学习借鉴省内外乡村治理的经验做法，提炼总结册亨县固有的乡村治理经验做法，是乡村振兴战略背景下册亨县建构乡村治理有效体系的题中应有之义。

（三）自发秩序是册亨县乡村治理的重要依靠和重要经验

综观中国的乡村治理实践，秩序良好地区的治理结构往往是一个从心理认同、行为规范到偏差矫正的闭合系统。以册亨县秧佑村为例，其显性的自发式治理结构诸如家族管理责任制、族际共商机制、贤能协会治理机制等，在乡村治理中发挥着重要作用；柔性的价值共识诸如自然崇拜、祖先崇拜隐含的返璞归真、与世无争和灵魂监督等内部性规范，使得村庄的秩序既有显性的自发的治理网络支撑，也有传统习俗浸润的“看不见的祖宗”或“另一个自己”无时无刻不在监督自己，促使每个人都自觉遵守规范并主动融入秩序之中以寻求心理补偿或祖宗庇护。可以说，无论是显性的形式还是柔性的共识，乡村在历史长河中能够保持良好的社会秩序，其中蕴含的内部规范必然发挥着强大的凝聚作用，尤其是在现代化撕裂传统“三农”逻辑结构背景下更是如此。中国特色社会主义进入新时代背景下，在坚持中国共产党的领导这个最本质的特征基础上，治理现代化作为自上而下的国家愿景和权力建构，具体到乡村治理中一般会表现为推动权力分工、政社互动、多元协同、网格治理和技术应用等方面的落地，而乡村振兴战略虽然以政党施政纲领的形式出现，但其出发点和落脚点都在乡村这个场域，“振兴”的含义则是对优秀传统文化的复兴，其中无疑蕴含着乡村这片土地上孕育出来的若干自生自发要素。由此可见，治理现代化虽然是建构性权力的重置，但其已然从原有的管控型治理方式中抽身而出，更加注重党领导下多元主体的协同治理，同时为乡村治理中的自发秩序创设条件和提供保障；册亨县的乡村治理历来重视乡村社会中传统要素的积极作用，乡村振兴战略的提出，无疑会将册亨县以自发秩序为基础的乡村治理引向一个新的高度并为其他地方提供经验启示。

二、册亨县乡村治理的主要做法与典型经验

在中国，乡村治理的面貌与乡村自治能力有关，也与行政配置尤其是权力营造的外围环境有关。可以说，乡村治理是地方党委政府治理能力、治理体系和群众自治能力的综合与再现，册亨县社会治理成效明显，原因与此相关。2017 年，册亨县荣获“全国社会治安综合治理先进县”（2013—2016）称号，是全国 2851 个县级行政区划单位中获此殊荣的 160 个县级行政区之一。在此之前，册亨县分别于 2009 年、2013 年和 2016 年荣获贵州“省级平安建设先进县”称号，也是全省社会治理创新的样板之一。

（一）册亨县乡村治理的主要做法

1. 创新乡村治理模式，聚焦协同与动态治理

改革开放以来，中国积攒已久的巨大需求与市场经济一拍即合，现代化进程的超预期发展伴随的异质化导致乡村治理模式多样。包括册亨县在内的很多地方在现代治理体系尚未完全搭建，传统规范又不能发挥主导性作用的双重困境下，各地社会治理创新不断。在此进程中，册亨县立足县情实际探索联合治理与动态治理并重的社会治理模式，一些做法在贵州省乃至全国范围内影响深远。总的来看，册亨县在乡村社会治理方面的主要创新体现在三个“发源地”上，即全国“跨省区联合党支部、联合调解委”发源地、全国“集市流动警务室”发源地和“农村警务助理”发源

地，“三个发源地”一定程度上为中国的乡村治理提供了理论和实践支持。一是建立跨省区联合调解委员会，突破乡村治理中的行政区划限制。册亨县与广西壮族自治区百色市接壤，由于户籍、土地与人口之间的交叉和流动等因素，接壤乡村的治理问题一直困扰着两地政府。2010 年，为服务两地群众和实现有效治理，两地先后联合建立了黔桂平华与伟沟、板坝与管肖、八渡与旧州三个“跨省区联合党支部”和“联合调解委员会”。调委会通过“治安联防、纠纷联调、平安联创”的工作机制，实现了接壤乡村的有效治理。跨省联创连抓模式得到中央领导批示后在全国推广。二是创设集市流动警务室，为乡村治理探索动态式“零距离”服务模式。为方便群众办事和便于化解矛盾纠纷，册亨县实行乡镇赶集天干警沉下来、警车动起来制度，目标是实现干警多跑腿、群众少跑路、服务零距离。通过改变以往的坐着办公到现在的流动办公，以及在边远农村的 35 个集市推行“流动警务室”制度等举措，很好地发现乡村治理中的问题并予以及时化解。这一举措得到贵州省委领导的充分肯定，中央电视台等中央媒体进行了专门报道，流动警务室模式在很多地方得以借鉴和推广。三是探索“农村警务助理”代理治理新模式。基于乡村治理中“自治行政化”与“行政虚弱化”的双重考虑，册亨县在全县 123 个行政村 9 个居民委员会共配备 138 名警务助理，主要职责是调解矛盾纠纷、保护案件现场、采集基础信息、排查不稳定因素、搜集线索、协助破获案件、参与调解矛盾纠纷、开展巡逻防控以及宣传、走访，开展交通、消防工作等，对于加强乡村治理能力和治理体系作用明显。

2. 重视自生自发秩序，打造自治法治德治相结合的柔性治理模式

自生自发秩序是人们在长期的生产生活当中相互调适和融合的过程和结果，是在共同体文化基础上形成的内部规范和行为准则。也就是说，自发秩序既有历史积淀的厚度，也有自我调适的深度，更要有开放包容的宽度，是乡村治理的主体性要素，也是乡村有效治理的前置性条件。册亨县历来重视自发秩序在乡村治理中的地位和作用。一是重视基层自治。册亨县一些乡村流传着一句口头禅：“法律十八条，九条人不知。”他们认为，国家的法律多如牛毛而又涉及各行各业，因此要靠学习所有的法律知识来维持秩序几乎不太可能，但法律是人们普遍遵守的道德和规范的提炼和展示，或者说，法律和乡规民约中的德规性要素具有共识性和共通性，都是底线性要求。进一步而言，人们不违法不是因为懂法，而是因为心中有戒律和道义，具体到乡村治理中，遵守乡规民约就不会违法。在这种大的社会环境下，乡镇和村庄的关系表现出与“乡政村治”相吻合的特征。即是说，基于良好的自治基础和自发秩序，基层政府在社会治理领域的介入显得有些多余，因而常常从嵌入到脱嵌，而村“两委”则主动融入村庄自发秩序序列，在乡村治理结构中扮演着服务与辅助的角色。二是重视法治与德治的有机结合。积极引导群众将约定俗成的内部规范与法治理念相融合，形成法治理念与民风民俗相互交融的村规民约。同时，采取“群众公开提事、联席会议议事、民主表决定事、定点集中办事、严格制度监事”为主要内容的“五事”工作法，扩大和延伸基层民主，促进乡村办事规范化、制度化和公开化，使基层自治得到充分展示。三是引导与激发自发性互助治理。为充分调动村民自我管理、自我防范的积极性，册亨县推行“相互提醒、相互支持、相互照应”为主要内容的“邻里守望”群众工作模式以及“双语”法官等举措，良好的邻里关系为化解乡村冲突和维持基层秩序发挥了重要作用。各村民小组、自然村寨采取分片、划户的方式，实行轮流巡逻、值班守护或邻里守望。通过开展五级联防工作，册亨县60%以上的村、组连续5年未发生治安、刑事案件。

3. 力量下沉，注重搭建多维互动的社会治理网络

治理现代化提出以后，贵州很多地方对基层行政管理体制进行了实践创新，大数据和现代技术在乡村治理中得到普遍应用，多元协同的网格化治理也在乡村广泛布局。册亨县作为全省社会治理先进示范县，对行政力量下沉并构建多元治理格局也进行积极探索并取得明显成效。一是政法干警力量下沉，推行“1+1+1”工作模式。即组织县直政法部门力量下沉乡村，实现1名政法领导干部1个月到乡镇蹲点1次，共商平安建设工作；实现1个村1名政法干警配置，开展平安共建；打通司法为民“最后一公里”，在10个乡镇成立“检察联络室”，延伸法律监督、民生监督触角，在8个非人民法庭所在地挂牌成立“诉讼接待站”以及实现县乡村组公共

法律服务组织全覆盖。二是联调联治，探索“三位一体”社会治理模式。推行“综治办 + 信息化 + 组团式服务”综治中心工作模式，将综治中心、信访中心、公共法律服务中心相融合，为群众提供法律法规咨询、受理群众投诉及化解矛盾纠纷。重点是充分发挥县、乡、村综治中心排查化解矛盾纠纷的主力军作用，按照“受理、分流、调解、回访”流程调解各类矛盾纠纷；推行人民调解、司法调解、行政调解“三调”联动，抓好诉调对接工作，对人民调解组织调解结果进行司法确认；推行“多元化解”机制，先后建立和完善征地拆迁、劳资纠纷、交通事故、医患纠纷等专业性调解组织；推行“诉访分离”，明确政法部门每个工作日安排人员到信访局接访，将属于“诉”的案件及时导入司法程序；推行“网格化”管理全覆盖，延伸治安防控工作触角，确保无盲点、无死角。三是实施“四级联防”。做到县城有特巡警、乡镇有巡逻联防队、村有治安联防队、组有治安小分队，实现治安联防、同频共振，构筑乡村治理安全网，可防性案件呈持续低发态势。四是充分发挥人大代表在乡村治理中的作用。2015 年起，册亨县人大在全县范围内设置代表工作站，以补充乡镇一级仅有一个人大主席作为“样本代表”的状况，通过代表工作站，重点发挥人大信访功能，收集民意，形成议案；同时人大常委会信访接访制度邀请乡镇领导参与接访，与代表工作站一道发挥解决矛盾冲突的作用，更多发挥一种柔性治理的作用。

4. 创设环境，重视赋权与授权并重的代理治理

乡村治理中，在自治、法治、德治尚不能单一方面发挥决定性作用境况下，需要在坚持党的领导下形成各主体既分工又协作的治理体系。代理治理是适应多元化需要的一种治理模式，它通过行政授权或赋权找寻第三方或代理人实现政治和行政职能，同时满足乡村社会发展和稳定的双重期待。比如设置到村的警务助理、网格员、治安巡逻员、协管员等，他们大多是政府临聘人员，虽然不具备执法资格，但在行政授权基础上代行权力；比如赋权群众性组织参与村庄治理，成立专业合作社对行业进行治理，以及在企业实现党的工作和党的组织两个覆盖，从而参与治理等，这些举措都或多或少包含代理治理的特征。为探索新时代背景下乡村治理的有效模式，册亨县在配强基层党政力量的基础上，积极引导第三方和社会组织力量参与到社会治理中来。一是推行“一村一警务助理”。如前所述，这是册亨县的创新实践之一。截至目前，全县乡镇（街道）政法综治工作专职干部共有 35 人，配齐 132 个村级治保主任兼警务助理，纳入村常务干部管理。与此同时，推行“一村一法律顾问”，组织 132 名律师、法律工作者、基层政法干警到村担任法律顾问，为乡村治理提供法制性和基础性保障。二是探索“法德”并举治理举措。充分发挥“村规、寨规民约”的作用，积极引导人民群众将约定俗成的地方性规范与法治相结合，用“活”村规，“约”出新貌，4 个村新中国成立以来无刑事案件发生，7 个村改革开放后无刑事案件发生，19 个村 20 年以上无刑事案件发生；同时加强“法外调解工作”，利用“寨老”“族长”参与进行“法外调解”，已成功化解 261 起纠纷。三是首创“星级”评定模式，引导并激励团体组织自己管理自己。对全县乡镇、村居、单位、学校、企业等实行“星级”平安考核和命名，激励先进，鞭策后进。

（二）册亨县乡村治理的典型经验：秧佑村的自发秩序与村庄治理

位于册亨县弼佑镇的秧佑村是一个布依族聚居的少数民族村寨。自可考证的 1867 年以来，该村秩序井然，未曾发生过任何违法犯罪事件或大的冲突，每年外出务工的 300 多人，也在务工地展示出良好的社会形象，甚至不会出现染“黄头发”的非主流行为。[①] 调研发现，秧佑村以“禁碑”为主线，以祖先崇拜、自然崇拜为依归的价值共识在村庄治理中地位特殊；以家族长、寨老、贤能人士以及自发形成的家族管理责任制、四大家族共商机制、秧佑籍协会会商机制等在村庄治理中作用明显；而地方党委政府的权力让渡和创设条件，则是秧佑村生成活力秩序、合作秩序和有效秩序的关键维度。[②]

---

① 丁胜：《积极探索基层社会治理有效模式》，《贵州日报》2017 年 6 月 29 日。

② 丁胜：《乡村振兴战略下的自发秩序与村庄治理》，《东岳论丛》2018 年第 6 期，第 140—148 页。

1. 经历史选择并沉淀的价值共识是秧佑村村庄治理和自发秩序的内生要素

在传统乡村，“礼主要是以指导人们社会生活的典范法则与行为指南的方式出现，以道德规劝与伦理教化为其主要施行手段，充分借助宗族、乡里等社会组织的力量，对人们的日常行为加以约束，对其中的违规行为加以惩戒。作为一种社会规范，它是儒家借此实现理想社会治理模式的有效途径和手段”。[①] 在秧佑村，由典型人物、村规民约和民族习俗演化而来的以礼为精神的规范性要素，对于自发秩序的延续具有十分重要的作用。首先，典型人物的道德劝善和共识凝聚在乡村自发秩序生成中作用明显。秧佑村“秀才办私塾”的故事广为流传，成为激发人们崇德向善、遵守规范的共同记忆。村民通过比拟典型人物“秀才”的道德性和展示出来的个人魅力，不断规范和塑造自己的行为和形象。这种典型人物对普通人的叙事结构和价值赋予，使社会个体对普遍规范与自身内在道德认知和道德实践之间的关系产生了关联性的认识和体悟，具有对个人如何过好现实生活，保持对未来生活前景积极想象的德化功能。其次，村规民约作为地方价值共识的图腾，在自发秩序和乡村治理中具有很强的凝聚力和感染性。秧佑村清同治四年竖立的“八不准”禁碑，碑文上篆刻的“寨规”规劝村民守本分、重教育、互帮扶和求和睦，同时包含禁止黄赌毒和偷抢拐卖等内容。每逢重大节假日，全体村民在寨老带领下都会举行浓重的祭拜仪式并进行有针对性的规范和扬惩活动，发挥着凝聚共识、解决问题和维护稳定等作用。最后，民族习俗为乡村的内部性规范注入强大活力。秧佑村作为世居少数民族村寨，蕴含天地人和的“布依族摩经”、凝聚民族情怀的“八音坐唱”以及对万物滋生的自然崇拜、对血脉相承的祖先崇拜等，为乡村治理和秩序生成奠定了良好的心理基础。

现代化加剧冲突，现代性遏制冲突，两者相互纠缠、博弈，乡村社会随之呈现动态复杂性。利益附着和思想多元使得维系熟人社会的情感要素发生改变，价值共识在自发秩序中作用式微，依靠钱财物投入和信息技术

---

① 苏洁、武丽佳：《透过软法理论看传统礼法合治思想》，《贵州社会科学》2016 年第 2 期。

支撑的“网格化”治理成为乡村治理的主流模式，但受困于条块关系模糊、权力边界不清等实际，仍然难以有效化解所有的矛盾冲突。回到秧佑村，“禁碑”竖立以后，不同历史背景下，该村都会以“八不准”为基础升级“村规民约”，竭力保持与时代进步和国家要求的一致性，村规民约和价值共识保持了鲜活的生命力，发挥着不可替代的作用。以“禁碑”为主线的共识性规范犹如一张浓缩记忆的火车票，无论时代如何变化和人走多远，心灵终将能够找寻到回家的路；以祖宗崇拜、自然崇拜为依归的灵魂寄托，则犹如看不见的另一个自己，监督着、规范着村民的行为。可以说，秧佑村共同体文化基础上的价值共识是自发秩序的核心要素，对民族村寨有着积极的启发意义。这些价值共识被镌刻为约定俗成的文化符号，成为全体村民记得住的“乡愁”和回得到的“过去”。

2. 自发形成的权威结构是秧佑村村庄治理和自发秩序的正强化因素

中国传统意义上的乡村自治本质上是一种小国寡民、自生自灭、丛林法则式的无为而治。此时，虽然以县衙、吏胥和保甲制等为代表的正式权力或社会组织在名义上将乡村社会纳入了管制范围，但实际上“皇权不下乡”的制度设计和落后的自然经济使得正式权力在乡村的配置极少，以宗族、乡绅等为代表的地方权威在乡村治理和秩序生成中扮演着主要角色。清末政权开始下沉乡村，但此后遭遇长达近半个世纪的时代变迁和政权更替，此时的乡村治理总体以自治和自发为主。新中国成立以后，以党的领导权、政府治理权和村民自治权为主的正式权力成为乡村治理的基本权力结构，辅之以立法监督权的人大、协商建议权的政协和司法处置权的公检法等正式权力和赋权的群众社团，共同构成了党领导下的权力分工治理结构。在此流变中，秧佑村的社会治理依托深厚的共识和规范，形成了既有共通性又具独特性的村庄治理模式。其中，血缘共同体的家族、心理共同体的寨老、生活共同体的村“两委”、尚贤性质的秧佑籍协会、具有治理权的政府和领导权的党委，共同组成了立体式有效治理体系。进一步而言，秧佑村社会治理区别于其他地方的主要方面，就在于其自生自发的地方权威和“自发式”“层级式”的治理结构，即家族管理责任制、四大家族共商机制和秧佑籍协会会商解决机制。

秧佑村主要由黄、班、杨、岑四大家族组成，自发形成的村庄治理呈现差序累进特征。首先，家族管理责任制。各家族内部的矛盾冲突，由家族长者或家族能人调解消化。如果难以平息，再由村“两委”中的家族代表进行调解，家族长者（或能人）和家族代表在带头执行村规民约和化解家族矛盾纠纷中“打头阵”。其次，族际共商机制。族际共商治理的效力来自族人的授权、村民委员会的赋权和正式权力的让渡，其治理逻辑事实上是三种权力的代理治理。秧佑村在四大家族中各选出一位德高望重的长者来主持本族事务和参与村级管理，如果发生矛盾、纠纷的是两个家族及以上的，就由纠纷当事人所在的家族长老出面调解。再次，秧佑籍协会治理。秧佑籍协会主要由在机关事业单位工作的秧佑籍人员组建，其出发点是共同助力发展秧佑村，同时联合协调处理村内重大事件，家族内部调解、族际调解和村“两委”调解都不成功的纠纷，交由秧佑籍协会协调处理。最后，联合仲裁治理。家族治理、族际治理和协会治理都不能化解的矛盾纠纷，由有关家族长老、村“两委”和协会理事会共同出面调解，形成的调解意见视为最权威的、最有广泛代表性的、最公平合理的意见，不容当事人不采纳、不接受。否则，将被全体村民视为“刁民”，被群众歧视和孤立。总体上看，自然权威结构在秧佑村扮演着重要角色，社会治理呈现差序累进特征，发生的矛盾纠纷首先由血缘共同体的家族自行处理，家族无法处理的，由心理共同体的权威人士协调处理，权威人士无法处理的，上升到生活共同体的村“两委”处理，村“两委”无法处理的，交由尚贤性质的秧佑籍协会处理，协会无法处理的，再由村各自然权威主体进行联合裁决。直至今日，秧佑村没有发生一起上升到党委政府处理的矛盾纠纷，顶多到秧佑籍协会就处理了。简言之，秧佑村的自然权威作为村庄治理中的参与者、沟通者、监督者和协调者等角色，能够弥补乡村治理错位、缺位，及时调解乡村矛盾和冲突，降低乡村社会的治理成本，进而提高乡村治理绩效，化解乡村治理危机。

3. 坚持党的领导下的分工协作治理是秧佑村良好秩序的重要保障

随着人民公社制度的解体，尤其是 1982 年《中华人民共和国宪法》第 111 条规定“村民委员会是基层群众自治性组织”以后，乡政村治重新释放村庄活力，但由于维稳等实际压力，因此权力介入村庄的情况在全国范围内来看并无大的改变。村“两委”的行政化代理和村民个体面对整个权力带来的无力感，使得村民在寻求权力庇护中自发组建自治团体，弥补村庄治理结构中自身力量的不足。在秧佑村，无论是家族管理责任制、族际共商机制，还是秧佑籍协会在历史进程和现实需要中经过酝酿并最终在村庄治理中发挥作用，其治理逻辑都是基于正式权力让渡与自然权力授权之间的一种赋权性进路，有效弥补了正式权力的刚性和自然权力的柔性。中国乡村社会治理的制度设计里，中国共产党所采取的政策并不是直线的，而是曲线的，既明确村民委员会的自治地位和作用，同时又利用党员新名流行列中日益增多的成员巩固了新的组织。[①] 或者说，基层群众自治的制度设计，与中国共产党通过党员或党组织覆盖基层社会或嵌入自发性组织的政策交相辉映，既为乡村治理让渡了空间，同时又为党的领导和嵌入预留了通道。在这种情况下，乡村治理结构中既包括党领导下的政府、人大、政协、司法等正式权力，还包括自发形成的宗族血亲、乡贤精英等地方权威，同时还包括介于正式权力和自然权威之间的赋权性组织，他们同时在乡村场域中发挥作用，形成了一个庞大且庞杂的治理体系。其中，权力、权威与赋权三者之间在村庄的力量对比与行动逻辑，生成了不同性状的乡村治理面貌。在秧佑村，正式权力让渡、地方权威主导、赋权组织仲裁的治理逻辑，是其数百年来保持良好自发秩序的结构性动因，具有一定的理论和实践意义。

党的十九大把健全乡村治理体系作为乡村振兴的一个重要内容。与管理不同，治理强调主体多元和国家与社会的良性互动[②]，意味着政府之外的其他主体力量的引入以分担治理责任[③]，要求正式权力赋予社会其他主体“充分进行互动的能力”以“有效地提供自身组织的服务”[④]。但需要

① ［美］吉尔伯特·罗兹曼：《中国的现代化》，上海人民出版社，1989 年版，第 662—663 页。

② 俞可平：《推进国家治理体系和治理能力现代化》，《前线》2014 年第 1 期，第 5—13 页。

③ 薛澜：《国家治理体系和治理能力研究》，《公共管理学报》2015 年第 3 期，第 1—12 页。

④ 胡鞍钢：《中国治理现代化的特征和方向》，《国家行政学院学报》2014 年第 3 期，第 4—10 页。

指出的是，乡村振兴战略中强调健全乡村治理体系，并不是要通过官僚体制内部的动员来强制社会其他主体遵行国家意志，[①] 也不是说国家行政主导是村庄自治和多元互动的障碍，而是坚持党的领导下正式权力的选择性让渡，同时强调地方权威和赋权组织的“连带群体”和“非正式责任”对农村社会治理的影响[②]。简言之，秧佑村的实践证实，正式权力的让渡对于自然权威结构的形成和自发秩序的形成具有重要的作用。对于家族、族际和秧佑籍协会而言，它们拥有优先解决矛盾纠纷的权力，但同时也担负着公平道义的考量，它们首先要考虑的就是治理的合情合理、有效性和公平正义性，这与正式权力视角下的村庄治理要求不谋而合；正式权力的基本任务就是，如果不能使这些组织的行动逻辑和利益与国家的需要保持一致，也要使两者保持和谐；同时，还要使正式管理与非正式管理尽可能都控制在最高一级的政府机构当中。[③] 可以说，权力、权威与赋权组织之间的合作共治，尤其是自发结构在村庄治理中的首位度，是秧佑村带给人们的主要思考。

三、册亨县乡村治理遵循的原则与进路

受发展实际、发展阶段和传统习俗等因素影响，贵州不同乡村的社会治理结构有所差异，主要表现为四种治理模式，即正式权力与工具理性并重的刚性治理模式、价值共识与地方权威兼具的柔性治理模式、赋权权力与权力嫁接兼具的代理治理模式以及多种权力和权威随机组合的混合模式。然而，无论是哪一种治理模式，都会涉及国家与社会、权力与权威、技术与理念等要素的互动，乡村治理在建构秩序和自发秩序之间摇摆。总体上看，乡村自治能力越好、自治体系越健全以及权力创设的环境越优渥，则治理越有效，秩序也就越稳定，册亨县良好的乡村秩序就是例证，其中蕴含的若干原则，对于乡村振兴背景下的乡村治理具有重要的

---

① 吕德文：《群众路线与基层治理》，《开放时代》，2012 年第 6 期，第 117—129 页。

② Tsai L. “Solidarity Groups, Informal Accountability, and Local Public Goods Provision in Rural China”, *American Political Science Review*, 2007, 101 (2): 355 - 372.

③ ［美］吉尔伯特·罗兹曼：《中国的现代化》，上海人民出版社，1989 年版，第 272 页。

启发借鉴意义。

（一）内部规范引领原则，注重价值共识与共同体文化培育

冲突不多的社会都有着明确的规范，或者说，内部规范是消解社会冲突并形成自发秩序的重要表征。在册亨县，内部规范更多指向村民委员会明文规定或约定俗成的标准，具有地域性、人文性、劝善性、示范性、扬惩性和典型性等特征。内部规范往往通过伦理纲常和自我德行的教化形成，并通过约定的方式来规范相关人员的行为。换言之，内部规范作为一种自生自发并自我约束的柔性治理机制，很大程度上是群体成员的共同意志和行为准则，是一种自发的公共性规则和契约，在册亨县的秩序建构中发挥着凝聚共识、解决问题和维护稳定等作用。需要指出的是，内部规范既可以是有形的规则，也可以是无形的信念。册亨县若干秩序良好乡村的经验就是如此，其内部规范既包括立足现实需要形成的群团组织，也包括在自然崇拜、祖先崇拜、典型人物崇拜等文化积淀基础上生成的约束性民众心理。调研表明，在册亨县若干传统民族地区，以地缘血缘为纽带、以信仰信念为支撑的内部规范与个人的生产生活同频共振，成为人们化解焦虑和规避冲突的充分条件，在社会治理中展示出强大的力量。其中，可以看到党委政府在培育价值规范、调动社会力量和培育社会组织发挥作用中所做的努力，同时也可以看到党委政府在规范权力、让渡权力和理顺关系等方面作出的努力，总体上在统筹城乡发展的同时为各种力量参与乡村治理创设环境和提供条件。

在贵州乃至中国，乡村治理有时也表现为权力主导的刚性治理模式，柔性治理存在但不具普遍性。或者说，乡村社会有自治空间但自治权难以发挥作用。比如“城中村”的村民自治等有时异变为自治机关的自治，自治的权力变成了自治机关的权力，并且村民自治组织已经成为基层行政治理模式的一个组成部分。基层党政权力对村民自治组织的实质性领导，消解了基层群众自治组织的自治含义。换言之，农村社会治理的运行机制和功能作用，依然保有传统体制的政治行政关系，党政权力可以随时进入基

层社会组织中。[①] 权力进入自治领域能有效提升治理的行政效能，但问题在于，纳入权力体系的东西越多，支撑权力运行的成本就会越高。因此，破除乡村治理中行政控制与自治低效的问题，终究会回到价值共识、自然权威和权力让渡的议题上来，而这三个方面也正是册亨县形成内部规范和自发秩序的核心要素，对于当前的乡村治理具有积极的启发意义。进一步而言，册亨县基于约定俗成、共同文化和行为规范基础上的价值共识，基于血缘共同体、地域共同体或文化共同体基础上并经自然选择和群众信任所形成的地方权威，与权力的让渡和创设条件一道，共同构成乡村振兴背景下乡村治理体系建设的原则之一。

（二）治理边界法定原则，破除维稳承包制伴随的破窗效应

梳理人类社会发展史，没有比政治和权力更为基本的概念了。在关于政治和权力的理论和实践争论中，控制的辩证总是更胜一筹。当前的中国，对于不同乡村的社会治理实践，围绕权力这个基本概念总体上呈现控制—依附、让渡—保障、自治—协作几种关系，理性选择背景下，控制、让渡与自治又呈现出交替和博弈的性状，现代技术、自由市场和后现代主义的“加盟”，使得权力之于乡村治理的介入限度变得复杂和综合起来。需要指出的是，由于公权力与社会力量不成比例，社会组织又不能独自扮演治理角色，或者说，前者（公共权力）保持强大的介入能力，后者（社会力量）还是处于弱小和“乌合之众”的成长状态。[②] 因此，权力之于乡村治理既有其强制性、必要性与合理性，又存在边界模糊性、效度难测性与高耗低效性，需要辩证看待权力在乡村治理中的地位和作用，避免出现“一管就死”或“一放就乱”的局面。然而，在全面深化改革和全面建成小康社会进程中，任务层层传导的压力型体制与现代化裹挟的利益纠纷，使得地方有时因行政承包制、政绩锦标赛以及维稳“一票否决”的考核机制等，不断突破社会治理的边界。

---

① 周庆智：《中国基层社会自治》，中国社会科学出版社，2017 年版，第 264 页。

② 周庆智：《乡村治理制度建设与社会变迁——基于西部 H 市的实证研究》，中国社会科学出版社，2016 年版，第 332 页。

总体上，当前的乡村治理还是以权力主导为主，挤压自治空间与协作治理不足的情况也还存在。突出表现为重抓、重管、重控，轻协同、引导和激励，这既与行政管理制度性安排有关，也与现阶段社会组织、市场主体和自治组织力量薄弱等有关；总体呈现重点领域管控、一般事务管理和适度创新服务“三位一体”的治理模式。[①] 然而，在册亨县，为避免乡村治理中权力介入程度过深和宽度过大的问题，避免“自治行政化”和“治理虚弱化”的问题，以及避免“权力本位”“权力依附”“权力至上”导致的破窗效应，册亨县尤其注重自治、法治与德治之间的治理边界与治理合力，突出表现在乡村治理中十分重视自发秩序的地位和作用。其中，自治凸显为村民、村组织和群众性组织的协作治理，重点是依据自治法和村庄内部的规范进行自治，本质上偏向于自发秩序；法治意味着在法律允许的范围内依法治村，重点是按照相关法律和规定的权限边界进行自我治理，本质上偏向于自发秩序；德治表现为“内圣外王”式的贤能治理，重点是依照优秀传统文化和伦理纲常进行自我治理，本质上也偏向于自发秩序。可以说，册亨县围绕自治、法治、德治打造的乡村治理体系，是在厘清治理边界和形成治理合力基础上的创新实践。其关键点是在坚持党的领导权基础上，形成治理相关方各自有序的局面，重点是围绕政府治理权、群团组织代治权、村（居）委会自治权和自然权威之间的关系结构和权力逻辑厘清治理边界，这也是册亨县乡村治理蕴含的主要原则之一。

（三）权利保障优先原则，推动公平正义或避免相对剥夺感

如果乡村治理体系不能在维持公平正义和权利保护中发挥作用，那么这种治理体系本身就失去了意义。调研显示，乡村不和谐因素或者矛盾纠纷发生的归因，大多指向公平正义的缺失以及相对剥夺感的存在。比如一些乡村在快速的城镇化改造中，土地属性、补偿方式、面积确认等标准与界限模糊导致的相对剥夺感，使得一些群众认为其中存在公平正义缺失甚至权力寻租的勾连，由此或多或少引发对立情绪和矛盾冲突；比如在一些

---

① 丁胜：《欠发达地区城乡接合部社会治理问题研究——以贵阳市南明区为例》，《贵阳市委党校学报》2016 年第 2 期，第 54—58 页。

城乡接合部，由于这些地方长期处于城镇空间拓展改造进程中，失地农民因存在补偿标准模糊、权利受损的主观感受以及存在“村官”贪腐的实际，导致村民拟以武力解决冲突的比例较高，社会治理面临严峻挑战；甚至在民风淳朴、秩序良好的秧佑村，村民也将体现公平正义和避免相对剥夺感作为乡村治理的重点，近70%的受访村民认为利益受损和不公平感受是冲突产生的原因。总的来看，造成乡村治理问题的起因多样，但对于公平正义弱化和相对剥夺感增强的担忧是主要成因之一。可以说，资源的稀缺性、不切实际的期望、相信他人所得必为自己所失的零和思维、不公平的比较、差异补偿的心理等，是乡村治理问题产生的重要原因，也是乡村治理的重点。

一直以来，册亨县将推动公平正义和降低相对剥夺感作为乡村治理体系建设的重要方面。针对乡村治理中的一些共性问题，比如：客观存在的利益诉求是乡村治理问题的主要成因之一，这与乡村的发展程度、发展阶段和文化习俗等关联性不大；群众主观感受的相对剥夺感是乡村治理问题的主要成因之一，这与村民的感觉被忽视、感觉受欺负、感觉不公平等息息相关；沟通不畅也是乡村治理问题的主要成因之一，这与信息不对称、沟通不畅、意见不合、冲动、他人怂恿等有关；如此等等。针对乡村治理中这些导致泛政府责任、低信任度和相对剥夺感等问题产生的根源，册亨县通过诚信册亨、公平册亨、道义册亨等建设，切实保障群众权利、维护公平正义和降低相对剥夺感的产生，很大程度上推动了册亨县良好乡村秩序的形成。可以说，册亨县重视权力保障下的公平正义和二次分配等举措，既是其新时代背景下保持乡村秩序的重要方面，也是册亨县乡村治理蕴含的主要原则之一。

（四）治理介入差序原则，重视自发秩序在乡村治理中的主体地位

乡村治理的现代转型要求碎片化的社会能够进行自我治理，将权力从泛政府责任的绑架中释放出来，更多地提供公共服务和创设公平正义的社会环境。换言之，贵州城乡社会治理体系建设应坚持属事主体责任原则，除非涉及公平正义和国家法律，否则行政主体不应该对内部性冲突或者自

治组织能够协调解决好的治理事项进行介入。这就要求引导、培育和规范自治力量在社会治理中的作用，实现自治、法治、德治相结合的治理结构。党的十九大明确指出："中国特色社会主义最本质的特征是中国共产党的领导，中国特色社会主义制度的最大优势是中国共产党的领导。"① 可以说，坚持党的领导是乡村治理的本质特征和基本方略。换言之，乡村治理需要在坚持党的领导权之下，形成各种权力（权威）之间分工协作和差序介入的治理模式。其中，党政权力作为公权力，自治组织、市场主体、社会组织、群众性组织等能够治理好的事项，党政权力都不应该第一时间介入，而是更多扮演好公平正义"最后一道防线"的角色，最终实现党委领导、政府负责、社会协同、公众参与、法治保障的现代社会治理体制。

一直以来，册亨县都在积极探寻符合自身实际的治理方式，尤其注重自发秩序在乡村治理中的地位和作用。原因主要有二：一是自发秩序在历史长河中经时代变迁洗礼并进行自我调适和沉淀而来，其长期以来集聚的规范性要素对于乡村治理有巨大的正效应；二是自发秩序具有强大的适应性，其自身蕴含的凝聚力能有效愈合社会转型伴随的动态复杂性，并通过自我革新延续秩序。基于此，在秧佑村等自发秩序良好的地方，册亨县较少介入村里的矛盾纠纷，但也并非无为而治，而是将重点放在创设环境和提供支持上，比如畅通村民申诉渠道、加强法制宣传、对村联防队给予支持以及在防控点实施亮化工程等。进一步而言，册亨县十分重视引导、培育和发挥自发秩序的作用，推动实现社会治理的差序介入。也就是说，自治力量能解决的，权力绝不插手，遵循属事主体负责原则。或者说，基于自发秩序的低成本性、自治主体的可塑造性以及权力让渡社会自治的时代背景，册亨县以自发秩序为基础的乡村治理是其独特性和互动性的展示，治理介入差序原则则是其乡村治理体系建设蕴含的原则之一。

四、册亨县乡村治理中自发秩序的内涵与启示

秩序往往是人为和自发的混成之果，并且是在实践或行为中不断调整

---

① 习近平：《决胜全面建成小康社会 夺取新时代中国特色社会主义伟大胜利——在中国共产党第十九次全国代表大会上的报告》，人民出版社，2017 年版，第 22 页。

完善的。或者说，每一种秩序都与其他秩序或多或少发生着联系，尤其是乡村秩序更是置身于一个更大的秩序场域中。因此，无论这个乡村的秩序是建构的、自发的，还是两者兼而有之的，都需要以开放的姿态融入并适应更大的环境。册亨县乡村治理既有其独特性，也有其示范性，其基于自发秩序基础上的治理体系，无疑对于乡村振兴背景下乡村治理体系的建设具有重要的启发意义。总体上，册亨实践带来的思考，应该是让乡村社会成为充满活力的秩序、有效的秩序和开放的秩序。

（一）乡村治理中的自发秩序是一种活力秩序

乡村治理作为基层社会治理的重要一环，其根本目标是保持乡村的活力与有序。正如习近平所言：“社会治理是一门科学，管得太死，一潭死水不行；管得太松，波涛汹涌也不行。要讲究辩证法，处理好活力和秩序的关系。”① 换言之，活力与有序是理想社会应有的状态，也应该是乡村治理的理想状态。自发秩序作为一种“有秩序的进步”，既不能被很多年前业已存在的传统约束，也不能被现代化的洪流和权力的刚性窒息。因此，“要处理好活力和有序的关系，社会发展需要充满活力，但这种活力又必须是有序活动的。死水一潭不行，暗流汹涌也不行。”② 事实上，如何在理论上与实践中处理好活力与秩序的关系也一直是一个具有挑战性的争论。西方社会徘徊于活力与秩序的两端，要么过于讲求活力，要么过于追求秩序。哈耶克在建构法律理论过程中提出了社会规则的二元观，即内部规则和外部规则。规则的二元划分，为自发秩序和建构秩序的提出奠定了理论基础。但是，哈耶克等西方学者推崇自由主义视角下的自发秩序，认为权力的介入必然导致秩序的崩塌，同时对建构秩序始终心怀芥蒂，认为建构秩序必然扼杀社会活力。这种以自由民主和个人主义为借口的自发秩序虽然以避免“少数人专政”为旨归，但“多数人暴政”的结构性缺陷也还有时存在并直接造成秩序的混乱，对这种活力秩序的争论自苏格拉底之死以来就已存在。

---

① 《习近平关于全面建成小康社会论述摘编》，中央文献出版社，2016 年版，第 139 页。

② 《习近平谈治国理政》，外文出版社，2014 年版，第 93 页。

在中国，秩序始终占据重要位置，但国家对活力的追求也从未停歇。在册亨县，若干自发秩序良好村庄的广泛存在，在一定程度上说明了秩序与活力并非处于坐标轴上的两个象限之端，而是一种通过权力让渡、创设条件、营造环境和群众参与就能找到交会点从而实现活力与秩序并存的有效治理。如前所述，中国的秩序观既不是简单的“国家中心论”也不是单纯的“社会中心论”，其目标是实现自治、法治与德治相结合的治理新体系。其中，确保乡村社会充满活力、和谐有序是乡村振兴战略的目标追求。关于自发秩序与活力秩序，无论是在改革、发展、稳定三对关系的处理上，还是在国家治理现代化总目标的推进中，中国都十分重视秩序的地位，同时也十分注重活力的目的。面对现代化进程中多而复杂的社会问题，治理是一项复杂的社会工程，要增强治理的整体性与协调性，要治标更要治本。[①] 总的来看，中国乡村治理实践中，注重疏导化解的秩序观和活力观日益受到重视；而乡村振兴战略中自治、德治的出场和回归，更是为激发乡村治理活力提供了支撑。可以说，中国遵循优秀传统文化基础上“一核多元”的乡村治理实践与经验，或许可以成为西方社会治理中活力与秩序二元观的补充，并为现代化进程中的乡村治理提供中国经验。但现实中，如何处理好建构秩序之于自发秩序的自由裁量性和现实抑制性，使得自发秩序不再掉入“规划的变迁”（planned change）陷阱中而窒息活力，这也是册亨县乡村治理在理论建构和实践探索中带来的启示和思考。

（二）乡村治理中的自发秩序是一种有效秩序

无论一种秩序被冠以何种称谓，其产生和指向无不与一个地方的经济社会发展和文化传统习俗相关联，并在政治权力的影响下呈现独特的秩序面貌。册亨实践表明，自发秩序是传统与现实的混成之果，其目标是乡村治理的规范性和有效性。事实上，从世界范围内看，任何一种秩序都或多或少有建构的痕迹，是人类社会活动中妥协、同意、规范和交易的结果，自发秩序同样如此。其区别于建构秩序的主要特征，在于产生方式上的自

① 《习近平在会见全国社会治安综合治理表彰大会代表时的讲话》，《人民日报》2017 年 9 月 20 日第 1 版。

下而上性、群众心理上的价值共识性、治理结构上的自然层级性以及目的上的内部规范性。在册亨，自发秩序之于乡村治理具有悠久的历史，现实中还广泛存在自发秩序的实践基础。但无论是哪一种秩序形态，其存在的价值都与维护权利、化解分歧和保障公平正义息息相关，也只有在处于秩序规范中的个体能切身感受到秩序所带来的归属感、安全感和公平感时，这种秩序才是有效的秩序。面对现代化进程中诸多治理难题，一方面需要乡村具有自发秩序因子的自制理性和自治能力，以个人自身的规范形成群体的有效治理；另一方面需要稳定的政权和制度环境，为中华民族的伟大复兴提供公平正义的社会环境。

现实中，一些群众在呼吁注重文化教育、道德教育以及发挥自组织作用的同时，也还对这种内部规范或自发秩序的有效性持谨慎的乐观，害怕在充斥着未知外力的场域中自己置身“麻烦”时这种柔性治理机制不能提供庇护。因此，群众的“生存性智慧”也就显露无遗了，突出表现为选择性行动，更多偏向有效性治理：比如一些村民坦言“如果（矛盾、诉求等）解决不了，办不通，就用武力来吸引政府的重视”，这无疑对基层政府带来维稳的隐性压力，也是权力介入乡村治理的无奈之举。本质上看，群众的一些偏向虽然与自发秩序的意蕴有一定差距，但其指向的事实上都是乡村治理中的有效秩序。治理是人类社会永恒的命题，怎样治理社会主义社会，在世界社会主义发展史上仍然处于摸索之中，社会主义制度下的乡村治理同样如此。那么，当中国特色社会主义进入了新时代，社会主要矛盾已经转化为人民日益增长的美好生活需要和不平衡不充分的发展之间的矛盾的时候，乡村治理又应当何为？是偏重建构秩序还是自发秩序，或者是两者兼而有之的有效秩序？册亨实践表明，答案可能还是后者。于此，有效秩序又应该是一种什么样的秩序，该如何引导呢？乡村振兴战略指出乡村要建构党领导下的多元治理体系，健全完善自治、法治、德治相结合的乡村治理体系；同时指出建立健全现代乡村社会治理体系，确保乡村社会充满活力、和谐有序。其中可见乡村治理中党领导下的权力分工治理结构，即强调多元主体协同治理。同时强调治理方式的三个结合，即坚持自治、法治、德治相结合。这一顶层设计是乡村治理实践的总结和再现，也是乡村治理体系和治理能力现代化的时代要求。或者说，现代化正潜移默化地改变着乡村熟人社会结构，后现代伴随的无中心意识、多元价值取向、价值相对主义和价值虚无主义等趋向，导致人们在思想上和行为上变得难以有效统一。因此，乡村治理既需要建构秩序，也需要自发秩序，即强调治理主体的多元性和治理基础的自治性，其目标是最终形成有效治理的秩序局面。当然，如何实现建构秩序和自发秩序之间的良性互动，尤其是如何破除权力直接管控、借参与进行管控或由指导异变为领导等问题，其中存在的不确定性等仍然值得深入探讨。

（三）乡村治理中的自发秩序是一种开放秩序

中国历史上，儒家的和文化、等级观和现世论，加上皇权不下乡的制度设计，乡村秩序本质上是一种小国寡民、自生自灭、丛林法则式的秩序，其中的家族势力、乡贤精英、村规民约与和合文化等是乡村治理的主要力量，也是维持秩序的关键变量。新中国成立后到改革开放之间，乡村治理在实践中突出表现为政治整合型秩序，在象限上呈现为自上而下的闭合与单向特征。直至今日，乡政村治仍然没有很好地厘清正式权力和自治权力之间的边界和限度，在很大程度上依然延续保守、自闭和审慎的特点，治理现代化提出的多元主体协同治理所内含的开放、包容在实践中也还让位于管理甚至管控。事实上，从册亨县诸多秩序良好、活力迸发和村民满意的乡村治理实践中可见，自发秩序与建构秩序并非表现为非此即彼的无为而治与无所不为两个极端，很多时候都是一种开放、合作、有效与充满活力的秩序。其中，权力结构稳定是自发秩序生发的土壤，或者说，正式权力的让渡和创设条件很好地避免了村庄回到宿命论式的无为状态；而乡村自身所形成的内部规范则为国家权力的稳定奠定着坚实的基础；但在开放的社会环境中，尤其是在无边界的网络环境里，乡村治理需要满足符合发展趋向的方式，以满足权力和村民的双重期待。对此，乡村治理中的自发秩序应是开放式的、开发民智的和村民有为的自发秩序。

事实上，每一种秩序都与其他秩序或多或少发生着联系，尤其是乡村秩序更是置身于一个更大的秩序场域中。因此，无论秩序是建构的、自发的，还是两者兼而有之的，都需要以开放的姿态融入并适应更大的环境。哈耶克等人推崇自生自发秩序，对国家的干预调控充满惊惧惶恐，对自由市场的弊端甚至危害或视而不见或百般开脱，一定程度上忽视了秩序的开放性和互鉴性。在册亨县一些“善治型”村庄，其自发秩序往往是一种混成之果，既具有内生性，也具有开放性，既是价值共识的体现，也是权力让渡与合作的体现。册亨实践带给人们的启示，或许就是秩序没有优劣之分，往往是人为和自发的混成之果，并且也是在实践或行为中不断调整完善的，在对其他秩序的学习和借鉴中不断得以发展的。或者说，无论是人为秩序还是自发秩序，如果在实践中被证实缺乏效用，必然会被调适甚至淘汰。总的来看，无论是政治社会学强调的结构稳定和公平正义，还是哈耶克的自生自发秩序，对当代中国来说，无疑都是一种价值理性的回归，我们也应以开放的态度对待之。但需要关注的是，自发秩序在回归中如何开放、开放的限度以及如何与政党要求同频共振的问题依然是值得深入探究的问题。